工程法律实务丛书

道路工程质量纠纷实务精讲

石 鹏 俞 斌 编著

中国建筑工业出版社

图书在版编目（CIP）数据

道路工程质量纠纷实务精讲 / 石鹏，俞斌编著.
北京：中国建筑工业出版社，2025.3. --（工程法律实
务丛书）. --ISBN 978-7-112-31017-3

Ⅰ. D922.297

中国国家版本馆 CIP 数据核字第 20253GW982 号

责任编辑：朱晓瑜　李闻智
责任校对：姜小莲

工程法律实务丛书

道路工程质量纠纷实务精讲

石　鹏　俞　斌　编著

*

中国建筑工业出版社出版、发行（北京海淀三里河路9号）

各地新华书店、建筑书店经销

华之逸品书装设计制版

天津安泰印刷有限公司印刷

*

开本：787毫米×1092毫米　1/16　印张：17　字数：321千字

2025年4月第一版　　2025年4月第一次印刷

定价：**65.00**元

ISBN　978-7-112-31017-3

（44089）

目 录

第3章　桥梁工程　　**200**

第4章　隧道工程　　**244**

第1章 路基工程

1.1 路基沉陷、沉降

【名词解释】

路基沉陷、路基沉降一般是指路基表面在垂直方向与规范或设计要求相比较，存在较大落差的情况。

【规范条文】

《公路路基设计规范》JTG D30—2015

3.1.6 路基设计应控制路基工后沉降量。对软弱地基、路基与桥涵结构物连接处、路基填挖交界处、高路堤、陡坡路堤等，应采取综合措施，防止路基不均匀变形。

《城市道路路基设计规范》CJJ 194—2013

3.0.2 路基设计应保证路基足够的强度、整体稳定性、抗变形能力和耐久性。

6.2.7 对高度超过20m或不良地质、特殊地段的填方路基，应进行路基变形计算，并应符合下列规定：

1 不良地质和特殊地段的地基沉降计算应符合本规范第7章的规定。

2 高填方路基工后压缩变形可根据当地实际经验确定。

❓问题1：违反基本建设程序的质量问题责任如何划分？

【判决出处】

法院：陕西省咸阳市中级人民法院

案号：（2020）陕04民终1355号

名称：甲学院、乙建筑公司、丙设计公司、丁管理公司等合同纠纷案

【案情概况】

2015年5月，甲学院与丙设计公司就某工程的设计签订了《建设工程设计委托书》及《建设工程设计合同（一）》，合同约定：丙设计公司应按国家技术规范、标准、规程等进行工程设计，按合同规定的进度要求提交质量合格的设计资料，并对其负责。

2015年11月，甲学院（发包人）与乙建筑公司（承包人）就某工程的土建及安装全部内容（包含室外附属配套工程）签订了《建设工程施工合同》。

2015年11月，甲学院与丁管理公司就某工程签订了《建设工程监理合同》，合同约定监理范围包括施工阶段监理服务，即自工程开工至工程竣工验收提供备案资料为止的监理服务范围。

上述合同签订后，乙建筑公司按照丙设计公司设计的道路施工图于2016年3月27日开始对案涉道路进行施工。施工过程中，丁管理公司负责监理。施工完毕后，2017年7月—8月发现案涉道路沉陷，乙建筑公司提出修复签证并对道路进行了修复。2017年12月10日，案涉工程通过了竣工验收。2018年7月—8月案涉道路再次发生沉陷，2018年12月7日，甲学院、乙建筑公司、丙设计公司、丁管理公司就案涉道路沉陷问题开会讨论。另外，施工前案涉道路原貌为沟壑，且沟壑系由甲学院填平。

律师点评

在基本事实中特别指出了案涉道路原貌为沟壑，且沟壑系由甲学院填平。这表明了案涉道路地基的情况可能与周边常见的地基情况存在区别，但却没有根据基本建设程序开展针对性的勘察工作以查明情况。如果

设计单位、施工单位直接依据案涉道路周边常见的地基情况开展设计、施工工作，则可能形成质量隐患或出现质量问题。

因案涉道路修复事宜，甲学院诉至法院，要求乙建筑公司承担修复及鉴定等费用，丙设计公司、丁管理公司承担连带责任。

律师点评 甲学院的诉请当中包括了要求丙设计公司、丁管理公司承担连带责任。《民法典》第一百七十八条第三款规定："连带责任，由法律规定或者当事人约定。"在《民法典》施行之前也有类似规定。就本案而言，要求设计单位、监理单位对案涉道路质量问题承担连带责任缺乏对应的法律规定，且当事各方在合同中也未作明确约定，因此甲学院关于连带责任的诉请未能得到支持。

【鉴定情况】

本案在审理过程中，甲学院申请对案涉道路出现的约70m路基沉陷、路面严重破损地段的工程质量、形成原因、责任比例、修复费用进行鉴定。

律师点评 甲学院的鉴定申请具体包括了四项：工程质量、形成原因、责任比例、修复费用，较为全面，可供借鉴参考。当然，前述鉴定申请是否能够实际开展并形成成果文件，还受限于现场条件、技术方法等客观条件，并得到鉴定单位和法院的审核、确认。

鉴定意见为：

1. 关于工程质量

案涉道路出现的约70m路基沉陷、路面严重破损地段的路面混凝土强度等级及厚度满足设计图纸要求；垫层二灰石压实度及厚度满足设计图纸要求；垫层三七灰土厚度满足设计图纸要求。

2. 关于形成原因

案涉道路高填方路基湿陷性下沉及原回填土回填不密实，造成路基沉陷，路面断裂下陷受损。

3.关于责任比例

（1）建设单位甲学院未严格按照建设工程基本建设程序（先勘察、后设计、再施工）进行，未对案涉道路岩土工程进行地质勘察，即委托设计单位进行设计。甲学院未能按照《房屋建筑和市政基础设施工程施工图设计文件审查管理办法》中有关规定委托相应施工图审查机构对案涉道路工程施工图纸进行审查，导致所使用施工图纸中的设计缺陷未第一时间得到处理，在图纸使用方面留下了隐患。

律师点评　《房屋建筑和市政基础设施工程施工图设计文件审查管理办法》第三条第一款规定："国家实施施工图设计文件（含勘察文件，以下简称施工图）审查制度。"第三条第三款规定："施工图未经审查合格的，不得使用。从事房屋建筑工程、市政基础设施工程施工、监理等活动，以及实施对房屋建筑和市政基础设施工程质量安全监督管理，应当以审查合格的施工图为依据。"

以此而言，该办法中所指施工图设计文件不仅包括了设计单位出具的设计文件，还包括了勘察单位出具的勘察文件。前述文件都需要经过审查合格方能使用，作为施工、监理等活动的依据。甲学院未依法委托专业机构对案涉道路进行地质勘察，相应的勘察文件缺失，这就导致了施工图设计文件的缺失，既不符合相关规定对于施工图设计文件的形式要件和实质要件要求，也不能作为后续施工、监理等活动的依据，成为案涉道路出现路基沉陷等质量问题的重要原因之一。

（2）设计单位丙设计公司在未取得案涉道路地质勘察报告及地形图的条件下进行建设工程设计，导致在道路施工图中未能对道路途经的高填方路基段和防水设施方面作出针对性的处理措施，且在道路施工图中亦未明确该高填方路段路基的相关质量要求。案涉道路施工图纸存在缺陷和瑕疵。

律师点评　《建设工程质量管理条例》第二十一条第一款规定："设计单位应当根据勘察成果文件进行建设工程设计。"《建设工程勘察设计管理条例》第四十一条规定："违反本条例规定，有下列行为之一的，依照《建设工程质量管理条例》第六十三条的规定给予处罚：……（二）设计单位未根据勘察成果文件进行工程设计的……"。以此而言，丙设计公司在没有取得勘察成果文件的情况下即出具了案涉道路的设计文件，明显违反了法律法规的强制性规定。

（3）施工单位乙建筑公司承包该工程后，使用了未经施工图审查机构审查的图纸，未对施工图纸进行会审，且施工单位在施工过程中对案涉道路施工图纸中的差错，未提出意见和建议。

（4）监理单位丁管理公司对建设单位甲学院、施工单位乙建筑公司的违规行为未及时阻止、未提出合理化建议，负有监督不力的责任。

律师点评 《建设工程勘察设计管理条例》第二十八条第二款规定："施工单位、监理单位发现建设工程勘察、设计文件不符合工程建设强制性标准、合同约定的质量要求的，应当报告建设单位，建设单位有权要求建设工程勘察、设计单位对建设工程勘察、设计文件进行补充、修改。"就本案而言，案涉道路缺少勘察成果文件，施工图未经审查合格，存在明显的违规情况，施工单位乙建筑公司、监理单位丁管理公司却未提出异议，应当依法承担相应的责任。

（5）依据勘察单位戊勘察研究院与建设单位甲学院签订的《建筑工程勘察合同》约定，案涉道路不在勘察工程范围内，故其对案涉道路发生损害无责。

综上所述，相关单位对案涉道路发生的受损问题负有责任，但由于没有相应标准，无法评判案涉道路发生损害各单位责任比例分担问题，建议由法院根据各单位举证结果进行裁决。

律师点评 虽然甲学院提出了关于各方责任比例的鉴定申请，但是鉴定意见以没有相应标准为由未作评判。一般认为，对各方责任进行明确和划分属于法院的职权范围，鉴定单位应依法就案件所涉查明事实的专门性问题进行鉴定，至于各方责任如何确定，并不在其工作范围之内。

4.关于修复费用

依据丙设计公司对案涉道路工程所出具的补充设计方案及甲学院提供的对案

涉道路工程所出具的《道路工程预算价》，综合评定案涉道路工程修复费用共计781189.43元。

【一审阶段法院观点】

首先，道路高填方路基湿陷性下沉及原回填土回填不密实，造成案涉道路路基沉陷、路面断裂下陷受损，而其原貌为沟壑，且沟壑系由甲学院填平，结合鉴定意见中提出的甲学院未严格按照先勘察、后设计、再施工的工程基本建设程序对案涉道路岩土工程进行地质勘察，即委托设计单位进行设计，故甲学院应对道路塌陷承担主要责任。

其次，丙设计公司作为设计方，其就案涉道路设计的施工图纸存在缺陷和瑕疵，且在未要求甲学院提交地质勘察报告等材料的条件下即进行建设工程设计，故应承担一定的责任。乙建筑公司作为施工单位，在施工时未对图纸进行会审及就图纸中的差错提出意见和建议，也应负相应的责任。丁管理公司作为工程监理单位，在监理过程中对甲学院、乙建筑公司的上述违规行为监督不力，应当承担一定的责任。

综上所述，按照各方当事人各自过错责任的大小依法认定甲学院、乙建筑公司、丙设计公司及丁管理公司分别承担70%、7%、15%、8%的责任。

【二审阶段法院观点】

按照正常的施工流程，本案所涉的道路土地勘察费用、处理高填方的施工费用属于该项目建设的正常支出，不应由各方当事人依据过错程度进行分担。本案中应当由各方当事人分担的是未进行道路范围内土地勘察导致第一次塌陷后的道路二次施工费用（按正常地基未加强处理），以及第二次塌陷后塌陷道路路面及路基的施工费用（该施工范围以乙建筑公司首次施工的范围为准），该费用因重复发生而成为甲学院的不必要开支。现根据鉴定机构对后续修复费用的细化分项，该费用中的312569.92元属于重复支出，应当由各上诉人及被上诉人进行分担。因此，本案一审结果应予改判。

甲学院最主要的诉讼请求是要求施工单位乙建筑公司等承担修复费用。在鉴定意见确认修复费用的相应金额后，一般都会认为主要争议焦点是如何在各方之间确认维修费用的承担比例。

但本案却有所不同。二审法院指出，鉴定意见当中的维修费用包含了案涉道路土地勘察费用、处理高填方的施工费用等正常建设基本流程中所必须支出的费用，这些费用不应列入维修费用由各方共同承担，而是应由建设单位甲学院自行承担。这一裁判思路在相关单位处理维修费用如何分担时可以参考借鉴。

另外，本案的案情涉及设计合同、监理合同、建设工程施工合同，一审法院将案由定性为建设工程施工合同纠纷不妥，本案应定性为合同纠纷。

律师点评

本案涉及建设单位与设计单位、施工单位、监理单位等各方之间的纠纷，只有建设单位与施工单位之间的关系才属于建设工程施工合同关系，因此二审法院对于一审法院所定案由作了纠正。

【本案小结】

"先勘察、后设计、再施工"是开展工程建设活动的基本原则，《建设工程质量管理条例》第五条即规定："从事建设工程活动，必须严格执行基本建设程序，坚持先勘察、后设计、再施工的原则。"《建设工程勘察设计管理条例》第四条也规定："从事建设工程勘察、设计活动，应当坚持先勘察、后设计、再施工的原则。"相关法律法规不仅强调了基本建设程序的严肃性，还针对勘察单位、设计单位、施工单位的工作提出了明确要求：

对于勘察单位，《建设工程质量管理条例》第二十条规定："勘察单位提供的地质、测量、水文等勘察成果必须真实、准确。"对于设计单位，《建设工程质量管理条例》第二十一条第一款规定："设计单位应当根据勘察成果文件进行建设工程设计。"对于施工单位，《建设工程质量管理条例》第二十八条第一款规定："施工单位必须按照工程设计图纸和施工技术标准施工，不得擅自修改工程设计，不得偷工减料。"由此可见，勘察成果文件是设计单位开展工作的基础和前提，勘察成果文件、工程设计图纸又是施工单位开展工作的基础和前提。所以，"先勘察、后设计、再施工"这一基本建设程序不仅体现在相关法律法规的总则以及其他部分，还要落实到具体的实施过程当中。

在此需要强调的是，不仅勘察单位、设计单位、施工单位必须遵守"先勘察、后设计、再施工"这一基本建设程序，建设单位也同样必须遵守。《建设工程质量管理条例》第五十六条即规定："违反本条例规定，建设单位有下列行为之一的，责令改正，处20万元以上50万元以下的罚款：……（四）施工图设计文件未经审查或者审查不合格，擅自施工的……"。

建设单位往往会存在一个认知方面的误区，认为工程一旦出现质量问题，即应由勘察单位、设计单位、施工单位、监理单位承担相应责任，自身则无须承担责任。但实际上建设单位同样须依法承担责任。以本案而言，甲学院作为建设单位，既未向设计单位提供案涉道路勘察成果文件，也未按规定委托施工图审查机构对施工图纸进行审查，违反了基本建设程序，法院最终结合基本事实情况依法判令其承担了主要责任。

并且在实践当中判令建设单位承担主要责任并非孤例。（2012）民提字第20号案件［公报案例，来源于《最高人民法院公报》2015年第6期（总第224期）］即表明：从事建设工程活动，必须严格执行基本建设程序，坚持先勘察、后设计、再施工的原则。建设单位未提前交付地质勘察报告、施工图设计文件未经过建设主管部门审查批准的，应对于因双方签约前未曾预见的特殊地质条件导致工程质量问题承担主要责任。施工单位应秉持诚实信用原则，采取合理施工方案，避免损失扩大。

由此可见，建设单位应当摒弃质量问题都应由施工单位等其他参建单位承担责任的错误观念，严格遵守基本建设程序，确保工程质量安全，维护自身合法权益。

问题2： 后进场的施工单位要承担之前的路基沉陷处理费用吗？

【判决出处】

法院：辽宁省沈阳市中级人民法院

案号：（2015）沈中民再终字第00076号

名称：甲公司、乙公司建设工程施工合同纠纷案

【案情概况】

2008年7月5日，甲公司、乙公司等就某公路路基第二十八段甲公司剩余工程

量转让某公路路面第八段乙公司施工的相关事宜达成一致意见，并形成会议纪要，约定：①甲公司所遗留的问题由甲公司自己解决，乙公司与甲公司所遗留的问题无关；②乙公司完成甲公司剩余的工程量，监理工程师验收合格后，甲公司履行计量支付程序；③乙公司施工的甲公司剩余工程项目单价与原路基第二十八段的清单单价没有任何关系，以甲公司、乙公司双方认可的单价及工程量为准……

2008年7月15日，某总监办下发了《关于路基沉陷处理的有关要求》的文件，该文件对于产生路基沉陷的路段作出了具体的处理方案，文件载明该部分处理费用原则上由路基施工单位承担，对于有异议之处由相关施工单位作出文字报告经驻地办审核后上报总监办。

2008年7月30日，某总监办组织召开路基沉降问题处理专题会议，会上对沉降原因进行了分析，并提出了处理方案及要求。

2008年8月15日，某总监办下发了《关于路基沉陷处理的有关要求Ⅱ》的文件，该文件要求各驻地办应严格按照总监办下发文件及通知要求，抓紧督促各路基单位对全部路基沉陷进行处理，并制作了路基第二十八段路基沉降处理现场记录表，该表上有现场监理人员等进行了签字确认。

律师点评　　案涉公路总监办就产生路基沉陷的路段如何处理曾出具文件、召开会议、提出要求，对于该部分处理费用则在《关于路基沉陷处理的有关要求》文件中载明原则上由路基施工单位承担，这一情况在案件裁判过程中被纳入了考虑范围。

2008年9月28日，公路通车。

2008年10月24日，甲公司工程师代表甲公司在路基第二十八段路基沉降工程量清单上签字。

2009年3月25日，甲公司向某局出具授权书，授权王某为本公司的代理人，由王某在某公路路基工程第二十八段项目中代表本公司签署补充合同等文件，并处理与此有关的一切事务。同日，该授权书在沈阳市第一公证处予以了公证。

　　甲公司工程师在路基第二十八段路基沉降工程量清单上签字的时间是2008年10月24日，甲公司出具授权书由王某代表本公司签署文件，并处理与此有关的一切事务的时间是2009年3月25日。签字在前，授权在后，甲公司在诉讼过程中以此作为主要理由之一，主张路基沉降的修复费用不应由其承担。

后乙公司诉至法院，诉讼请求包括请求判令甲公司给付工程款等。

【一审阶段法院观点】

关于甲公司提出路基第二十八段沉降修复费用不应由其承担以及当时的工作人员王某对工程量清单签字确认的法律效力问题的抗辩。

经查，某局作为建设单位，确定第二十八段路基发生了沉降，由甲公司王某签字的路基第二十八段路基沉降处理工程量清单及某驻地监理办制作的某公路路基第二十八段路基沉降处理审核表对路基沉降处理工程量均予以了确认，虽然甲公司2009年3月25日才为王某出具授权书处理案涉工程的一切事务，但授权书明确表明授权王某在某公路路基工程第二十八段项目中代表本单位签署补充合同等文件，并处理与此有关的一切事务，从甲公司出具的委托书中可以认定，该份委托是针对该项工程作出的，是一种对王某行为的追认，王某有权处理与该项目有关的一切事务，故作为甲公司的工程师，王某代表甲公司在会议纪要及补充合同等相关文件进行签字及其签字确认的路基第二十八段路基沉降处理工程量清单，对此予以确认。

　　甲公司授权王某处理案涉工程的一切事务，被认为是对此前路基沉降处理工程量清单等签字行为的追认，甲公司关于其不应承担路基沉降修复费用的抗辩未得到采纳。

其他的案件当中也出现了类似情况。以（2022）鲁09民终313号案件为例，法院认为：上诉人向张某出具的授权委托书载明"代理人在此工作中所签署的一切文件和处理与之有关的一切事务，我均予以承认"，该授权虽未约定张某代理权的起止期限，但从其内容可以得出该授权系为完成某工程而作出，张某代理的效力应当及于整个工程项目始末，张某与刘某签订的《供货协议》的日期虽早于上诉人授权委托书的出具日期，但结合某混凝土公司提供的发货单记载的向案涉工地供货日期，案涉工程项目至迟已于2019年7月21日开始施工，故该协议系为实施案涉工程所签，应在上诉人对张某的授权范围内。退一步讲，虽然张某与刘某签订的《供货协议》在上诉人出具授权之前，但在该协议已实际履行且已结算的情形下，应视为上诉人对合同内容已追认，一审认定并无不当，上诉人关于《供货协议》系张某个人行为并据此免责或扣减授权出具前供货款项的主张不能成立，不予支持。

以此而言，建议施工单位授权个人处理工程相关事宜时应尽可能注意授权事项的细化、授权时间的明确，避免"全权""一切事物""所有文件"等表述。

另外，路基第二十八段路基沉降工程系由甲公司施工，维修也应由甲公司负责，故产生的费用理所应当由甲公司承担，因路基沉降工程不修复，将影响乙公司的施工，虽然路基沉降的修复工程并不包括在双方签订的工程中，但业主指定乙公司对路基沉降工程进行修复，甲公司代理人王某在路基第二十八段路基沉降处理工程量清单签字确认了乙公司的工程量，即视为甲公司对路基第二十八段路基沉降处理工程由乙公司维修的认可，故该笔费用应由甲公司承担，且在《关于路基沉陷处理的有关要求》文件中也明确了此笔费用由路基施工单位承担，也就是由甲公司承担，故对于甲公司的此项抗辩不予支持。

【二审阶段法院观点】

原判决认定事实清楚，适用法律正确，判决驳回上诉，维持原判。

【本案小结】

一个工程前后有两家甚至多家单位进行施工，出现质量问题后应如何划分各方之间的责任呢？后进场的施工单位需要承担之前的路基沉陷整改费用吗？本案情况可供参考，并且以下方面在处理类似情况时可予以关注：

第一，判断出现质量问题的部分具体是由哪个单位施工。《建筑法》第五十八条第一款规定："建筑施工企业对工程的施工质量负责。"因此，在前后有多家单位进行施工的情况下，查明出现质量问题的部分具体是由哪个主体负责施工是厘清各方责任的关键之一。以本案为例，一审判决即明确指出路基第二十八段路基沉降工程系甲公司所施工的，维修也应由甲公司负责，故产生的费用理所应当由甲公司承担。

第二，明确后进场的施工单位是否曾对此前工程的质量提出异议。一般而言，工程是一个有机联系的整体，如果先进场的单位施工质量存在问题，就有可能对后续的施工质量造成影响，这种情况下，后进场的单位也有可能承担责任。因此，后进场的单位是否曾就质量情况提出异议会成为裁判时的考虑因素之一。以（2019）鲁0602民初14098号案件为例，法院认为："某公司于2015年6月退场在前，被告2015年9月入场在后，即使如被告所辩称的某公司施工的主体结构工程存在质量问题或主体结构工程长期闲置烂尾会对被告的施工质量造成影响，被告应当在施工前就上述问题向原告提出异议，以便维护自身合法权益，但被告入场后未提出任何异议并进行了后续施工，应视为其认为某公司施工的主体结构工程质量以及闲置状态不会对其后续施工的工程质量产生影响，对于被告辩称的某公司施工存在质量问题，被告也未举证证明，故被告关于某公司施工质量不合格、工程长期闲置烂尾，由此导致被告施工的工程存在质量问题的抗辩，理由不当、证据不足，不予采纳。"

第三，在无法查明各方施工范围的情况下，一般会根据基本事实情况依法酌定各方责任。并非每个工程当中前后施工单位的工作范围都能在诉讼过程中清晰划分，这种情况下如果出现质量问题，则需要基于公平原则等酌情处理。以（2023）豫1602民初1798号案件为例，法院认为：在无法查明案涉水电问题全是三被告施工造成的情况下，本着公平原则，酌定某水电安装工程存在问题导致的维修整改费用，原告自担30%，三被告负担70%。

❓ 问题3：未竣工验收即投入使用的质量责任如何确定？

【判决出处】

法院：辽宁省大连市中级人民法院

案号：（2023）辽02民终1754号

名称：某中心与乙公司建设工程施工合同纠纷案

【案情概况】

2010年8月30日，乙公司与某中心签订《建设工程施工合同》一份，双方约定某中心作为发包人，将某道路及市政配套工程交由乙公司承包施工。合同约定：

工程质量缺陷保修期从工程实际竣工之日算起，保修期两年；工程质量缺陷保修金为施工合同价款的5%。工程质量缺陷保修责任：属于保修范围和内容的项目，承包人在接到发包人修理通知之日后24h内派人修理；承包人不在约定期限内派人修理，发包人有权委托其他人员修理，修理费用从保修金内扣除，超出部分由承包人承担。

律师点评　某中心和乙公司约定了案涉道路及配套工程的工程质量缺陷保修期从工程实际竣工之日起算。但就本案和类似案件而言，各方在讼争过程中可能对工程实际竣工之日的主张并不相同：有的认为道路实际投入使用（通车）即实际竣工之日；也有的认为相关单位完成竣工验收手续的时间才是竣工之日，在此之前则一直没有实际竣工。《最高人民法院关于审理建设工程施工合同纠纷案件适用法律问题的解释（一）》第九条规定："当事人对建设工程实际竣工日期有争议的，人民法院应当分别按照以下情形予以认定：……（三）建设工程未经竣工验收，发包人擅自使用的，以转移占有建设工程之日为竣工日期。"该条款是司法实践中对于工程未经竣工验收的情况下如何判断竣工日期的重要依据之一。

2010年11月26日，乙公司委托某检测公司对案涉工程路基进行了土工击实试验，检测结论：标准击实。2011年3月28日—10月21日，对案涉工程雨水管线、污水管线、中水管线、给水管线、管线回填进行了压实度检测，检测结论：所检项目压实度符合设计要求。2013年4月25日，对案涉工程管线回填进行了压实度检测，检测结论：所检项目压实度符合设计要求。2013年7月8日、7月9日、8月21日，对案涉工程路基进行了压实度检测，检测结论：所检项目压实度符合设计要求。2013年8月28日、8月31日，对案涉工程水泥稳定碎石中水泥剂量进行了检测，标定剂量3%水泥稳定碎石，检测结论：所检项目水泥剂量为3.1%、3.2%；标定剂量5%水泥稳定碎石，检测结论：所检项目水泥剂量为4.9%、5.1%；对案涉工程基层压实度进行检测，检测结论：所检项目压实度符合设计要求；对案涉工程乳化沥青进行了检测，检测结果：所检项目符合《城镇道路工程施工与质量验收规范》的要求。2014年3月17日，对案涉工程沥青路面厚度进行了检测，检测结论：所检项目厚度符合设计要求。前述检测项目均经过监理公司见证。

乙公司委托某检测公司进行了路基土工击实试验、管线回填压实度检测、路基压实度检测、水泥稳定碎石中的水泥剂量检测、基层压实度检测、乳化沥青检测、沥青路面厚度检测等工作，并且经过了监理公司见证。前述工作及相应材料对于判断案涉工程在投入使用前质量是否合格的基本事实情况有较为关键的作用。

2017年7月5日，乙公司向某中心邮寄申请书一份，内容为："我司施工的某道路于2013年全部完成，竣工后将所有路口全部封闭，因没有最后验收。但是封闭不久即被人为打开，我司多次劝阻均无效果。目前，在路上拉砂石的载重车在晚上大量通行，这些车辆超载严重（每车达到60m³，约100t），且在道路附近挖砂石，道路成为车辆、机械的回转集散地，因这些车辆及机械（根本不能上路的工程机械）的破坏性使用大大超过设计和使用标准，致使道路破损严重。我司实在无力对这些车辆和机械进行劝阻，请给予帮助，责成相关执法部门予以配合（并附照片）。"某中心于当日收到此申请书。

2017年9月4日，某中心向乙公司发出书面通知一份，内容为："贵公司承建的某道路于2012年完成工程建设，目前处于通车使用状态。2017年7月发现该项目路面出现多处路基变形沉降、路面破损，累计面积超过2000m²。根据质量终身责任制原则，某中心管理办法及合同约定，承包商在工程质量缺陷保修期完成以前需要承担工程质量保修责任。我中心通知贵单位项目负责人，已经进行现场查看并要求立即整改维修，但至今未到场处理，鉴于类似情况经常导致交通安全事故，要求贵单位接到通知后立即进场尽快完成维修，如果贵单位未及时进场，我中心将按×××管委会相应规定，对该项目进行质量鉴定后自行启动维修程序。"

无论是乙公司还是某中心，都确认了案涉工程已处于通车使用的状态，这是后续判断竣工日期具体时间、保修期是否已到期、维修责任如何划分等事项的重要基本事实情况。

乙公司向法院起诉，诉讼请求包括要求某中心支付工程款及利息、返还质保金等。某中心则提起反诉，反诉请求包括要求乙公司支付工期延误违约金和工程质量违约金、交付竣工图纸及全套竣工资料、承担修复费用等。

【一审阶段法院观点】

根据乙公司提交的申请书及某中心回复乙公司的通知书内容，结合乙公司提交的案涉工程各项检测报告，可以确认案涉工程于2013年完工，2014年3月完成各项质量检测。乙公司提交的各项检测报告能够证实案涉建设工程质量合格。建设工程竣工后，发包人应当根据合同约定及国家颁布的施工验收规范和质量检验标准及时进行验收，验收合格的，发包人应当按照约定支付价款并接收建设工程。根据2017年9月4日某中心向乙公司发出的书面通知内容："贵公司承建的某道路于2012年完成工程建设，目前处于通车使用状态"，故某中心对案涉工程在未经过竣工验收的情况下通车使用（道路并经相关管理部门划线）是明知的。如果发包人不按照合同约定及相应的规范或者标准组织验收，但接收建设工程的，根据《最高人民法院关于审理建设工程施工合同纠纷案件适用法律问题的解释》第十三条、第十四条之规定，应视为建设工程质量合格。案涉工程作为市政公共工程，通车使用即应视为接收建设工程，故某中心应给付乙公司剩余工程款。

案涉道路通车使用后，某中心未提供证据证实相关部门对案涉道路进行管理和日常维护。乙公司2017年7月向某中心提交申请书后，某中心回复"2017年7月发现该项目路面出现多处路基变形沉降、路面破损，累计面积超过2000m²。"案涉合同约定："质量缺陷保修期从工程实际竣工之日算起，保修期两年。"案涉道路于2013年通车使用至今，因某中心未提供证据证实案涉道路维护管理工作，庭审中某中心也未提及对案涉道路进行过维护，故由此造成的路基变形沉降、路面破损的责任应由某中心承担。一审法院对某中心对案涉工程进行质量鉴定的申请不予支持。

> **律师点评**　案涉工程已通车使用多年，即使出现多处路基变形沉降、路面破损等情况，也难以直接归责于乙公司的施工质量存在问题，因为还可能涉及维护不到位、使用不当等原因。

【二审阶段法院观点】

现行法律规定，建设工程未经竣工验收，发包人擅自使用后，又以使用部分质量不符合约定为由主张权利的，人民法院不予支持；但是承包人应当在建设工程的合理使用寿命内对地基基础工程和主体结构质量承担民事责任。本案属于市政工程路面工程，并不属于地基基础和主体结构工程，故对某中心申请进行质量鉴定的请求不予支持。

律师点评

《建设工程质量管理条例》第四十条规定："在正常使用条件下，建设工程的最低保修期限为：（一）基础设施工程、房屋建筑的地基基础工程和主体结构工程，为设计文件规定的该工程的合理使用年限……"，因此地基基础和主体结构的最低保修期限相较于管线、管道、设备等更长。在涉及工程质量保修的争议纠纷中，是否属于地基基础和主体结构也就成为各方关注的焦点。具体到道路工程的主体结构，有观点认为可以参照房屋建筑工程中主体结构的定义，道路工程的主体结构指承受荷载的底基层、基层、面层等结构层，而绿化、管线以及其他附属工程则不属于主体结构的范畴。司法实践当中，将道路路面认定为主体结构的案件也不乏其例：

比如在（2022）皖03民终576号案件中，法院认为：根据建筑法的立法意图及道路工程施工实践，参照建筑工程中的主体结构的定义，道路工程的主体即为承受荷载的道路（包括路面的底基层、基层、面层等结构层），A公司分包给B公司的路面工程，应为道路工程的主体结构。

又比如在（2020）皖15民终1890号案件中，法院认为：所谓建筑主体工程，是指基于地基基础之上，接受、承担和传递建设工程所有上部荷载，维持结构整体性、稳定性和安全性的承重结构体系；案涉公园路改建工程属于市政道路工程，某公司施工的沥青混凝土路面工程属于道路的面层施工，该面层施工的结构类型及厚度需与交通量相适应，层间必须紧密稳定，以保证结构整体性和应力传递的连续性，此应属道路工程主体结构工程。

又根据合同约定："质量缺陷保修期从工程实际竣工之日算起，保修期两年。"案涉道路通车使用后，某中心称"2017年7月发现该项目路面出现多处路基变形沉降、路面破损，累计面积超过2000m²"，然而案涉道路于2013年通车使用至今，某中心未提供证据证实案涉道路维护管理工作，故由此造成的路基变形沉降、路面破损的责任无据认定应由乙公司承担。

【本案小结】

对于工程未经竣工验收即被擅自使用后如何处理有关质量问题的主张，《最高人民法院关于审理建设工程施工合同纠纷案件适用法律问题的解释（一）》第十四条规定："建设工程未经竣工验收，发包人擅自使用后，又以使用部分质量不符合约定为由主张权利的，人民法院不予支持；但是承包人应当在建设工程的合理使用寿命内对地基基础工程和主体结构质量承担民事责任。"原《最高人民法院关于审理建设工程施工合同纠纷案件适用法律问题的解释》第十三条对此也有类似的规定。为了表述的简洁，在此我们将前述条款称为"部分质量问题免责条款"。

本案当中，法院根据"部分质量问题免责条款"的指导原则，结合双方关于保修期的约定等基本事实情况，认定某中心关于乙公司应承担路基沉降等质量问题责任的主张不能成立。在未竣工即投入使用的道路工程质量纠纷当中，当事人也常引用"部分质量问题免责条款"作为依据，在主张或抗辩的过程中还可以关注以下事项：

第一，关于是否在合理使用寿命之内。

"部分质量问题免责条款"明确了"承包人应当在建设工程的合理使用寿命内对地基基础工程和主体结构质量承担民事责任"。如果出现了质量问题，可能就要对是否属于地基基础或主体结构、是否处于合理使用寿命内等事项做出判断，以便进一步确认是否需要承担责任。例如在（2014）青民一终字第1487号案件中，法院认为：根据朱某自认的事实，工程已经实际使用，但因其未经竣工验收，应当认定系某村委会擅自使用；根据规定，朱某仅对工程地基基础和主体结构质量在合理使用寿命内承担民事责任；一审期间，鉴定人在道路上抽芯取样检测水泥路面的厚度，根据鉴定结论，平均厚度与朱某在一审庭审时自认的双方口头约定厚度15～18cm相差近一半，属于道路主体结构质量问题，且质量问题原因在于施工人，因此朱某应当对此承担相应的民事责任。

第二，关于双方对于维修事项的具体约定。

如前所述，本案当中双方约定保修期两年，成为法院进行裁量时的考虑因素之一。在类似纠纷当中，各方对维修或保修时长、范围的约定也可能影响到质量责任划分。例如在（2021）辽11民终1174号案件中，法院认为：案涉工程为厂区场地及道路维修工程，完工于2015年，因工程道路置于发包人厂区内，道路和场地完工后通行使用在所难免，即便出现质量问题，也应当按照双方签订的《工程施工合同》第六条"承包方出现质量问题应无偿维修"的约定，由承包人进行维修，发包人仍应履行付款义务。

因此，建议施工单位在签订合同时对于"承包方出现质量问题应无偿维修"或类似约定持谨慎态度，避免被认为自愿排除"部分质量问题免责条款"的适用。

第三，关于投入使用后又进行维修等特殊情形。

现实情况千差万别，如果工程已投入使用后进行维修，维修后未经验收即投入使用，是否可适用"部分质量问题免责条款"呢？以（2022）云2301民初3263号为例，该案中法院认为：案涉合同签订于某公路建成通车后，针对的就是已投入使用的公路桥梁存在的缺陷修复，故不适用"部分质量问题免责条款"。

1.2 路基滑移、坍塌

【名词解释】

路基滑移、坍塌一般是指路基受自身原因、外力作用等影响发生位移、破坏的情况。

【规范条文】

《公路路基设计规范》JTG D30—2015

3.7.4 边坡稳定性评价应遵循"以定性分析为基础、定量计算为手段"的原则。进行边坡稳定性计算时，应根据边坡工程地质条件或已经出现的变形破坏迹象，定性判断边坡可能的破坏形式和边坡稳定性状态。

《城市道路路基设计规范》CJJ 194—2013

6.1.1 路基坡面防护工程应在稳定的边坡上设置。对路基稳定性不足和存在不良地质因素的路段，应进行路基边坡防护与支挡加固的综合设计。

6.2.2 填方路基稳定性分析的强度参数取值应符合现行行业标准《公路路基设计规范》JTG D30的规定。

6.2.5 挖方路基边坡稳定性计算的强度参数取值应符合现行国家标准《建筑边坡工程技术规范》GB 50330的规定。

问题4： 诉前已经鉴定，诉讼过程中还申请鉴定可行吗？

【判决出处】

法院：云南省昭通市中级人民法院

案号：（2022）云06民终1038号

名称：汤某、甲公司、乙公司财产损害赔偿纠纷案

【案情概况】

2018年6月9日，甲公司与乙公司签订《施工总承包合同》，由乙公司承包某公路某段项目的施工建设。

2019年10月21日，乙公司在施工过程中，因路基发生滑塌导致汤某的房屋受损。

汤某的房屋受损后，2020年4月30日，由某镇政府组织汤某、施工方（乙公司）、村两委等部门召开施工受损房屋协商处理会议，并形成会议纪要。会议决定："一、经与会人员协商，一致同意由区三办、施工方、镇政府、村两委、鉴定机构等多方对农户房屋进行安全鉴定。鉴定机构对房屋安全情况进行鉴定后，必须出具纸质报告给涉及农户。二、鉴定机构可以由施工方呈报上级单位聘请，也可以由群众自行推荐。鉴定机构的鉴定费用由施工方负责支付。三、农户根据鉴定机构出具的鉴定结果，对该抹糊的房屋进行抹糊，该加固的进行加固，达不到安全居住条件，该拆除的拆除。施工方根据鉴定结果及相应赔偿标准支付相关的费用。"

汤某作为房屋受损群众参加了会议，同意由施工方乙公司委托丙公司对其房屋结构安全性进行检测，并委托丁公司对其房屋价值减损进行评估。

2020年5月29日，丙公司出具《检验检测报告》，报告结论：检测单元的安全性等级取地基基础和上部承重结构中较低等级，综合围护系统安全性等级，汤某房屋安全性等级综合评定为Bu级，尚不显著影响整体承载，即汤某房屋现阶段可以满足正常性使用。

2020年6月，丁公司作出《房地产价值减损估价报告》，估价结果：确定估价对象被损害住宅房屋在价值时点2020年5月20日的房屋价值减损及相关直接经济损失额为人民币10633元。

对汤某的受损房屋进行检测评估后，汤某领取了鉴定结果。

后汤某诉至法院，诉讼请求包括判决赔偿财产损失50000元（具体诉讼请求待鉴定后变更）等。

律师点评 《民法典》第一千二百五十二条第一款规定："建筑物、构筑物或者其他设施倒塌、塌陷造成他人损害的，由建设单位与施工单位承担连带责任，但是建设单位与施工单位能够证明不存在质量缺陷的除外。建设单位、施工单位赔偿后，有其他责任人的，有权向其他责任人追偿。"原《侵权责任法》也有类似的条款。以此而言，如果汤某的主张能够成立，则应由建设单位、施工单位向其承担连带责任。在此需要指出的是，路基滑塌后，包括汤某在内的各方曾参与施工受损房屋协商处理会议，会议决定由施工方根据鉴定结果及相应赔偿标准支付相关的费用。按此理解，汤某可能已同意由施工单位承担责任、支付费用。

【一审阶段法院观点】

经汤某的同意，由乙公司委托鉴定评估机构，对其受损房屋进行房屋结构安全性检测和房屋价值减损评估，检测评估后汤某已领取了鉴定结果。故汤某参会并同意由施工方委托鉴定机构进行鉴定的行为，系其真实意思的表示，该行为合法有效，对汤某具有法律约束力。故依法确认汤某的房屋能够满足正常性使用，房屋损害价值为人民币10633元。

【二审阶段法院观点】

第一，案涉房屋受损鉴定事宜系由某镇政府组织汤某、施工方乙公司、村两委等召开施工受损房屋协商处理会议，并形成政府会议纪要，会议纪要明确记载参会人员包括汤某，鉴定机构的确定系经组织受损群众开会后举手表决同意由施工方乙公司委托丙公司对汤某的房屋结构安全性进行检测，并委托丁公司对汤某房屋价值减损进行评估，鉴定事宜并非汤某所主张的单方鉴定结论。

第二，乙公司一审提交的证据显示，乙公司2020年5月29日房屋安全等级鉴定结论出具后，汤某在《某房屋鉴定名单明细表》上对房屋鉴定后安全性等级进行签字确认，房屋安全等级鉴定出具后，丁公司以2020年5月20日作为价值时点，根据乙公司鉴定结论结合专业鉴定程序、方法于2020年6月出具《房地产价值减损估价报告》，即汤某在案涉鉴定单位到现场查勘时未对鉴定人主体地位提出异议，在签字确认房屋安全性等级后未提出书面异议，并且鉴定进入了下一步的减损评估工作。另外在二审中，乙公司提交的鉴定单位针对汤某对鉴定提出的异议所出具《情况说明》，用以证明乙公司的检测报告系采用国家标准作出鉴定并进行了地基基础检测。

结合前述两点，本院认为：①程序上，案涉鉴定单位系经政府组织形成会议纪要，并按纪要进行商定选择；②内容上，鉴定单位所出具《情况说明》对汤某提出的异议进行了说明；③鉴定系对受损房屋当时的受损情况作出鉴定，鉴定报告出具时间是2020年5月，距今已达两年（法院判决时间为2022年），现在已失去当时安全等级及价值时点的原貌及客观性。故程序上，案涉鉴定程序并无违法之处。

律师点评　　本案当中，是否应采信诉前的鉴定结论、诉前的鉴定结论对于汤某是否具有约束力、是否应重新鉴定等涉及鉴定的事项是各方争议的焦点。除了涉及鉴定的事项之外，在此类财产损害赔偿类纠纷中，施工单位还会提出哪些抗辩呢？实践当中可能会有对方本身存在过错、有其他责任人、不可抗力等思路。

【本案小结】

虽然本案案由为财产损害赔偿纠纷，但关于如何开展诉前鉴定工作、如何处理重新鉴定申请等事项对建设工程质量纠纷类案件仍然具有一定的参考意义。提到诉前鉴定，往往会想到造价评估或工程结算的诉前鉴定，但其实对建设工程质量也可以进行诉前鉴定。如果各方选定了诉前鉴定机构，该机构也出具了报告，但某方在诉讼过程中申请重新鉴定，这种情况应如何处理呢？

一般认为，当事人诉前已经共同选定具有相应资质的鉴定机构对工程质量作出了相应的鉴定结论，诉讼中一方当事人要求重新鉴定的，如果不符合《最高人民法院关于民事诉讼证据的若干规定》第四十条第一款等条款所规定的情形，则较难得到支持。《最高人民法院关于民事诉讼证据的若干规定》第四十条第一款规定："当事人申请重新鉴定，存在下列情形之一的，人民法院应当准许：（一）鉴定人不具备相应资格的；（二）鉴定程序严重违法的；（三）鉴定意见明显依据不足的；（四）鉴定意见不能作为证据使用的其他情形。"

在此需要指出的是，各方决定进行工程质量诉前鉴定后，不仅需要关注如何共同选定鉴定机构，还应考虑是否受鉴定结论约束、是否对此作出明确约定。如果各方未明确约定受鉴定结论约束，则后续仍可能会重新鉴定。以（2019）渝05民终7966号案件为例，法院认为：某建设工程质量检测有限公司是由雷某委托，某公司、陈某全认可的第三方检测机构，但是某公司对检测报告的结论有异议，上述委托行为系民事委托合同，某公司和张某、陈某、雷某、陈某全只是就共同委托有关机构、人员出具检测报告这一事项达成了一致，并不等于几方当事人在订约时已经同意接受将来的工作成果即检测报告的约束，基于此，如果一方当事人事后对检测报告不服，申请重新鉴定的，一审法院应予准许；一审法院径行采用某建设工程质量检测有限公司出具的检测报告进行判决属于事实认定错误。

1.3 路基挡墙滑移、坍塌

【名词解释】

路基挡墙滑移一般是指由于路基挡墙的基底摩擦力不足、基底土层存在薄弱层等原因产生的沿基底土层层面或基岩层面的整体滑动。

路基挡墙坍塌一般是指路基挡墙出现结构破坏、土体坍塌、无法起到支撑作用等情况。

【规范条文】

《公路路基设计规范》JTG D30—2015

5.4.2 挡土墙设计应采用以极限状态设计的分项系数法为主的设计方法，车辆荷载计算应采用附加荷载强度法。挡土墙设计应进行其承载能力极限状态计算和正常使用极限状态验算，以及挡土墙抗滑稳定、抗倾覆稳定和整体稳定性验算，并应符合附录H有关规定。

《城市道路路基设计规范》CJJ 194—2013

6.4.7 支挡结构基础稳定性计算与设计应符合下列规定：……6 支挡结构的抗滑动和抗倾覆稳定安全系数不宜小于表6.4.7-2的规定值。对设置于不良土质地基、表土下为倾斜岩质地基或斜坡上的支挡结构，尚应对支挡结构地基及填土的整体稳定性进行验算，其稳定安全系数不应小于1.25。

支挡结构抗滑动和抗倾覆的稳定安全系数 表 6.4.7-2

荷载情况	验算项目	稳定安全系数	
荷载组合 Ⅰ、Ⅱ	抗滑动	K_c	1.3
	抗倾覆	K_0	1.5
荷载组合 Ⅲ	抗滑动	K_c	1.3
	抗倾覆	K_0	1.3
施工阶段验算	抗滑动	K_c	1.2
	抗倾覆	K_0	1.2

问题5：挡墙坍塌后如何划分责任？

【判决出处】

法院：浙江省江山市人民法院

案号：（2021）浙0881民初2815号

名称：甲公司、封某等建设工程施工合同纠纷案

【案情概况】

2019年8月，丙公司向甲公司出具《挡墙修复工程实施方案施工图集》一份。同年9月1日，甲公司与丙公司分公司签订《设计承包合同》一份，约定丙公司分公司对甲公司挡墙修复工程进行设计，费用总额为人民币24000元。

同年10月1日，甲公司作为发包人，封某作为承包人签订《挡墙修复工程承包合同》一份，约定工程承包范围为图纸范围内挡墙砌筑、道路浇筑、渠道浇筑等内容；计划2019年9月5日开工，2019年11月4日完工，工期60天；签约合同价款为人民币468196元。

2019年11月，封某完成前述挡墙修复工程的施工，甲公司验收后投入使用，并付清全部工程款468196元。

2020年6月，挡墙发生坍塌，碎石、泥沙涌入与甲公司相邻的丁公司厂区内，导致该公司产生泥沙搬运、清理的人工费和原材料损失。后丁公司提起诉讼，法院判决甲公司需赔偿丁公司各项损失合计40335元，甲公司因该案另花费一审案件受理费404元，二审案件受理费808元。

甲公司与丁公司侵权责任纠纷案一审案号为"（2022）浙0881民初705号"，一审法院认为：《侵权责任法》第八十六条规定，建筑物、构筑物或者其他设施倒塌造成他人损害的，由建设单位与施工单位承担连带责任。建设单位、施工单位赔偿后，有其他责任人的，有权向其他责任人追偿。即建筑物倒塌致人损害的，适用严格责任，受害人只需证明其所受损害系建筑物倒塌所致；且受害人基于该规定可以起诉建设单位和施工单位的任何一方，并要求其承担全部责任。挡墙坍塌，导致泥沙、碎石涌入丁公司的钢棚及厂房，造成了丁公司损害，现丁公司要求甲公司就此承担侵权责任于法有据。

在此需要指出，前述侵权责任案中法院所适用的原《侵权责任法》第八十六条的规定为"建筑物、构筑物或者其他设施倒塌造成他人损害的"，而现行的《民法典》第一千二百五十二条的规定则为"建筑物、构筑物或者其他设施倒塌、塌陷造成他人损害的"，增加了"塌陷"的情形，使得在处理相关案件时有更加明确的法律依据。

后甲公司将封某诉至法院，并将丙公司及分公司列为第三人。甲公司的诉请主要包括要求解除与封某之间的《挡墙修复工程承包合同》以及要求封某返还工程款、赔偿损失等，另外要求丙公司及分公司对封某返还工程款、赔偿损失等承担补充清偿责任。

【鉴定情况】

本案诉讼中，甲公司对案涉挡墙坍塌的施工是否符合设计、标准规范及案涉挡墙坍塌的原因进行鉴定，鉴定机构出具鉴定意见为："（一）受鉴项目施工不符合设计、标准规范要求，存在的质量问题如下：①框格、灌砌石混凝土抗压强度经检测均不符合设计要求；②箍筋规格不符合设计要求；③挡墙未按分层方法砌筑；④挡墙混凝土量偏少，部分位置浮石、空洞，不符合设计混凝土与块石各占50%的要求；⑤挡墙选用的块石最小边尺寸小于15cm，饱和抗压强度小于30MPa，软化系数小于0.75，部分块石出现明显裂纹，不符合设计和规范的要求；⑥挡墙排水管设置不符合设计要求；⑦挡墙压顶未设置伸缩缝，不符合设计要求；⑧框架底筋外露，钢筋严重锈蚀，不符合规范要求；⑨混凝土路面实际厚度偏小，碎石铺填垫层、路基宕渣铺填未见明显施工，不符合设计要求；⑩混凝土路面缩缝设置不符合设计要求；⑪渠墙采用混凝土普通砖砌，不符合设计要求。（二）受鉴项目倒塌原因为：①由于道路碎石铺填垫层、路基宕渣铺填未见明显施工，加上路面实际厚度偏小，在车辆等动荷载作用下，路面向下变形增大，使砖砌渠墙折裂、漏水；②挡墙内侧土在水流作用下，形成水流通道；由于泄水孔不符合设计要求，导致排水不畅；黏聚力和内摩擦系数降低，施加于挡土墙的土压力增大；③多种施工不符合设计、标准规范引起的质量问题导致挡墙稳定性降低；④施加于挡墙的土压力增大至极限时，挡墙倒塌，挡墙内侧土滑坡；⑤挡墙内侧土滑坡后，路面悬空，当车辆等动荷载超过路面抗折强度时，路面折断，挤压框格，框格变形"。

律师点评　　即使挡土墙已坍塌，但并非一定不能开展施工质量等鉴定工作，本案中鉴定机构的鉴定依据可能包括了施工图纸、现场情况、坍塌界面及残留材料等。

甲公司另就案涉工程设计合同纠纷向法院起诉了丙公司及分公司，诉请包括了解除合同、返还设计费、赔偿损失等。在该另案中，甲公司申请对案涉施工图集的安全技术规范、设计规范进行鉴定，鉴定机构于2022年4月28日出具鉴定意见："经对设计图纸的审查和计算书的复核，基于现场查看情况，该挡墙设计图纸是安全、合理的"。后甲公司提出异议，鉴定机构于2022年6月6日出具补充鉴定意见："经对设计图纸的审查，由于该设计图纸中缺少设计总说明、地质勘察报告，因此，该设计图纸缺少设计依据，其安全可靠性不能保证。"

【一审阶段法院观点】

合同无效后，因该合同取得的财产，应当予以返还，不能返还或者没有必要返还的，应当折价补偿。有过错的一方应当赔偿对方因此所受到的损失，双方都有过错的，应当各自承担相应的责任。

关于过错问题，本院认为，封某明知自己没有相关资质仍违法承包案涉工程；在工程施工过程中多处未按照设计、标准规范施工，是案涉挡墙坍塌的重要原因，封某对案涉承包合同无效及案涉挡墙坍塌存在明显过错。

另外，《建设工程质量管理条例》第五条第一款规定"从事建设工程活动，必须严格执行基本建设程序，坚持先勘察、后设计、再施工的原则"，第七条第一款规定"建设单位应当将工程发包给具有相应资质等级的单位"；且根据《最高人民法院关于审理建设工程施工合同纠纷案件适用法律问题的解释》第十二条规定，发包人提供的设计有缺陷，造成建设工程质量缺陷，应当承担过错责任。甲公司作为建设单位，应严格执行基本建设程序，对整个建设活动有管理和监督的义务，在建设工程设计、施工前，有组织进行建设工程勘察的义务，也有审查封某施工资质的义务。但甲公司未组织建设工程勘察，直接导致丙公司提供的设计图纸因缺少设计依据而"安全可靠性不能保证"；未审查封某的施工资质，也未要求设计单位对工程施工及验收进行指导，致使未能及时发现建设工程施工的质量缺陷。因此，案涉承包合同无效及挡墙坍塌，甲公司存在过错，也应承担相应的责任。

　　因甲公司、封某未提交充分的证据证明双方的过错程度，本院酌情确定甲公司、封某承担同等过错责任。关于甲公司的损失数额，本院认为，案涉挡墙已经坍塌，甲公司支付封某工程款468196元应认定为甲公司的损失。案涉挡墙坍塌造成案外人丁公司损失40335元，该费用已经由生效裁判文书确定由甲公司负担，也应认定为甲公司的损失；但甲公司因该案产生的诉讼费用及其他费用与挡墙坍塌不存在直接因果关系，不属于与本案有关联的损失。同时，鉴定费28680元系为查明甲公司、封某过错责任需要，属于甲公司的损失，本院予以支持。对于工程款利息，甲公司在封某施工完成且经其验收后支付工程款属于其应尽的合同义务，现双方对合同无效均有过错，甲公司要求封某承担工程款利息缺乏法律依据，本院不予支持。因此，甲公司因合同无效及挡墙坍塌导致的损失合计为537211元，根据过错责任的认定，封某应赔偿甲公司损失268605.50元。

律师点评

　　本案当中，法院对于如何在甲公司和封某之间划分责任进行了说理分析，并未涉及设计单位的责任。但这并不代表丙公司及分公司无须为设计图纸缺少设计依据、安全可靠性不能保证等承担责任。

　　甲公司另以工程设计合同纠纷为由向法院起诉了丙公司及分公司，具体为（2021）浙0881民初2817号案件。对于丙公司及分公司是否应担责、如需担责须承担多少责任，法院认为：丙公司分公司作为专业的设计单位，应坚持严格执行工程建设强制性标准，要求甲公司提供工程勘察成果文件后再进行设计，并保证其出具的设计图纸合理、安全；虽丙公司分公司抗辩其曾要求甲公司提供地质勘察报告，但《设计承包合同》中未明确约定甲公司提供工程勘察成果文件的义务，丙公司分公司亦未提交其他证据证明其抗辩主张，对该抗辩意见不予采信；故案涉设计图纸存在缺陷，丙公司分公司亦存在过错，酌情确定其应对甲公司的损失承担30%的责任；分公司不具有法人资格，其民事责任由公司承担；丙公司分公司的违约责任应由丙公司承担。

如前述甲公司诉丙公司及分公司设计合同纠纷一案，设计单位在建设单位未提供全部工程勘察成果文件的情况下出具了设计图纸，依法承担了相应责任。如果建设单位提供了勘察成果文件，但勘察成果文件存在错误，以此为依据出具的设计文件也有瑕疵或错误，设计单位是否需要承担责任呢？实际上仍有可能承担责任。

以（2022）宁0522民初896号案件为例，法院认为：设计单位以其专业能力足以识别地勘报告主文内容与所附"黄土湿陷量计算表"中标注的数据存在矛盾，且通过地勘报告给出的标高，能够验算出正确数据，但其在计算剩余湿陷量时没有结合报告主文，直接引用了"黄土湿陷量计算表"中的错误数据，致使设计不满足规范要求，设计单位应依法承担相应责任。

在前述甲公司诉丙公司及分公司设计合同纠纷一案中，甲公司作为建设单位违反基本建设程序，工程勘察没有到位即发包开展设计工作，承担了主要责任。建设单位除了遵循基本建设程序，依法向设计单位提供勘察成果文件外，还须按合同约定提供其他设计所需文件，否则后续主张权利时可能将面临较为不利的局面。

以（2018）新民终389号案件为例，法院认为：合同约定"发包人应向设计人提交的资料及文件为：委托书、全套规划图（CAD及文字）、地形图、盖章确认的工程地质勘察报告、建筑方案设计图（CAD）、规划设计条件、用地规划许可证复印件、建筑红线图"，但某公司并未提交相应的证据证明其已经向某院提供了合同约定的资料及文件，同时某公司亦未提供证据证实某院必须按照修建性详规中的数据作为施工图设计依据的事实，因此某公司主张某院的设计成果违反合同约定的事实证据不足。

【本案小结】

《民法典》第一千一百六十八条规定："二人以上共同实施侵权行为，造成他人损害的，应当承担连带责任。"第一千二百五十二条又规定："建筑物、构筑物或者其他设施倒塌、塌陷造成他人损害的，由建设单位与施工单位承担连带责任，但是建设单位与施工单位能够证明不存在质量缺陷的除外。建设单位、施工单位赔偿后，有其他责任人的，有权向其他责任人追偿。"前述条款在由于工程质量问题造成他人损害后应如何划分责任的案件中常作为法律依据。在适用前述条款时有两点可以关注：

第一，法律所规定是承担"连带"责任而不是"全部"责任。如因工程质量问题造成损害，建设单位、施工单位仍可抗辩第三人亦存在过错，应依法承担相应责任。

第二，建设单位或施工单位承担赔偿责任后，仍可依法向须承担连带责任的另一方追偿。虽然《民法典》第一千二百五十二条规定："建筑物、构筑物或者其他设施倒塌、塌陷造成他人损害的，由建设单位与施工单位承担连带责任"，实务当中遭受损害的他人却不一定会将建设单位、施工单位或实际施工人等一并起诉，而可能只是将其中的部分单位（个人）列为被告。根据《民法典》第一百七十八条第一款"二人以上依法承担连带责任的，权利人有权请求部分或者全部连带责任人承担责任"，仅列部分连带责任人为被告是可能存在的情况。在本案的案情概况中，就提到了丁公司就挡墙坍塌的损失单独起诉了建设单位甲公司，而没有将封某列为被告。这种情况下，甲公司向丁公司承担责任后即可向封某要求追偿。

问题6：依据地灾报告能否主张修复费用？

【判决出处】

法院：浙江省杭州市中级人民法院

案号：（2017）浙01民终8021号

名称：王某施工队、甲公司建设工程合同纠纷案

【案情概况】

2012年5月21日，甲公司和某指挥部以招标投标的方式签订了《合同协议书》一份，约定由甲公司承建某指挥部发包的某道路工程第一标段施工工程。招标文件第四章第二节专用合同条款载明："交工指《公路工程竣（交）工验收办法》中的交工。"

律师点评　根据《公路工程竣（交）工验收办法》第四条等规定，交工验收是指"检查施工合同的执行情况，评价工程质量是否符合技术标准及设计

要求，是否可以移交下一阶段施工或是否满足通车要求，对各参建单位工作进行初步评价"。因此，公路交工验收后下一步的工作并不一定是安排通车，也有可能进行下一阶段的施工。

2012年5月21日，某指挥部与某监理咨询有限公司签订《监理服务合同协议书》，约定由某监理咨询有限公司为某道路工程提供监理服务。

2012年6月3日，甲公司作为甲方、王某施工队作为乙方，签订《工程项目内部承包合同》一份，约定甲方将案涉工程整体转包给乙方施工。

2012年6月25日，监理公司发出工程开工通知书，载明合同工期为2012年5月21日至2013年2月21日。之后，王某施工队进场施工。

2013年10月18日，王某施工队认为已完成了案涉工程，并自检合格，提请验收，由项目经理在某道路工程第一合同段路基中间交工证书上签字并加盖一标段项目部公章。2013年10月23日，监理公司驻地监理工程师办公室在中间交工证书上签字盖章，并注明"满足交验条件，同意交验"。2013年10月24日，某指挥部在中间交工证书上签字盖章，并注明"同意监理意见"。

律师点评 　　根据《公路工程竣（交）工验收办法》第八条等规定，公路工程（合同段）进行交工验收应具备合同约定的各项内容已完成、施工单位按相关标准和规定的要求对工程质量自检合格、监理工程师对工程质量的评定合格等条件。

2014年7月17日，甲公司作为甲方、王某施工队作为乙方，签订《路面承包合同终止书》一份，载明："根据甲乙双方2013年9月10日签订的《工程项目内部承包合同》，甲方中标的某道路工程路面标段交由乙方具体实施，由于种种原因，经甲乙双方友好协商，一致同意终止《工程项目内部承包合同》，为此，双方就乙方已投入的成本协商一致，结算如下：……"。

后王某施工队诉至法院，诉请主要包括：甲公司支付工程款、违约金；某指挥部在一定金额范围内承担支付责任；诉讼费、保全费、鉴定费由甲公司、某指挥部承担。

【一审阶段法院观点】

案涉工程施工过程发生了挡墙坍塌的情况，各方对于相关费用应如何承担存在争议，对此一审法院阐述内容如下：

关于某段挡墙倒塌原因，监理公司在工程实施过程中出具的监理意见为挡墙坍塌非地质原因，不予二次计量并发出过挡墙整改通知单；对此监理意见，王某施工队不同意，故自行委托某勘察设计研究院有限公司某分公司对此段挡墙倒塌进行调查，并出具《某道路工程一标段（采空区及滑坡）地质灾害调查报告》，地质灾害调查费20000元。

本案涉及《地质灾害调查报告》。根据《地质灾害防治条例》第二十一条规定："在地质灾害易发区内进行工程建设应当在可行性研究阶段进行地质灾害危险性评估，并将评估结果作为可行性研究报告的组成部分；可行性研究报告未包含地质灾害危险性评估结果的，不得批准其可行性研究报告。"该条款中的地质灾害危险性评估结果与本案所涉《地质灾害调查报告》并不相同，主要体现在以下方面：

第一，委托单位不同。地质灾害危险性评估结果一般由建设单位委托专业机构出具；而本案所涉《地质灾害调查报告》则是由实际施工的王某施工队委托出具。

第二，出具阶段不同。地质灾害危险性评估结果应当是在可行性研究阶段出具，并且作为可行性研究报告的组成部分；而本案所涉《地质灾害调查报告》在挡墙坍塌修复完毕、各方发生纠纷争议后出具。

第三，出具目的不同。出具地质灾害危险性评估结果的目的在于判断项目的可行性、防治地质灾害、避免和减轻地质灾害造成的损失；而本案所涉《地质灾害调查报告》则是作为王某施工队主张挡墙坍塌修复费用的证据材料。

关于某段挡墙倒塌修复费用：监理公司在工程实施过程中出具的监理意见为挡墙坍塌而非地质原因，不予二次计量并发出过挡墙整改通知单，监理台账显示王某施工队已将此部分挡墙整改后的监理通知反馈单提交给监理单位（目前现有的鉴定资料中无此部分的监理通知反馈单）。此部分挡墙倒塌修复费用合计808569元。

关于地质灾害调查和挡墙倒塌修复费用，王某施工队与甲公司签订的《工程项目内部承包合同》中明确载明："2.1 本工程的质量目标符合招标文件的要求，乙方应确保本工程质量。如达不到质量标准，乙方必须返工重做或服从业主的一切要求，并承担一切损失。2.2 乙方按照招标文件及技术规范的要求，严格按图施工，坚持质量自检，对完工的工程项目质量负全部责任。2.3 项目施工质量以监理工程师签字验收为准，不合格工程乙方必须返工。"故案涉工程质量是否合格首先应以监理公司意见为准，监理公司发出的挡墙返工监理通知单记载了挡墙存在以下问题：线性不顺，挡墙外面平整度极差；砂浆拌合不均匀；砂浆不饱满，空洞严重，局部段落基本无砂浆；块石清洗不到位，块石周围有较多泥沙等。监理通知单（包括001号监理通知单反馈单）除一份（026号监理通知单）承包人拒签外，其余均由承包人一方签收。王某施工队认为这些证据均系甲公司与某指挥部串通后伪造，但未提供充分的证据证明，故一审法院对这些证据予以采信。王某施工队又提供了《地质灾害调查报告》作为证据欲证明挡墙的二次施工并非施工质量问题引起，而是地质灾害引起。一审法院审查了《地质灾害调查报告》的结论，认为该报告并非案涉挡墙坍塌的成因报告，故对该报告不予认证。因此案涉挡墙的二次施工系因王某施工队施工质量问题引起，故对地质灾害调查和挡墙倒塌修复费用不应计入工程总造价。

【二审阶段法院观点】

关于挡墙倒塌修复费用的问题。监理公司已经出具监理意见为挡墙坍塌并非地质原因，不予二次计量并发出挡墙整改通知单。王某施工队一审期间提交《地质灾害调查报告》欲证明挡墙倒塌系地质灾害造成，该调查报告对地面塌陷、滑坡的形成条件、诱发因素进行了分析，其中包括了施工中人为的影响，即使该调查报告是对挡墙坍塌的成因报告，也不能证实并非施工质量等问题引发，故该部分费用不应计入工程总价。

无论是一审还是二审，王某施工队以地质灾害为由要求对方承担修复费用的主张均未能得到支持。并且，法院还明确指出了施工过程中存在质量问题等人为因素。那么如果在施工单位或实际施工人施工质量没有问题的情况下，因为发生地质灾害导致产生修复费用或造价提高，建设单位是否需承担责任呢？

以（2020）川1922民初2353号案件为例，法院认为：根据某局等单位及原告某公司签订的《三方合作协议》约定，在工地开工前应先由某公司开展地质灾害评估，而某公司在开工前并未进行实地勘探，即使之后提供的《地质灾害评估报告》也明确载明案涉工地地质无发育，无滑坡；项目工程部分地质变形的直接原因是某公司在开工前未实地勘探，故施工中导致工地部分地质变形的责任在某公司；综上所述，因修建抗滑桩增加费用工程成本责任在于某公司。

从正常的建设流程而言，对于可能发生地质灾害的工程，建设单位应在可行性研究阶段即开展地质灾害评估，如果因省略该环节、未采取防治措施导致后续的修复费用或造价增加，建设单位也应依法在过错范围内承担责任。

【本案小结】

本案当中，虽然王某施工队的主张未明确提及不可抗力，但其着重举证了《地质灾害调查报告》，认为应免除责任、由对方承担修复费用。塌陷、滑坡等现象是施工过程中常遇到的地质灾害情况，对于此类情况是否属于不可抗力、是否适用免责条款往往成为各方争议的焦点。

就实践情况而言，对于将地质灾害等情况认定为不可抗力是审慎而严格的，以（2021）浙03民终5811号案件为例，该案的基本情况为：

某局等单位（建设单位）组织的迁建工程项目由某公司（施工单位）中标施工。至约定的开工日期，建设单位因未完成边坡治理，无法提交施工场地给施工单位，并要求解除合同。建设单位主张：边坡系在暴雨作用下发生滑动，出现地质灾害，属于因不可抗力解除合同。施工单位主张：在案涉工程选址前，建设单位已经委托第三方专业机构做过地质调查，报告中详细披露了当地的天气雨量以及地质状况，建设单位对此明知；建设单位未能提供符合条件的施工场地，单方提出解除合同，构成违约。

法院则认为：工程选址、边坡治理均系建设单位的先合同行为，且建设单位有义务提供具备施工条件的建设场地；台风、暴雨系该地区常年出现的气象情况，并非当事人不可预见的不可抗力；经专业机构检测评估，边坡存在滑坡可能，边坡滑坡治理时间超过一年半，并需增加治理费用，故建议另选场址；由此可知，针对该滑坡风险也非不可治理，但治理周期较长、成本过高；在此情形下建设单位系因"履行成本过高"而拒绝继续履行合同；造成合同解除事由的根本原因在于建设单位自身选址不当或未治理完成即开工建设，本质上构成违约，建设单位应承担违约责任。

综合以上案例情况，我们初步认为将塌陷、滑坡等地质灾害归为不可抗力在实践中较难成立，主要理由如下：

根据《地质灾害防治条例》第二十一条，在可行性研究阶段应进行地质灾害危险性评估，并且《地质灾害防治条例》第二十四条第一款还规定："对经评估认为可能引发地质灾害或者可能遭受地质灾害危害的建设工程，应当配套建设地质灾害治理工程。地质灾害治理工程的设计、施工和验收应当与主体工程的设计、施工、验收同时进行。"因此，如果经地质灾害危险性评估认为可能引发或遭受地质灾害，这种情况下再主张地质灾害为不可抗力则较难成立。

而如果应依法进行地质灾害评估却没有进行，不可抗力的主张在发生滑坡、塌陷等现象后同样难以成立。本来可以通过地质灾害评估进行预判，实际上却因为没有开展工作导致地质灾害发生的时候缺乏防止措施、遭受损失，这并不属于法律所规定"不能预见、不能避免且不能克服的客观情况"。

考虑到道路工程多为线性工程，相较于房屋建筑工程面临更多地质灾害的可能性，因此对于建设单位，应依法及时、全面开展地质灾害评估工作；对于施工单位，应要求建设单位提供相应资料，进行现场评估，落实应对措施。

1.4　路基漏土

【名词解释】

路基漏土一般是指路基由于防护不到位、支挡结构设置不完善或施工方法不当等原因造成土体漏出的情况。

【规范条文】

《公路路基施工技术规范》JTG/T 3610—2019

6.1.1　路基防护工程施工前，应对边坡进行修整，清除边坡上的危石及松土。修整后的坡面应大面平整、排水顺畅，与周围自然地形协调。

6.1.2　路基防护工程应与路基挖填方工程紧密、合理衔接，应开挖一级、防护一级。根据开挖坡面地质水文情况，应逐段核实路基防护设计方案。实际状况与设计出入大时，应及时反馈处理。

《城镇道路工程施工与质量验收规范》CJJ 1—2008

6.8.1　土方路基（路床）质量检验应符合下列规定：……一般项目……4　路床

应平整、坚实，无显著轮迹、翻浆、波浪、起皮等现象，路堤边坡应密实、稳定、平顺等。检查数量：全数检查。检查方法：观察。

问题7： 验收后又发现漏土等情况能否拒付工程款？

【判决出处】

法院：广西壮族自治区河池市中级人民法院

案号：（2015）河市民二终字第385号

名称：丘某、韦某等建设工程合同纠纷案

【案情概况】

2010年12月31日，丘某、韦某作为乙方与某屯作为甲方签订《某屯水泥路工程协议》，内容如下："①工程由乙方包工包料承建，价格为混凝土路面430元/m³，排水沟170元/m³（规格见附表），其中，沙子、碎石不准含风化石和泥土，水泥用某牌，标号425。②乙方负责平整路面，并铺3～5cm碎石。混凝土路面要振动、拉纹、割缝（割缝间隔为5m）。③施工过程中，乙方要接受甲方监督员的监督。④路面保养期内，由于甲方人为原因而使路面损坏的，乙方不负责任……"。

律师点评

关于公路类别和等级，《公路法》第六条第一款规定："公路按其在公路路网中的地位分为国道、省道、县道和乡道，并按技术等级分为高速公路、一级公路、二级公路、三级公路和四级公路。"该条款并未明文涉及村道或农村公路。

各地对于村道或农村公路有相应的规定，比如《贵州省公路条例》第二条第二款规定："本条例所称公路（含公路桥梁、公路隧道和公路渡口），包括国道、省道、县道、乡道和村道。县道、乡道和村道，统称农村公路。"又比如《广西壮族自治区农村公路条例》第二条第二款规定："本条例所称农村公路是指纳入农村公路规划，并按照公路工程技术标准修建的县道、乡道、村道，以及经自治区人民政府交通运输主管部门认定符合公路工程技术标准，并纳入农村公路统计年报里程的其他公路，包括公路桥梁、隧道和渡口以及公路附属设施。"

某屯签字代表是组长、妇女主任、出纳及其他代表。

协议签订后，丘某、韦某即对道路硬化工程进行施工，工程约在2011年5月完工。在施工过程中，丘某、韦某于2011年3月收到某屯支付的工程款85000元，于2011年4月份收到某屯支付的工程款10万元。

2011年7月25日，双方签订了《某屯道路硬化工程竣工验收报告清单》。该工程竣工验收报告清单某屯的签字代表是组长、妇女主任、出纳、监工及其他两人。

律师点评

双方所签订的《某屯道路硬化工程竣工验收报告清单》是后续诉讼过程中判断当事人所主张施工质量问题能否成立的主要依据之一。

如当事人对于施工质量持有异议，建议可考虑是否暂不签署竣工验收报告清单或类似文件，即使签署，也应列明相应的质量问题等意见；如果当时不能确定是否存在质量问题，可在签署同时（再次）明确保修期或施工方的质量责任。

在签订了该工程竣工验收报告清单后的2012年1月17日，某屯换届选举后的新一届村委支付给丘某、韦某5500元，某屯前后共计支付给丘某、韦某240000元工程款。

之后丘某、韦某向某屯催付余下工程款未果，遂提起诉讼。

【一审阶段法院观点】

关于丘某、韦某与某屯签订的某屯水泥路工程协议和工程竣工验收清单是否有效的问题。丘某、韦某与某屯的代表签订的某屯水泥路工程协议是双方的真实意思表示，没有违反法律法规的强制性规定，没有损害国家、集体或者第三人的利益，且丘某、韦某已经实际履行了协议，该协议合法有效，予以认定。

关于工程竣工验收清单是否有效的问题，某屯签字代表是组长、妇女主任、出纳、监工及其他两人。上述签字的代表中有四人是双方签订某屯水泥路工程协议时的代表，由于双方在签订某屯水泥路工程协议时没有具体约定需要多少人签字，所以在验收报告清单中已经有某屯主要负责人签字认可，上述人员亦是时任的村委会主要成员，该验收清单已经可以认定为双方的真实意思表示，合法有效，应予采信。

某屯应该按照协议及验收报告清单的约定支付丘某、韦某相应的工程款。在协议及验收清单中，双方均约定是将逐年每年支付70000元。本案的工程款总额是

595096元，某屯已经支付240000元，尚欠355096元。某屯从2013年起没有按照约定每年支付70000元给丘某、韦某，因此丘某、韦某可以向某屯主张支付所有的工程款，但由于双方对工程款支付方式有特别约定是每年支付70000元，因此依照该特别约定予以处理。

【二审阶段法院观点】

某屯不服一审判决提出上诉，请求撤销一审判决，驳回丘某和韦某的诉讼请求。事实和理由：经组织村民查勘水泥路情况，发现该路完工四年来已大面积脱沙，有的漏土。并召集村民会议讨论，拟提出对水泥路质量申请司法鉴定，提出反诉或另行起诉，要求返工、重做、赔偿损失等。

关于案涉合同是否有效的问题。道路硬化工程属于建设工程，发包人某屯与丘某订立《某屯水泥路工程协议》，将该工程发包给未取得建筑施工企业资质的丘某、韦某承建，根据《最高人民法院关于审理建设工程施工合同纠纷案件适用法律问题的解释》第一条第（一）项之规定，为无效合同。一审认为该合同有效有误，对此予以纠正。

> **律师点评**　双方所签订的某屯水泥路工程协议一审阶段被认定为有效，二审阶段则被认定为无效，理由主要在于丘某、韦某作为个人没有施工企业资质。关于资质要求，《公路法》第二十四条第二款规定："承担公路建设项目的可行性研究单位、勘察设计单位、施工单位和工程监理单位，必须持有国家规定的资质证书。"关于农村公路的资质要求，各地也有相应的规定，比如《广西壮族自治区农村公路条例》第十八条规定："农村公路建设项目的勘察、设计、施工、监理等从业单位应当具备相应资质。"

对于某屯所称施工质量存在问题等上诉理由，本院认为：①因双方在签订施工承包合同时并未约定需要多少人进行竣工验收签字才有效，故验收报告清单中有时任某屯的主要领导成员签字认可，应当视为某屯认可验收报告清单，该验收报告清单对某屯与丘某、韦某均产生法律约束力。②某屯提交的《关于硬化道路实施实际情况决定》属于其单方事后制作，且丘某、韦某不予认可，不能约束合同相对方丘某、韦某，故一审不予采信该证据并无不当。

某屯的上诉请求没有事实与法律依据，对此不予支持。一审判决认定基本事实清楚，程序合法，虽适用法律部分有误，但实体处理并无不当，予以维持。

【本案小结】

《最高人民法院关于审理建设工程施工合同纠纷案件适用法律问题的解释（一）》第十二条规定："因承包人的原因造成建设工程质量不符合约定，承包人拒绝修理、返工或者改建，发包人请求减少支付工程价款的，人民法院应予支持。"在该条款之前也有类似的规定，发包人往往会以此为由主张拒付工程款。适用该条款时应注意相应的前置条件：首先，是承包人导致了工程质量不符合约定；其次，承包人对于修理、返工或者改建表示拒绝；再次，发包人是要求减少支付工程款，而不是拒绝支付工程款。一般认为减少的工程款应与承包人的过错程度、发包人实际承受的损失等相当。

就本案而言，虽然甲方主张工程出现了脱沙、漏土等质量问题，但并未能举证证明是由承包人所造成，因此被认定为应依法支付工程款。在此需要指出的是，甲方证明道路质量问题由乙方引起其实面临较大的难度，案涉道路已使用数年，现场脱沙、漏土等情况是否由乙方施工问题、使用维护不当或是其他原因所造成较难确定，鉴定工作可能也不具备开展的条件。当然，这并不代表甲方即完全缺乏维护权益的方式方法，乙方作为施工方，依法依约应承担工程质量责任，在质保期内履行保修义务，这也是甲方主张乙方承担责任的一种思路。考虑到质保期的时限，甲方尽早提出相对而言可能更为有利。

其他案件当中也有较为类似的情况，以（2020）粤15民终203号案件为例，法院认为：某合作社在本案中提出的抗辩为使用部分的质量问题，但某合作社在村道完工后已对村道进行验收并投入使用，导致该村道的使用部分质量难以鉴定，故一审法院未准许其鉴定申请并无不当，对其抗辩不予支持；丁某作为村道的承包人，应当在该建设工程的合理使用寿命内对地基基础工程承担民事责任，如某合作社对该项主张权利，则可另循法律途径进行救济；据此，合同相对方丁某已履行建造义务，某合作社的上诉理由不能成立，应支付案涉工程款。

1.5 路基处理不符合要求

【名词解释】

路基处理不符合要求一般是指未按照设计、施工等规范要求对路基进行处理。

【规范条文】

《公路工程质量检验评定标准　第一册　土建工程》JTG F80/1—2017

4.2.1　土方路基应符合下列基本要求：……2　填方路基应分层填筑压实，每层表面平整，路拱合适，排水良好，不得有明显碾压轮迹，不得亏坡……

4.3.1　填石路基应符合下列基本要求：1　填石路基应分层填筑压实，每层表面平整，路拱合适，排水良好，上路床不得有碾压轮迹，不得亏坡……

《城镇道路工程施工与质量验收规范》CJJ 1—2008

6.3.2　路基范围内遇有软土地层或土质不良、边坡易被雨水冲刷的地段，当设计未做处理规定时，应按本规范第3.0.5条办理变更设计，并据以制定专项施工方案。

问题8：分包撤场后主张路基处理不合格能成立吗？

【判决出处】

法院：江苏省南通市中级人民法院

案号：（2013）通中民初字第0085号

名称：甲公司、乙公司建设工程施工合同纠纷案

【案情概况】

2011年10月19日，乙公司作为承包人（乙方）与甲公司作为发包人（甲方）签订《建设工程施工合同》一份，约定：项目名称为某路（某标段）软地基处理工程，工程内容为软地基处理的设计与施工，地基处理总面积约为10.74万 m^2，开工日期2011年10月30日，竣工日期2012年1月20日，合同日期总日历天数83（不含地基检测时间）；工程质量标准，达到图纸设计标准及相关标准、规范要求，并一次性通过验收。

合同签订后，乙公司按约组织施工。

2012年1月13日、2012年1月14日、2012年1月15日、2012年1月16日、2012年4月2日、2012年4月4日，乙公司分别进行静力触探成果试验，结论均为"合格"。

2012年4月10日，案涉工程的分项工程质量检验合格。同日，甲公司作为承包单位向监理单位提出"……其中桩号……自检程序已经完成，望业主安排第三

方检测单位对桩号……进行检测"，监理单位出具"承包人已委托具有合法资质的某检测公司对该标段有关地段进行承载力及回弹衡量的自检。检测数据估计能满足设计要求，静力触探自检报告结果经换算反映地基处理效果满足设计要求。拟同意承包人的申请。请业主予以核定"。

2012年4月13日至2012年5月20日，丙公司对案涉工程进行地基基础工程检测，以确定复合地基承载力（载荷板试验检测），2012年5月21日作出"该工程所测9个试点复合地基承载力特征值为120kPa，满足设计要求"的检测结论。

2012年4月27日，丁公司对案涉工程进行土基回弹模量试验检测，2012年4月29日作出"K0+770右幅不符合，其余均为符合"的结论；2012年5月28日检测，2012年5月30日作出"其中K0+360左幅距中9m、K0+200左幅距中7m、K0+120左幅距中9m、K0+050左幅距中12m四个部位不符合，其余三个部位符合"的结论；2012年6月21日检测，2012年6月23日作出"符合"的结论。

2012年6月25日的《承包单位通用报审表》中，甲公司作为承包单位向监理单位提出"软地基处理工程已经由专业分包方乙公司进行施工。目前自检全部合格，第三方检测已经完成，并全部合格。工程资料基本齐全。望业主安排对某路某标段进行软地基处理工程初验收"，监理单位出具"具有初验条件，同意验收申报"的鉴定审核意见。

2012年11月1日，乙公司向甲公司移交竣工资料原件1套、复印件资料2套，双方在建设项目工程档案交接表均加盖公章，张某同时代表甲公司在该交接表上签名。

2012年12月，案涉路段整体竣工验收并交付使用。

律师点评　　在案涉路段验收并交付使用前，多家单位开展了检测工作，监理单位出具了"具有初验条件，同意验收申报"的鉴定审核意见，乙公司向甲公司移交了竣工资料，双方在工程档案交接表均加盖了公章。前述情况是判断甲公司主张代乙公司处理不合格路段费用能否成立的因素之一。

后乙公司诉至法院，诉讼请求包括解除合同、要求甲公司支付工程款及逾期付款等。

甲公司则提起反诉，请求法院判令乙公司赔偿工期迟延违约金。

诉讼过程中，甲公司主张代乙公司处理不合格路段费用813489.58元，并提供2012年6月6日由游某签字的730m³路基处理回填单据、2012年6月20日由胡某签字的2190m³路基处理6%灰土回填单据、其公司2012年11月16日编制的金额为813489.58元的相关路段路基处理不合格部位6%灰土加固路基工程结算书一份、证人易某证言、土基回弹模量试验检测报告以及苏建价（2011）812号文件，以证明检测报告出具后，乙公司现场人员全部撤场，乙公司王某口头委托技术负责人易某代乙公司处理相关的不合格点，乙公司现场留守人员游某、胡某对工程量2920m³（730m³+2190m³）进行签字确认。

律师点评　甲公司在主张代乙公司处理不合格路段费用时提交了证人易某的证言。关于证人证言，《民事诉讼法》第六十六条将其列入八类证据的范围之内。关于证人证言的证明力，《民事诉讼法》第七十六条规定："经人民法院通知，证人应当出庭作证。有下列情形之一的，经人民法院许可，可以通过书面证言、视听传输技术或者视听资料等方式作证：……"。《最高人民法院关于民事诉讼证据的若干规定》第六十八条第三款规定："无正当理由未出庭的证人以书面等方式提供的证言，不得作为认定案件事实的根据。"以此而言，证人能否出庭作证对于证人证言的证明力起到了关键作用。

就本案而言，易某是甲公司在案涉工程中的技术负责人，与该公司存在利害关系。《最高人民法院关于民事诉讼证据的若干规定》第九十条规定："下列证据不能单独作为认定案件事实的根据：……（三）与一方当事人或者其代理人有利害关系的证人陈述的证言……"，因此，证人易某的证言在没有其他证据予以佐证的情况下，将较难得到采信。

【一审阶段法院观点】

关于甲公司主张代乙公司处理不合格路段费用813489.58元的问题。甲公司认为，乙公司处理的地基不合格，该公司的现场负责人王某口头委托其公司处理不合格的地段采用挖出淤泥软土，同时采用6%石灰土分层碾压换填处理的方法进行处理，处理不合格路基所发生的工程量由乙公司驻现场的施工人员计量。

乙公司认为，其公司未委托甲公司完成任何施工，甲公司主张其对不合格部分完成返修无事实依据。其公司作为施工方在工程出现少量面积检测未通过的情况下，积极采取返修措施，最终使工程验收交付。

本院认为，甲公司虽然提供由游某、胡某签字的路基处理回填单据，并称该两人是乙公司派驻的施工人员，但并未提供相应的证据予以佐证，且该两人亦未出庭作证；证人易某是甲公司在案涉工程中的技术负责人，与该公司存在利害关系，故其证言在无其他证据予以佐证的情况下，本院难以采信；甲公司提供的路基处理不合格部位6%灰土加固路基工程结算书，由其公司自行制作，对此真实性、关联性，本院无法确定；甲公司虽然主张乙公司的王某口头委托其公司处理不合格路段，但未提供相应的证据予以佐证，相反，甲公司作为专业的总包单位，在无任何签证资料和书面委托手续的情况下，由其自行返修，明显不合常理。综上，甲公司提供的前述证据不足以证明其代乙公司处理不合格路段并发生相关费用813489.58元，故对其该项主张，本院不予支持。

律师点评

分包人完成工作撤场后，如果总包人发现分包部分存在质量问题，总包人对此一般有两种处理方式：第一，要求分包人返场处理质量问题。第二，在分包人拒不返场或没有返场条件的情况下，总包人可以自行处理或交由第三方处理，相应费用从工程款中扣减或由分包人支付。本案当中，甲公司自行返修的情况与前述两种处理方式并不相同，也没有提供足以采信的签证资料和书面委托手续等材料，被认为"明显不合常理"。

【本案小结】

本案当中，甲公司主张代乙公司处理不合格路段的费用未能得到支持，可以从两方面进行考虑：

第一，施工和验收过程中对乙公司施工质量的确认。案涉工程的检测项目包括了静力触探成果试验、承载力及回弹模量自检、载荷板试验检测、土基回弹模量试验检测等，检测结果没有指出有严重的质量问题。案涉路段已整体竣工验收并投入使用。这对于判断乙公司的施工质量无疑是起到了较为正面的作用。

第二，诉讼过程中所举证的证据材料尚不足以证明其主张。乙公司虽然提交了回填单据、工程结算书、证人证言、检测报告等材料，但并不能证明乙公司施工质量存在问题、甲公司代乙公司处理不合格路段、乙公司对甲公司代为处理已同意或追认等关键情况。可以理解为甲公司从一定程度上承担了举证不能的不利后果。

在此需要指出的是，甲公司关于处理不合格路段的主张未被支持，一定程度上也反映了道路工程本身的一些特点。路基施工完成后，一般还要继续进行路面施工等工序，在后续工作进行过程中或完成后，路基的部分技术指标就较难再进行检测。在投入使用后，道路情况也有可能发生一些变化，导致现状与当时路基验收时存在较大区别，不再具备一些鉴定事项的前提条件。因此，如果主张路基处理不合格等质量责任，可以在条件满足的情况下尽早取证、尽早提出。

1.6 路基填方、填筑不符合要求

【名词解释】

路基填方、填筑不符合要求一般是指路基填方、填筑不符合材料、强度、压实度等方面的要求。

【规范条文】

《公路路基设计规范》JTG D30—2015

3.1.5 路基填料应满足路基强度和回弹模量的要求。土石方调配设计应对移挖作填、集中取（弃）土、填料改良处理等方案进行技术经济比较，充分利用挖方材料，节约土地。

3.2.3 路床应分层铺筑，碾压密实，并应符合下列要求：1 填料最大粒径应小于100mm……

3.3.3 路堤填料应符合下列要求：1 路堤宜选用级配较好的砾类土、砂类土等粗粒土作为填料，填料最大粒径应小于150mm。2 泥炭、淤泥、冻土、强膨胀土、有机土及易溶盐超过允许含量的土等，不得直接用于填筑路堤。季节冻土地区路床及浸水部分的路堤不应直接采用粉质土填筑……

《城市道路路基设计规范》CJJ 194—2013

4.1.2 路基设计应因地制宜，合理利用当地材料、工业废渣与建筑渣土。生活垃圾不得用于路基填筑。

4.3.2 强膨胀土、泥炭、淤泥、有机质土、冻土（及含冰的土）、易溶盐超过允许含量的土以及液限大于50%、塑性指数大于26的细粒土等，不得直接用于填筑路基。

问题9： 发生扰动后还能主张工程款吗？

【判决出处】

法院：河南省高级人民法院

案号：（2021）豫民终343号

名称：乙公司、戊公司等建设工程施工合同纠纷案

【案情概况】

某局为某道路工程PPP项目的实施机构。

2017年，丁公司对该PPP项目进行了前期跟踪和接洽，并协助开展了部分线路路基现场排除施工障碍等前期工作。

2017年11月1日，某道路工程启动仪式召开，丁公司有关工作人员参加了该仪式。后丁公司确定不再跟踪该PPP项目，亦没有参加该PPP项目的资格预审及后续招标投标活动。

根据《国家发展改革委关于开展政府和社会资本合作的指导意见》（发改投资〔2014〕2724号），政府和社会资本合作（PPP）模式是指"政府为增强公共产品和服务供给能力、提高供给效率，通过特许经营、购买服务、股权合作等方式，与社会资本建立的利益共享、风险分担及长期合作关系"，可以推行于"燃气、供电、供水、供热、污水及垃圾处理等市政设施，公路、铁路、机场、城市轨道交通等交通设施，医疗、旅游、教育培训、健康养老等公共服务项目，以及水利、资源环境和生态保护等项目"。

自2023年以来，涉及PPP模式的文件包括《国务院办公厅转发国家发展改革委、财政部〈关于规范实施政府和社会资本合作新机制的指导意见〉的通知》（国办函〔2023〕115号），以及《基础设施和公用事业特许经营管理办法》《国家发展改革委办公厅关于印发〈政府和社会资本合作项目特许经营协议（编制）范本（2024年试行版）〉的通知》等。

2018年4月，戊公司项目经理罗某带领施工队进入工地进行施工等有关工作。

2018年4月，甲公司参与了该PPP项目资格预审活动，通过了资格预审。据甲公司陈述，其在进行项目考察的时候，知道前期有队伍在施工，但不知道是哪个公司在施工，除此之外没有接触，也没有与戊公司口头商定过相关事宜。

2018年5月7日，某公共资源交易平台等网站发布了《关于某道路改建工程PPP项目采购公告》。

2018年6月22日，《某道路改建工程PPP项目预成交结果公示》发布，载明："……三、中标社会资本方：社会资本方名称：甲公司……"。同日，中标通知书发出，甲公司成为案涉PPP项目社会资本方。

2018年8月1日，戊公司将项目的前期设计及预算勘误资料等发送至高某的电子邮箱。

2018年8月15日，甲公司、某交通建设有限公司作为股东共同出资成立了乙公司，作为项目公司和建设单位，高某任该公司的副总经理。

2018年8月31日，乙公司召开第一次工程例会，戊公司的工作人员作为施工单位人员参加了会议，并在会议签到表上签名。

2018年11月24日，经乙公司通知，戊公司停止施工活动。

2018年11月，戊公司第一次向乙公司提交工程量确认申请，主张工程量价款总计32863616元；2019年1月，戊公司第二次向乙公司提交工程量确认申请，主张工程量价款总计24306413元。

2018年12月6日—13日，建设单位乙公司、监理单位某工程咨询有限公司、总承包单位丙公司和戊公司共同对戊公司施工的工程量进行了现场测量，形成《现场测量记录表》，该四家单位有关人员在记录表下方相应栏目内签字确认。

2019年1月8日，乙公司召开工程量复核会议，戊公司工作人员参加会议，并在会议签到表上签名。

2019年1月12日，建设单位乙公司、总承包单位丙公司、监理单位某工程有限公司、戊公司四方形成《道路工程量确认清单（第一次）》，该四家单位在清单下方相应栏目内签字盖章确认。

2019年7月9日，戊公司提起本案诉讼，诉讼请求包括判令某局、甲公司、乙公司、丁公司支付39028713元及利息726259元等。

关于三次主张的工程价款数额不一致问题，戊公司称系因为每次提报的时间点不同，提报的项目和单价不同，财评的要求也不一样。

戊公司于2018年11月第一次向乙公司提交了工程量确认申请，于2019年1月第二次向乙公司提交了工程量确认申请，于2019年7月提起了本案诉讼，三次金额并不一致。在这种情况下，如果双方未能就工程量及相应金额达成一致，则在诉讼过程中一般会通过鉴定程序来确认工程造价。实际上在本案一审过程中戊公司提出了造价鉴定等申请。当然，由于乙公司对于戊公司所完成工程的质量持有异议，申请对清表和填方的施工质量进行司法鉴定，在确认工程质量的情况后，不合格部分的工程款也应依法扣减。

【鉴定情况】

本案诉讼过程中，乙公司对戊公司完成的有关工程质量有异议，申请对戊公司完成的清表和填方的施工质量进行司法鉴定，法院委托某建设工程检测技术中心进行鉴定，该中心与乙公司签订工程质量司法鉴定协议书，并由甲公司、乙公司、戊公司、某局等有关当事人共同签字确认了某道路改建工程道路检测方案，确定对案涉工程中有争议的道路路基压实度及路基弯沉值进行鉴定检测。某建设工程检测技术中心作出《工程质量司法鉴定意见书》《工程质量司法鉴定意见书（补充鉴定意见）》，鉴定意见为："①现场不满足路床弯沉检测要求，即现阶段的施工路面没有进行到弯沉检测阶段。②……154段道路中，有69段因设计路面范围内路基面层扰动，不能代表路基扰动前工程质量情况，无法鉴定；剩余路段仅有第127号路段（K57+120～400）下路堤面层的压实度符合设计要求（即合格），其余段道路面层压实度均不符合设计要求（即不合格）。"

鉴定单位指出有部分路段因扰动不能反映此前的工程质量情况，无法鉴定，但没有涉及扰动是哪方当事人所造成或是不可抗力、自然因素等引起。由于此前的情况已难以还原，即使针对扰动原因开展鉴定，很可能也无法查明并作出定量分析。因此，在判断是否需要支付相应路段工程款时还要结合其他事实情况、举证责任分配等因素进行考虑。

【一审阶段法院观点】

案涉工程系PPP项目工程，某局是该PPP项目的实施机构；丁公司曾参与该PPP项目的前期跟踪工作，但并非总承包单位；甲公司于2018年7月2日中标成为该PPP项目的社会资本方，亦非案涉工程的建设单位。戊公司主张与甲公司、丁公司、某局存在建设工程施工合同关系，但未能提供充分、有效证据证明系该三单位将该工程发包给其施工，且丁公司并非该工程的施工总承包单位，甲公司、某局亦非该工程的建设单位，不具有向其转让施工总承包资格和发包案涉工程的资格，故戊公司该主张不能成立，其以与该三单位之间就案涉工程存在建设工程施工合同关系为由，要求该三单位向其承担支付工程价款等责任不予支持。

乙公司虽系该PPP项目的项目公司、建设单位，但其2018年8月15日才依法登记成立，而戊公司2018年4月即开始进入案涉工地开始有关施工工作，从戊公司提交的有关照片、会议纪要等证据材料看，乙公司成立后至2018年11月24日戊公司停工，该二单位之间有过接触，但戊公司并未提供直接、有效证据证明乙公司将案涉工程发包给其施工，不能证明双方口头协商约定了具体权利义务关系，乙公司于2018年11月24日通知戊公司停工亦说明其对戊公司承包案涉工程持否认态度，故戊公司主张其与乙公司之间就案涉工程存在口头建设工程施工合同关系亦不能成立。但是，2018年12月6日—13日，乙公司与监理单位某工程咨询有限公司、总承包单位丙公司和戊公司共同对戊公司施工的工程量进行了现场测量，形成四方签字确认的《现场测量记录表》；2019年1月8日，乙公司组织召开有戊公司有关工作人员参加的工程量复核会议；2019年1月12日，上述四方又形成《道路工程量确认清单（第一次）》，对戊公司完成的有关工程量予以确认。据此，本着尊重事实、依法保护各方当事人的合法权益、尽可能公平合理处理案涉纠纷的原则，可以认定乙公司在事实上承认了戊公司施工工程及其工程量，在乙公司承认的范围内，双方形成事实上的建设工程施工合同关系，乙公司应当依法承担向戊公司支付相应工程价款的民事责任。

各方当事人对《工程质量司法鉴定意见书》《工程质量司法鉴定意见书（补充鉴定意见）》均无异议或未提出实质性异议，对该鉴定意见予以采信。根据该鉴定意见，第127号路段填方工程压实度合格，乙公司应当支付相应工程价款；因设计路面范围内路基面层扰动，不能代表路基扰动前工程质量情况，无法鉴定的共69段道路填方工程，因该工程于2018年11月24日被乙公司通知停工、2018年12月6日—13日四方进行现场测量后由乙公司接收，而本案纠纷尚在诉讼过程中，有关当事人对戊公司施工的工程量和质量均有异议且申请了司法鉴定，乙公司作为案涉工程项目的建设单位和本案纠纷当事人，有责任保持案涉工程现状，道路发生路基面层扰动，无法进行鉴定，应由乙公司对此承担责任，故相应道路填方工程乙公司应当支付相应工程价款；除此之外，其余道路填方工程压实度均不合格，乙公司不应支付相应工程价款。

律师点评　在施工单位提起工程款之诉后，建设单位往往会以工程质量存在问题进行抗辩。由于工程质量所涉事项的专业性，有可能就此开展鉴定工作，相应的鉴定意见对于认定事实和划分责任亦会起到较为重要的作用。但是，这并不代表涉及工程质量的案件一定会启动鉴定程序，原因则是多种多样，比如：现场已不具备鉴定条件；当事人明确不申请或放弃进行鉴定；当事人自认工程存在质量问题；通过常识常理即可判断是否存在质量问题。

【二审阶段法院观点】

一审认定事实清楚，适用法律正确，应予维持。

【本案小结】

法律法规对于施工单位的施工质量有明确的要求，《建设工程质量管理条例》第二十六条第一款规定："施工单位对建设工程的施工质量负责。"第二十八条第一款规定："施工单位必须按照工程设计图纸和施工技术标准施工，不得擅自修改工程设计，不得偷工减料。"

同时，质量合格还是施工单位获得工程款或折价补偿的前提之一，《民法典》第七百九十三条第一款规定："建设工程施工合同无效，但是建设工程经验收合格的，可以参照合同关于工程价款的约定折价补偿承包人。"《最高人民法院关于审理建设工程施工合同纠纷案件适用法律问题的解释（一）》第二十四条第一款规定："当事人就同一建设工程订立的数份建设工程施工合同均无效，但建设工程质量合格，一方当事人请求参照实际履行的合同关于工程价款的约定折价补偿承包人的，人民法院应予支持。"

施工单位如主张工程款，可能会由其举证证明所施工的工程质量合格。实践当中，施工单位一般会从以下角度提交证据：第一，工程已经过竣工验收，且验收合格；第二，建设单位、监理单位等已通过其他形式确认了工程质量合格；第三，存在建设单位等对工程擅自使用等情况。

本案则与上述情况有所区别，部分路段发生扰动后无法进行鉴定，施工单位戊公司当时的施工质量是否合格难以查明，但发生扰动部分路段的工程款被认定为应由建设单位乙公司向施工单位戊公司支付。这可以从以下两方面进行考虑：一方面，乙公司等对于工程质量存在异议，并且乙公司申请对戊公司完成的清表和填方的施工质量进行司法鉴定，在无法鉴定的情况下，乙公司可能会被认为须承担举证不能的责任；另一方面，乙公司通知了停工，在各方进行现场测量后工程由其接收，其有责任保持工程现状，工程存在扰动情况无法鉴定后也应由其承担相应责任。

问题 10： 根据监理材料能否确认路基填筑有质量问题？

【判决出处】

法院：广西壮族自治区桂林市中级人民法院

案号：（2021）桂 03 民终 1549 号

名称：胡某、甲公司等建设工程施工合同纠纷案

【案情概况】

甲公司是某高速公路某合同段的承包人，某高速公路有限公司是发包人。2012年 11 月 1 日，胡某（乙方）与甲公司（甲方）签订一份《分项工程劳务分包合同》。合同约定："工程名称：某高速公路某合同段；工程地点：某市某镇；工程范围：某段路基的土石方工程。"合同还约定分项工程每一工序必须经甲方工程技术人员会同业主质量检查人员、监理工程师检验签证后方可继续施工，以及其他工程质量、安全生产等条款。

律师点评　　国家管理部门对于公路工程质量的管控有严格、系统的规定。以《公路水运工程质量监督管理规定》为例，其第十四条规定："施工单位应当严格按照工程设计图纸、施工技术标准和合同约定施工，对原材料、混合料、构配件、工程实体、机电设备等进行检验；按规定施行班组自检、工序交

接检、专职质检员检验的质量控制程序；对分项工程、分部工程和单位工程进行质量自评。检验或者自评不合格的，不得进入下道工序或者投入使用。"第十五条规定："施工单位应当加强施工过程质量控制，并形成完整、可追溯的施工质量管理资料，主体工程的隐蔽部位施工还应当保留影像资料。对施工中出现的质量问题或者验收不合格的工程，应当负责返工处理；对在保修范围和保修期限内发生质量问题的工程，应当履行保修义务。"

就本案而言，虽然胡某因其个人身份并无相应资质，与甲公司所签《分项工程劳务分包合同》被认定为无效，但其中亦就工程质量作出约定，这在一审过程中成为甲公司抗辩胡某要求支付工程款的理由之一。

胡某准备大型机械设备及汽车等工具（挖机6台、推土机3台、压路机3台、平地机1台、汽车20台）于2012年9月进场施工（上述合同签订时间系2012年11月，系补签）。直至2014年3月，因资金问题全线停工待命。案涉合同段，胡某进场前还有其他施工人，分别是陈某、赵某、林某、吴某。

因工程款纠纷，胡某将甲公司诉至工程所在地法院。一审法院于2016年7月13日立案受理。胡某诉请包括解除与甲公司之间的《分项工程劳务分包合同》、要求甲公司支付工程款及利息、承担诉讼费等。

甲公司于2016年8月11日向一审法院提出管辖权异议，一审法院经审查后，于2016年8月22日作出民事裁定书，裁定如下：甲公司对管辖权提出的异议成立，本案移送至甲公司所在地法院处理。胡某不服提起上诉，二审法院于2016年11月8日作出民事裁定书裁定如下：①撤销一审法院民事裁定书；②本案由一审法院管辖。本裁定为终审裁定。

律师点评

《民事诉讼法》第三十四条规定："下列案件，由本条规定的人民法院专属管辖：（一）因不动产纠纷提起的诉讼，由不动产所在地人民法院管辖……"，本案案由为建设工程施工合同纠纷，最终确认由案涉工程所在地的法院进行审理。

实践当中的土石方作业，甲乙双方之间关系认定主要存在三种情况：雇佣关系、承揽合同关系、建设工程施工合同关系。

关于土石方作业雇佣关系和承揽合同关系的区别：主要需关注乙方是否使用甲方设备、乙方是否雇佣他人进行现场作业、乙方是单纯提供劳务还是自行完成工作并交付工作成果等事项。

以（2019）最高法民申560号案件为例，法院即认为：原审基于相关事实，认为谢某的工作具有独立性，其并非以叶某的设备、技术为依托而工作，也未受叶某的指挥、管理，叶某对谢某并不存在身份上的支配和从属关系，在完成案涉堤塘加固工程土石方的过程中自行提供工具设备，拥有专业技术，在人身方面又对叶某没有依赖性，且雇佣他人操作挖掘机，完成案涉工程的过程中并非单纯地提供劳务，而是以完成一定的堤塘加固工程土石方为工作成果，故认定本案符合承揽关系的特征，谢某与叶某之间为承揽合同关系而非雇佣合同关系，认定事实和适用法律并无不当。

前述裁判观点在判断土石方作业属于雇佣关系还是承揽合同关系时可供参考。

关于土石方作业承揽合同关系和建设工程施工合同关系的区别：《民法典》第七百七十条第一款规定："承揽合同是承揽人按照定作人的要求完成工作，交付工作成果，定作人支付报酬的合同。"第七百八十八条第一款规定："建设工程合同是承包人进行工程建设，发包人支付价款的合同。"根据《民法典》对于承揽合同、建设工程施工合同定义的不同，可以发现土石方作业承揽合同关系和建设工程施工合同关系最本质的区别之一在于乙方是否需进行工程建设、开展施工等工作。同样以前述（2019）最高法民申560号案件为例，谢某所进行的是堤塘加固土石方作业，而不是堤塘工程建设土石方作业，因此和甲方之间并不属于建设工程施工合同关系。

土石方作业广泛存在，其中的各方究竟属于何种关系还需要根据实际情况依法确定，确定为何种关系在一定程度上也可能影响到案件管辖。

本案一审过程中，甲公司向法庭提交若干证据，其中以下证据直接涉及工程质量：

证据2——工程监理通知单8份。证明：①胡某班组在合同段施工中，没有按照《公路路基施工技术规范》的要求进行施工填筑，厚度超标，没有平地机平整，平整度差，未设置路基路拱度和横坡度，路基清表不到位，树根、耕植土残留，原地表不压实等。②胡某班组在合同段施工中，没有履行监理的报核程序，没有上报填筑某段第9层路基填筑的监理检验，便擅自填施第10层，没有上报某段第11层的路基填筑的监理检验，便擅自填筑第12层。上述路基施工，存在严重的质量问题，工程监理部门多次函告要求胡某返工整改，但胡某均置之不理，导致监理部门和业主对该工程验收不合格，无法计量。

证据3——计量（价）总表。证明一：①工程施工完毕后，要经过监理部门和业主验收，合格的，监理部门在中间计量表予以确认，加盖公章，这样就可以计量，才可以确定工程款，业主才可以根据约定支付工程款。②工程施工完毕，若监理部门和业主验收不合格的，监理部门就不予确认，业主也不予计量，对该不合格工程，不仅不能支付工程款，还应返工重做。③有经监理部门和业主验收，并加盖公章的，为合格工程，其余经监理部门和业主验收，监理部门不予加盖公章确认的，均为不合格产品的，均应返工重做。证明二：①整个工程经验收合格的工程量为902208m³。②经验收合格的其他四个班组的工程量分别为陈某班组9702.08m³，赵某班组175819.12m³，林某班组164868m³，吴某班组92332m³，共计442721.2m³。③胡某施工班组经验收合格的工程量仅为459486.8m³。证明三：胡某施工班组未确保路基填筑施工质量，未做好路基的临时排水工作，导致路基被雨水冲刷，胡某施工班组不予返工，甲公司重新安排他人设置临时排水沟，清理路基边沟和土石，共计费用112745元，有8份工程结算单为据。

【一审阶段法院观点】

对甲公司提供的证据2——工程监理通知单8份，甲公司欲证明胡某所做工程量为不合格，本院认为，甲公司未提供相关鉴定机构出具的胡某所完成的工程质量不合格的证据材料，且案涉工程相应中期计量报告并未显示工程质量不合格，对该证明目的，本院不予采信。

对证据3——计量（价）总表，甲公司欲证明胡某验收合格的工程量为459486.8m³，胡某认为还要加上15000m³，甲公司在之后的陈述中予以确认胡某验收合格的工程量为459486.8m³加15000m³，本院对双方确认已计量合格的工程量予以认定。

律师点评　甲公司提供证据3——计量（价）总表的证明目的之一即为胡某施工班组经验收合格的工程量仅为459486.8m³，但后续又确认了胡某验收合格的工程量为459486.8m³加15000m³，这是一审法院确认胡某工程量、计算胡某工程款的基本前提之一。

【二审阶段法院观点】

本案二审判决书未对案涉工程质量专门进行审查和认定。

【本案小结】

《建筑法》第三十二条第一款、第二款规定："建筑工程监理应当依照法律、行政法规及有关的技术标准、设计文件和建筑工程承包合同，对承包单位在施工质量、建设工期和建设资金使用等方面，代表建设单位实施监督。工程监理人员认为工程施工不符合工程设计要求、施工技术标准和合同约定的，有权要求建筑施工企业改正。"因此，监理单位对于施工质量等事项依法实施监督、承担责任。

对于公路工程的监理，《公路水运工程质量监督管理规定》第十七条规定："监理单位对施工质量负监理责任，应当按合同约定设立现场监理机构，按规定程序和标准进行工程质量检查、检测和验收，对发现的质量问题及时督促整改，不得降低工程质量标准。公路水运工程交工验收前，监理单位应当根据有关标准和规范要求对工程质量进行检查验证，编制工程质量评定或者评估报告，并提交建设单位。"《公路建设监督管理办法》第二十三条规定："公路建设项目实施过程中，监理单位应当依照法律、法规、规章以及有关技术标准、设计文件、合同文件和监理规范的要求，采用旁站、巡视和平行检验形式对工程实施监理，对不符合工程质量与安全要求的工程应当责令施工单位返工。"

监理单位作为依照法律、行政法规及有关技术标准、设计文件和建筑工程承包合同，在施工质量、建设工期和建设资金使用等方面实施监督的单位，出具的材料往往具有一定程度的证明力。具体到工程质量问题而言，监理单位出具的材料能起到初步的证明作用，但最终能否被采纳需要综合考虑多方因素。实践当中，监理单位关于工程质量问题的材料能够被法院支持的情形主要包括：

第一，监理单位出具的材料指出存在工程质量问题，且案件相关事实情况表明工程本身有整改、维修等情况。

比如（2019）最高法民终995号案件，法院认为：根据发包人提交的由案涉工程监理单位出具的《现场工作会议纪要》《13号楼质量专题检查会议纪要》《局部暂停通知单》《监理工程师通知单》可以证实，承包人在7号、8号、13号楼及人防地下室工程施工存在质量问题，并经过多次停工整改；一审以监理通知单、检查会议纪要认定施工存在质量问题并无不当。

又比如（2021）苏01民终2480号案件，法院认为：从发包人提供的《监理通知单（质量控制类）》的内容来看，能够证明承包人施工的屋面防水工程存在质量缺陷，发包人有权要求承包人予以修理、返工或改建。现因承包人的原因未及时履行维修义务，案涉防水工程已由第三方进行了修复整改并产生了相应的维修费用；故发包人要求承包人赔偿该损失费用，有事实与法律依据，应予支持。

第二，监理单位出具材料已初步反映工程质量问题，施工单位拒绝质量鉴定且没有相反证据证明工程质量合格。

比如（2019）最高法民终237号，法院认为：经设计单位、监理单位及发包人预验收，形成会议纪要，载明案涉工程存在质量问题，需进行质量鉴定；承包人不仅不认可发包人、设计单位、监理单位形成的会议纪要，更不同意整改，并坚持不同意发包人提出的质量鉴定申请；由于承包人并未向一审法院提交证据证明案涉工程质量合格，其主张发包人支付土建部分工程款的诉求应不予支持，其可在其有证据证明案涉工程质量合格后，再行主张工程款的给付。

当然，也存在监理单位出具关于工程质量问题的材料未能得到法院支持的情况，主要情形包括：

第一，监理单位出具的材料未被认可，在证明力不足的情况下亦未能补强。

比如（2022）最高法民终64号案件，法院认为：发包人作为证据提交用以证明地下连续墙存在质量问题的报告中，保险公司委托出具的《公估报告》《涌水事故技术鉴定报告》，以及监理单位出具的《事故原因分析报告》，均未获一审法院采信；发包人二审亦未能补强说明上述证据应予采信，故对上述证据的证明内容亦不予采信。

第二，监理单位虽然出具材料，但现场情况已不能进行验证。

比如（2023）苏13民终346号案件，法院认为：某公司、某公司分公司虽主张承包人未按约定标准施工且因工程存在质量问题进行再次维修施工，但其提供的监理通知单、工程联系单、基坑支护收方图均未经承包人确认，而照片内容也无法反映出是否系案涉工程及是否存在质量问题，且施工现场已不存在亦不具备确认施工内容是否符合约定的客观条件，故某公司、某公司分公司本案提供的证据并不足以证明其主张的质量问题成立。

第三，监理单位在工程完工、结算完毕后再出具质量问题的材料，且未得到其他证据材料印证。

比如（2020）沪01民终10472号案件，法院认为：关于工程质量问题，案涉工程施工完毕后，发包人与承包人已于2019年7月13日完成了结算，并于同年9月1日再次就工程款支付签订备忘录，未有证据证明在此期间发包人对工程质量提出过异议；在此情况下，发包人提供拍摄时间无法确认的现场照片，以及案涉工程已完工、结算一段时间后出具的《监理通知单》，尚不足以证明承包人施工存在质量瑕疵。

以此而言，监理单位所出具关于质量问题的材料是证明相关基本事实情况的重要一环，如果能够结合现场情况、鉴定程序、其他材料等，将使得监理单位材料的证明力进一步得到增强。

1.7 路基压实度不符合要求

【名词解释】

路基压实度不符合要求一般是指由于压实遍数不够、压实机械与土质不匹配、碾压不均匀、填料不符合要求等原因导致路基压实度不符合要求的情况。

【规范条文】

《公路路基施工技术规范》JTG/T 3610—2019

4.4.4 填土路堤施工过程质量控制应符合下列规定：

1 施工过程中，每一压实层均应进行压实度检测，检测频率为每1000m²不少于2点。压实度检测可采用灌砂法、环刀法等方法，检测应符合现行《公路路基路面现场测试规程》的有关规定。

2 施工过程中，每填筑2m宜检测路线中线和宽度。

《城市道路路基设计规范》CJJ 194—2013

4.6.2 土质路基压实度不应低于表4.6.2的规定。对以下情形，可通过试验路检验或综合论证，在保证路基强度和稳定性的前提下，适当降低路基压实度标准：

1 特殊干旱或特殊潮湿地区，路基压实度可比表4.6.2的规定降低1%～2%；

2 专用非机动车道、人行道，可按支路标准执行。

路基压实度要求   表4.6.2

项目分类	路床顶面以下深度（m）	压实度（%）			
		快速路	主干路	次干路	支路
填方路基	0～0.8	96	95	94	92
	0.8～1.5	94	93	92	91
	＞1.5	93	92	91	90

续表

项目分类	路床顶面以下深度（m）	压实度（%）			
		快速路	主干路	次干路	支路
零填及挖方路基	0～0.3	96	95	94	92
	0.3～0.8	94	93	—	—

注：表中数值均为重型击实标准。

问题11：对临时工程的质量问题如何划分责任？

【判决出处】

法院：河南省濮阳市中级人民法院

案号：（2021）豫09民终3329号

名称：甲公司、乙公司建设工程施工合同纠纷案

【案情概况】

甲公司承包了某风场（40MW）工程。2019年7月29日，甲公司（甲方）与乙公司（乙方）签订《道路施工合同》，将道路工程分包给乙公司，合同约定承包范围包括了风场场内道路、土石方工程、桥梁加固钢筋混凝土涵管安装、煤矸石碎石硬化路面等。

律师点评

本案当中，甲公司认为其所发包的工程包括了长期道路和临时道路。相较于长期使用的公路、市政道路，临时道路在使用功能、管理方式、技术标准等方面均存在一定的区别：

以使用功能而言，《公路法》第三十二条规定："改建公路时，施工单位应当在施工路段两端设置明显的施工标志、安全标志。需要车辆绕行的，应当在绕行路口设置标志；不能绕行的，必须修建临时道路，保证车辆和行人通行。"由此可见，临时道路并不是用于服务长期、大宗、远距离运输，而主要是为了在施工过程中提供人员、材料、物资、大型设备运输的便道。

以管理方式而言，《福建省发展和改革委员会关于印发福建省固定资产投资项

目节能审查实施办法的通知》(闽发改规〔2023〕9号)第三条第二款规定:"建设项目开工建设是指建设项目的永久性工程正式破土开槽开始施工。在此以前的准备工作,如地质勘探、平整场地、拆除旧有建筑物、临时建筑、施工用临时道路、通水、通电等不属于开工建设。没有土建工程的项目,安装工程开始即为开工。火电项目开工建设是指主厂房基础垫层浇筑第一方混凝土。国家和我省相关政策对项目开工另有规定的,从其规定。"因此,从某种角度而言,临时道路属于建设项目施工前的准备工作而不是建设项目施工本身,故相应的管理方式也就有所区别。

以技术标准而言,临时道路相较于公路、市政道路等长期道路,技术标准较低,在因临时道路质量问题产生纠纷时,能够直接参考、引用的依据相对较少。因此,如果对临时道路的工法、质量有要求,应尽可能在合同当中予以详细列明,以避免后续可能的纠纷争议。

2019年12月26日,甲公司等单位对乙公司的施工量结算,出具了《道路工程量预结算》,确认已完成工程量,甲公司、乙公司的项目负责人签字确认,甲公司项目负责人注明:道路单价包含施工区域及施工技术要求所有内容,已完成工程除新建道路及涵管外其余价格未定,不合格道路维修至验收合格为准。

因工程款纠纷,乙公司将甲公司诉至法院。一审法院于2021年8月9日立案。乙公司的诉请主要包括判令甲公司给付工程款、垫付款、利息等费用。

律师点评　本案案由为建设工程施工合同纠纷。实践当中对于涉及临时建筑、临时道路等临时工程的纠纷是否属于建设工程合同纠纷有两种不同的观点。

一种观点认为应作为承揽合同纠纷处理:对于临时建筑,《建筑法》第八十三条第三款规定:"抢险救灾及其他临时性房屋建筑和农民自建低层住宅的建筑活动,不适用本法",既然临时建筑不适用《建筑法》的相关规定,临时建筑的纠纷也就不属于建设工程施工合同纠纷,而是可以认定为属于承揽合同纠纷,至于质量问题,则可以根据《民法典》第五百七十七条"当事人一方不履行合同义务或者履行合同义务不符合约定的,应当承担继续履行、采取补救措施或者赔偿损失等违约责任"等规定予以处理;对于临时道路,如前述《福建省发展和改革委员会关于印发福建省固定资产投资项目节能审查实施办法的通知》（闽发改规〔2023〕9号）第三条第二款规定施工用临时道路不属于开工建设，由于开工建设是建设工程的关键环节，以此即可以理解为施工用临时道路相关纠纷不属于建设工程施工合同纠纷。

另一种观点认为应作为建设工程合同纠纷处理：例如在（2019）豫民再641号案件中，法院即认为："案涉临时建筑的功能主要是用于施工单位的办公用房等，可视为建设工程项目施工建设时的组成部分。从本案双方当事人的基础法律关系层面来看，系因建设工程施工过程中拖欠工程款所产生的权利义务关系。因此，原审将本案案由认定为建设工程合同纠纷，并无不当，应予确认。"本案当中也将涉及临时道路工程款和质量的纠纷认定为建设工程施工合同纠纷，司法实践当中此类思路其实并不罕见。

甲公司对此的答辩理由主要包括：案涉道路未完工，未验收结算，不具备支付相应工程款的条件；根据实际付款情况，现工程款已超付，并不存在拖欠工程款的事实等。

甲公司亦提起反诉，反诉诉请主要包括：判令解除双方签订的《道路施工合同》，判令乙公司承担维修费、罚款、违约金、检测费等费用。

关于案涉道路质量情况，甲公司认为：乙公司未按合同约定施工，道路起伏不平，局部形成坑槽，未见路肩、排水沟，整体观感较差，煤矸石路面厚度及整体平均厚度均不满足设计要求和合同约定，路基填料与合同约定不符，路基厚度不满足设计要求，路基压实度均不满足设计要求和合同约定，没有制作排水沟、路肩防护和砌片石挡土墙；其中的长期道路存在质量问题需要维修，甚至需要重新修理；临时道路现已复耕，在复耕前甲公司即已委托专业机构对道路的质量问题予以鉴定，并将过程予以公证，相关报告合法有效，足以证明客观事实。

在本案一审阶段，法院现场查看了乙公司修建的道路，甲公司对部分道路已经复耕完毕。

律师点评

工程类案件当中如何认定是否存在质量问题，现场实际情况的确认是最为关键的环节之一。本案当中，法院到现场查看了情况，对于后续查明事实和划分责任起到了重要作用。

【一审阶段法院观点】

本院认为甲公司对道路已经使用完毕并且开始进行复耕，乙公司施工的道路为煤矸石碎石路面，地基为黏土，路面不是柏油路、水泥路，地基不是三合土，煤矸石碎石路面状态容易发生改变，雨水对黏土地基影响较大。

2020年6月21日，乙公司拒收甲公司的《工作联系函》，并拒绝修复。在乙公司施工完毕半年后，甲公司单方委托质量鉴定，对所有道路按每米扣减180元或者修复费用按工程总价的120%扣减工程款、要求乙公司承担10万元违约金是其单方意思表示。在2020年6月21日甲公司向乙公司发的《工作联系函》中明确"如3日内不组织人员开工修复，甲公司将未完成工程另行委托施工队完成"，至今甲公司是否委托其他施工队修复道路无证据证明，委托其他施工队修复道路产生的费用无证据证明，如确实需要修复，在甲公司确定修复整改内容并完善证据后，对修复费用可以另行主张。

【二审阶段法院观点】

关于案涉道路是否存在质量问题。经查，根据甲公司与乙公司签订的《道路施工合同》相关条款及乙公司提交的即时通信软件聊天记录等证据，可证实甲公司并未向乙公司交付施工图纸，案涉道路的施工质量、进度及现场工程质量由甲公司进行监控，乙公司按照甲公司指挥进行施工，甲公司对案涉道路已使用完毕，完成了设备运输等工程，且上述道路已复耕，甲公司对已使用的案涉道路提出质量不符合合同约定的主张，不应支持。

另外，甲公司虽称《道路工程量预结算》中显示案涉部分道路不合格，但《道路工程量预结算》总包项目负责人标注有不合格道路维护至验收合格为准内容，甲公司没有提交证据证明在标注的日期2019年12月26日以后，至道路使用完毕，乙公司未对不合格部分进行维护。在道路施工质量由甲公司进行监控，且道路使用完毕并复耕的情形下，甲公司在诉讼中以质量问题提出的反诉请求，缺乏应有的证据支持，没有事实和法律依据，一审判决不予支持并无不当。

律师点评　　本案一审、二审法院均未支持甲公司基于质量问题所提起的反诉请求，我们认为可能是基于以下方面的考虑：

第一，案涉道路已有部分复耕完毕，此前该部分道路是否有质量问题已经无法再行核实。

第二，虽然《道路工程量预结算》标注有不合格道路维护至验收合格为准等内容，但不能明确该标注时间是在结算日期之前还是之后，难以判断在结算时案涉道路的具体情况。

第三，虽然甲公司单方面委托对案涉道路进行了检测，但相关过程并没有乙公司的参与，也没有得到乙公司的认可。

第四，对于道路修复应有具体的维修方案，根据维修方案测算相应费用，按每米固定单价等方式计算扣除维修费用显然与此不符。

第五，甲公司亦未能举证已委托其他单位对案涉道路进行了维修，并实际产生了费用。

【本案小结】

由于临时建筑、临时道路等临时工程主要是基于短期用途或处理紧急情况，因此往往会有较高的损毁、拆除等灭失风险，并且本身技术标准相比于长期设施较低，甚至缺乏标准。因此，在实践当中如何处理此类质量纠纷、如何在各方之间划分责任须考虑多种因素。以临时工程质量问题的责任划分为例：

有判令承包人须承担责任的。比如在（2021）冀06民终8938号案件中，法院认为：承包人没有做好简易房各部位的固定工作，同时交付简易房时未向发包人提供必要的技术资料以及制作符合通常质量要求的材料，故认定承包人建造的彩钢泡沫板简易房质量存在问题，承包人应对案涉简易房的损失承担责任；同时综合考虑双方的过错程度、简易房的使用年限及恶劣天气因素，应减轻承包人应承担的赔偿责任。因此承包人以承担30%的赔偿责任为宜。

又比如在（2019）甘01民终2389号案件中，一审法院认为：围墙属于临时修建也必须符合国家关于构筑物、砌体的设计及施工标准；承包人应保证建筑物在合理使用寿命内的工程质量；案涉围墙在发包人使用期间部分出现倾斜、砖体剥落、墙体裂缝、倒塌等情形，与承包人施工不满足质量规范要求有一定的关系，承包人应当承担相应的建设工程质量责任；发包人使用多年才以围墙质量出现问题为由向要求承包人返还全部工程款不符合公平原则，但可要求其履行相应的维修、重建、赔偿损失义务。二审法院则作出改判，具体理由为：因双方关于围墙的建设标准及使用期限未作明确约定，应结合围墙的性质、用途予以综合认定其合理使用寿命，且围墙已经被拆除并重建，不具备维修的条件，结合围墙交付使用已达四年之久以及承包人修建的围墙工程不满足相应的质量规范要求等实际情况，酌定承包人对围墙出现的质量问题承担20%的责任。

当然，也有承包人无须承担责任的案例。比如在（2012）沪一中民二（民）终字第1094号案件中，法院认为：其一，发包人于2005年对系争工程进行了全面验收并投入使用，发包人使用过程中未要求承包人进行修复，现鉴定报告已无法证明施工质量问题；其二，鉴定报告结论表示系争工程属于简易结构，可以作为临时性建筑使用，系争工程在当时可以正常使用；其三，系争工程现已拆迁完毕，发包人要求对系争工程进行再次鉴定的要求已不能实现；综上，对发包人要求承包人赔偿经济损失等诉讼请求不予支持。

通过以上案件可以发现，关于如何划分临时建筑、临时道路等临时工程的质量问题责任，除了当时是否已经过验收或各方确认外，还可以着重考虑这些因素：

第一，工程是否已灭失。如果工程已灭失，后续既无法进行实地查看，也无法进行质量鉴定，关于质量问题责任的主张得到支持的难度相对就更高。

第二，工程是否已投入使用，使用的时间有多长。如果临时工程已投入使用，特别是使用较长时间，即使是出现了质量问题，鉴于临时工程本身较低的技术标准，就较难将质量问题全部归责于承包人。

第三，工程使用期间的周边影响因素。比如临时建筑常用于抢险救灾，临时道路常用于施工现场大型设备运输，类似情况下的高强度使用也可能成为引发质量问题的重要因素之一。

问题12：主张对路基压实度不足进行罚款能否得到支持？

【判决出处】

法院：最高人民法院

案号：（2018）最高法民终380号

名称：甲公司、乙公司等建设工程施工合同纠纷案

【案情概况】

2003年3月13日，乙公司中标甲公司某公路标段。2003年6月9日，甲公司

（业主）与乙公司（承包人）签订了《合同协议书》。

乙公司中标后，即组织人员机械进驻施工现场，按照施工计划进行路基、隧道施工，监理方按照工程进度以及项目部的开工报告向乙公司项目部发出了分段路基处理以及路基试验段的单项开工通知书。

律师点评

本案历经工程所在地高级人民法院一审、最高人民法院二审，所涉及的基本事实情况较为复杂，因本书篇幅所限，主要引用当事人对路基压实度质量问题罚款争议的部分。

2005年11月19日，甲公司作出关于质量问题的处理通报。据该通报记载，因路基压实度抽查合格率低以及标段管理涣散施工力量不足，存在随意停工、撤离人员等问题，决定对存在问题的单位通报批评并进行质量违约处罚。对路基压实度抽检合格率低的某合同段项目经理处以20万元质量违约罚款，单位项目经理、总工程师也各处以2万元质量违约罚款，主要责任人清退出场。2005年12月7日，乙公司项目部作出《关于请求收回24万元罚款决定的报告》，根据此前的总监办会议纪要，研讨认为路基压实度不够的原因是路基含水量增大。对成型一年多的路基做合格评判的方法应以施工期间的供需检查压实度为标准，请求甲公司撤销罚款总计24万元的决定。

律师点评

从严格意义上讲，罚款应属于行政处罚的种类之一，应当由国家法律、法规设定，由具备相应执法权限的行政执法部门依照法定程序作出，并赋予行政相对人救济的权利。《行政处罚法》第九条规定："行政处罚的种类：……（二）罚款、没收违法所得、没收非法财物……"，以此而言，在建设工程施工合同关系当中，建设单位不具有行政执法部门的职能，亦无权对施工单位进行罚款。

建设工程施工合同体现的是民商事主体之间的平等法律关系，双方如果在建设工程施工合同中约定了施工单位违反工期、未达到约定质量标准等行为，应承担一定数额的所谓罚款，结合合同目的和行业习惯，一般认为其性质并不能按行政处罚的范畴作狭义的理解，而是建设单位要求施工单位承担相应违约责任的具体体现。至于罚款，则是行业习惯当中的俗称，不应仅仅望文生义，从而误认为合同当事人具备行政处罚权限或在合同当中拥有更高的法律地位。

2006年8月30日，乙公司申请交工验收；同日，监理单位驻地监理办认为乙公司已按照合同约定完成合同段路基、桥梁工程，质量合格，同意交工。2006年9月13日，设计单位出具意见为工程按设计实施。2006年9月18日，项目法人甲公司意见为合同约定内容全部完成，质量评定合格，同意交工，待质量缺陷整修完善后颁发交工证书。2006年9月30日，该工程整体通车。

【一审阶段法院观点】

关于乙公司要求返还的罚款，根据当时的会议纪要记载，该标段被抽检的路基压实度抽检合格率低，甲公司对其问题处理通报，项目办据此对其罚款并无不当，故其要求返还罚款的诉讼请求不予支持。

【二审阶段法院观点】

关于工程期内罚款是否应该返还的问题。2005年11月19日，甲公司作出的关于质量问题的处理通报记载，甲公司因某标段被抽检的路基压实度抽检合格率低，项目办据此对乙公司进行处罚24万元。虽然此笔款项名称为罚款，但性质为乙公司对其施工路基压实度合格率低承担的违约责任，一审判决此判项并无不当，乙公司要求返还的诉讼请求不应支持。

律师点评

本案无论是在一审阶段，还是二审阶段，法院对于乙公司要求返还罚款的诉讼请求均未予以支持。并且在二审阶段，法院还专门指出了所谓罚款，其性质属于违约责任。司法实践当中，法院对于此类罚款应如何处理也有相应的规定：

比如《河北省高级人民法院建设工程施工合同案件审理指南》（2018年6月13日）第45条规定："建设工程施工合同中约定发包人可因工期、工程质量转包或违法分包等情形对承包人处以'罚款'的，该约定应视为双方对违约责任的约定，罚款具有违约金的性质。经承包人确认的罚款数额，发包人主张从工程款中扣减的，人民法院应予支持。当事人要求对罚款的数额进行调整的，人民法院可按照《合同法》第一百一十四条的规定予以处理。"

又比如《陕西省高级人民法院关于审理建设工程施工合同纠纷案件若干问题的解答》(2020年12月10日) 第6条规定："建设工程施工合同约定对承包人违约行为处以'罚款'的条款的性质如何认定。建设工程施工合同约定承包人存在工期迟延、质量缺陷或者未达到合同约定的工程质量标准、转包或违法分包等违约行为，发包人可对承包人处以罚款的，该约定可以视为当事人在合同中约定的违约金条款。"

以上规定都表明了建设工程施工合同当中所谓的罚款实质属于违约金。

【本案小结】

无论是在建设工程施工合同的拟制阶段还是履行阶段，罚款都常常出现。那么有关罚款的约定，其法律效力应如何认定呢？根据《民法典》有关合同效力以及违约责任的相关规定，合同条款在双方意思表示真实，不违反法律和行政法规的强制性规定，不违背公序良俗等情形下，应当认定有效。

以此而言，在不违背公序良俗，不违反法律和行政法规强制性效力规定等情形下，同样不宜直接认定建设工程施工合同双方关于罚款的约定无效。具体而言，当事人一方不履行合同义务或者履行合同义务不符合约定的，应当承担继续履行、采取补救措施或者赔偿损失等违约责任。发包人对承包人进行罚款实质上就是发包人主张损害赔偿、违约金的行为；在合同有效的前提下，有关罚款条款亦属有效，对合同当事人具有约束力。

但是这并不代表合同中有了罚款条款，发包人在相关争议中即可"高枕无忧"，实践当中有对罚款不予支持的案例：

比如在(2021)最高法民申4127号案件中，法院认为：发包人主张应当在应付工程款中扣除因承包人施工中违约而产生的相应罚款，但发包人并未提交证据证明其提供的罚款单已经送达承包人，也未提交证据证明承包人对发包人作出的处罚行为予以认可；原审对发包人的该项主张不予支持，并无不当。

又比如在(2016)苏民终753号案件中，法院认为：承包人承诺的50万元罚款，本质上属于双方对履行建设工程施工合同过程中违约责任的约定，因案涉建设工程施工合同无效，故双方违约责任的约定也无效，对发包人该项诉讼请求不予支持并无不当。

实践当中也有对罚款部分不予支持的案例。比如在（2021）皖民终399号案件中，法院认为：案涉《建设工程施工合同》虽未明确约定发包人有权对承包人进行罚款，但从发包人主张的罚款性质看亦属于违约金性质，且部分罚款亦有承包人签字认可；为此，一审对有承包人签字确认部分的罚款单予以确认、对未签字确认且其不予认可部分的罚款单未予确认并无不当。

由此可见，即使建设工程施工合同双方约定了罚款条款，在实际履行过程中也可能由于合同无效、未送达到位等原因导致未能达到最初的拟制目的。由于在行业当中常出现的罚款条款属于发包人对承包人的条款，以上案例也为承包人如何避免被罚款提供了思路：

第一，可以请求适当减少罚款。《民法典》第五百八十五条规定："当事人可以约定一方违约时应当根据违约情况向对方支付一定数额的违约金，也可以约定因违约产生的损失赔偿额的计算方法。约定的违约金低于造成的损失的，人民法院或者仲裁机构可以根据当事人的请求予以增加；约定的违约金过分高于造成的损失的，人民法院或者仲裁机构可以根据当事人的请求予以适当减少。"在罚款条款按照违约金的性质认定的场合，承包人可以依据前述条款主张约定的违约金过高，请求予以适当减少。通常而言，违约金不得高于实际损失的30%。如果发包人请求的罚款高于实际损失的30%，承包人进行相应抗辩更有可能得到支持。

第二，可以主张没有约定罚款条款或者存在无效情形。比如发包人没有赋予监理方可以对施工人进行罚款的权利，但监理单位进行了罚款，可以主张不认可监理单位的罚款；比如罚款条款本身无效的，将限制施工人合法权利与罚款挂钩的，可以主张该类违反法律法规、违反公序良俗的约定应属无效；又比如建设工程施工合同本身归于无效，作为违约责任的罚款条款也随之无效，在这种情况下可以主张不认可罚款。

第三，可以主张罚款与施工活动无关。《山东省高级人民法院关于审理建设工程施工合同纠纷案件若干问题的解答》（2020年11月16日）："……13.建设工程施工合同约定对承包人的违约行为罚款的，如何处理？建设工程施工合同约定对承包人的违约行为罚款的，应按照具体约定内容，对罚款的性质作出区分：……（2）建设工程施工合同约定对承包人实施除履行合同义务之外的行为进行罚款的，不予支持。"以此而言，如果发包人就承包人履行施工合同义务以外的行为进行罚款，承包人亦可以此作为抗辩理由。

第四，可以主张罚款通知未能送达或送达后不予认可。如在前述（2021）皖民终399号案件中，法院对于承包人没有签字确认且不予认可部分的罚款单未予支持。这就要求承包人在处理相关事项时更加注意程序性和证据的保留。

1.8 路基强度不符合要求

【名词解释】

路基强度不符合要求一般是指路基未能达到密实、稳定等要求，可能导致失稳、破坏的情况。

【规范条文】

《公路路基设计规范》JTG D30—2015

3.1.5 路基填料应满足路基强度和回弹模量的要求……

《城市道路工程设计规范》（2016年版）CJJ 37—2012

12.2.1 道路路基应符合下列规定：1 路基必须密实、均匀，应具有足够的强度、稳定性、抗变形能力和耐久性……

问题13： 没有检测到位即开展下一步工序是否有风险？

【判决出处】

法院：江苏省苏州市中级人民法院

案号：（2020）苏05民终1971号

名称：甲公司与乙公司买卖合同纠纷案

【案情概况】

2017年6月，甲公司对外签订《某体育中心总承包工程一标段（室外道路工程分包）协议书》，承建了某体育中心总承包工程一标段工程施工项目。

甲公司（甲方）为实施具体施工项目，于2017年8月3日与乙公司（乙方）签订《建材供应合同》，约定水稳材料结算价格及供货其他事宜包括：价格（含税价）115元/t（含材料、运输、铺摊、压实），另不用铺摊、压实，每项减少5元/t；乙方负责将合格产品送至甲方工地现场；乙方应提供合格产品，符合甲方施工要求，验收以甲方签字为准。双方确认合同交易标的物水稳材料系道路建设中沥青层下方的水泥稳定材料，属于路面的组成部分。

> **律师点评**　关于产品质量，双方所签订《建材供应合同》约定了乙方应提供合格产品，符合甲方施工要求，验收以甲方签字为准。其中，关于验收以甲方签字为准的表述是审理过程中判断甲公司是否已对乙公司所提供产品验收通过的合同依据之一。

因质量纠纷，甲公司诉至法院，主要诉讼请求包括要求乙公司赔偿道路工程返工费用、逾期付款利息等并承担诉讼费用。乙公司则提起反诉，要求甲公司支付货款并承担诉讼费用。

案件审理过程中，甲公司、乙公司分别就事实情况、诉讼（反诉）请求及答辩理由进行了举证，其中包括：

甲公司提交了施工日志，主张案涉道路存在质量问题，其组织进行了取样检测、清理、挖除、保养、摊铺等工作。对此，乙公司确认甲公司形成的施工日志的真实性，但对其记录的内容是否真实不予确认。

> **律师点评**　乙公司确认了甲公司施工日志的真实性，但对于施工日志所载内容不予确认，实际上没有确认甲公司主张因乙公司产品质量问题对道路进行维修整改的真实性。

甲公司为证明其将存在质量问题的路段路基拆除并重新铺设水稳，由此产生水稳购货款的事实，提交了《水稳供销合同》、付款凭证、送货单31份。对此，乙公司并不认可上述交易系因其提供的水稳材料存在质量问题所导致。

甲公司为证明其将存在质量问题的路段路基拆除并重新铺设沥青，由此产生沥青购货款的事实，提交了《沥青施工合同》《沥青决算表》与付款凭证。对此，乙公司并不认可上述交易系因其提供的水稳材料存在质量问题所导致。

甲公司为证明其为重整案涉路段，组织人力，由此发生人工费用的事实，提交了由其单方制作的考勤用工表一份，确定人工费用金额为69309元。对此，乙公司不认可该证据的真实性，且不认可相应费用支出与其提供的水稳材料存在关联性。

甲公司为举证证明道路工程返工费用构成及具体金额，提交的证据包括：重新铺设水稳所涉《水稳供销合同》、付款凭证、送货单31份，重新铺设沥青所涉《沥青施工合同》《沥青决算表》、付款凭证，重整路段所涉考勤用工表等材料，但前述材料均未能直接证明案涉道路质量问题是因乙公司产品不符合要求引起，乙公司对此也不予认可。

乙公司提供的《城镇道路工程施工与质量验收规范》规定：施工中前一分项工程未经验收合格严禁进行后一分项工程施工。乙公司由此主张，如甲公司欲对铺设的水稳材料进行检测，应当在铺设沥青之前完成。对此，甲公司确认在铺设沥青前确实要做一定检测，但认为主要系针对强度进行检测，确认是否能够进行下一道工序，而在沥青铺设后才能对道路路面做最终的整体性验收，路基强度也会随着时间的变化发生变动；实际上，案涉路面的沥青也是水稳铺设工序完成一段时间后完成的，在水稳、沥青铺设定型时即发现部分路段存在瑕疵，并告知乙公司，但未能举证予以证实其立即向对方提出质量异议的事实。

乙公司提供了《城镇道路工程施工与质量验收规范》，主张甲公司应按该规范要求在下一道工序施工前即对使用乙公司材料的工序进行检测，但甲公司未能举证当时即向乙公司提出质量异议的事实情况。

除了在使用材料后、下道工序施工前的时间节点应按规定检测，在材料进场后、使用前也须按规定检测。管理部门对于道路工程材料在进场后、使用前的检测要求和文件制作等事项有明确的规定：

对于市政道路，《市政基础设施工程施工技术文件管理规定》第十五条即规定："（一）一般规定……4.进入施工现场的原材料、成品、半成品、构配件，在使用前必须按现行国家有关标准的规定抽取试样，交由具有相应资质的检测、试验机构进行复试，复试结果合格方可使用……6.进场材料凡复试不合格的，应按原标准规定的要求再次进行复试，再次复试的结果合格方可认为该批材料合格，两次报告必须同时归入施工技术文件……"。

对于公路，各地管理部门也有相应的要求。以贵州省为例，《贵州省交通建设工程质量安全监督条例》第四十三条规定："施工单位应当对工程建设使用的建筑材料、构配件、设备等分阶段进行检验，未经检验或者检验不合格的，不得使用。"又以江西省为例，《江西省交通建设工程质量与安全生产监督管理条例》第二十五条第三款规定："施工单位应当保证建筑材料质量，不得偷工减料，禁止擅自改变建筑材料的规格、型号、性能和数量，并将工程使用的建筑材料的规格、型号、性能、数量、生产商、销售商和出厂合格证明资料等信息记录存档。"

关于案涉道路施工过程中的事实情况，甲公司、乙公司在案件审理过程中亦各自发表了意见，其中包括：

在施工现场，确有存在2017年11月27日重型卡车通过、碾压水稳施工现场的情况，双方对碾压施工现场的车辆所属何方无法达成一致意见，且均未能进一步举证证实。

关于已刨铣、拆除的水稳建筑垃圾的处理，双方存在不同表述，乙公司称相应建筑垃圾材料均由甲公司自行处理，且甲公司也未通知其重新铺设水稳材料；甲公司称建筑垃圾均由乙公司自行处理，因乙公司解释称其水稳材料可能存在问题，不适合继续供货铺摊水稳建筑材料，进而甲公司向其他供应商购买新的水稳建筑材料。诉讼中，双方均无法提供经刨铣、拆除的水稳材料。

律师点评　如对刨铣、拆除的水稳材料进行检验，也许还能够对乙公司所提供水稳材料是否符合要求作出判断，但由于双方均无法提供材料，导致不能通过这一途径进一步查证。

【检测情况】

甲公司单方委托某公司于2018年4月2日进行取芯检测，并形成检测报告，该报告记录对案涉道路AK1+480、AK1+390、AK1+220第1层，AK1+390、AK1+220第2层的取样部位进行检测，检测结果确认AK1+480、AK1+390第1层，AK1+390、AK1+220第2层的取样部位不成型，AK1+220第1层成型，但上述检测报告并未对检测材料不成型的原因进行直接认定。甲公司为此支付检测费用1160元。在取样检测时，乙公司法定代表人确有到达现场，确认路面存在翘曲的事实，但乙公司不认可路段事故系因其提供的水稳材料存在质量问题所致。

律师点评

　　在甲公司单方委托的检测过程中，乙公司法定代表人虽然到了取样现场，但仅确认了路面存在翘曲这一客观状态，而没有对水稳材料是否存在质量问题、是否导致道路须返工维修等进行确认，并且检测报告本身也未对检测材料不成型的原因进行直接认定。就此而言，该报告未能达到甲公司所预期的证明目的。

【一审阶段法院观点】

　　双方之间买卖合同关系依法成立并生效。作为出卖人的乙公司已经向买受人甲公司提供水稳材料。甲公司接收相应材料并进行铺设，后因道路施工出现质量问题，甲公司以乙公司提供的水稳材料存在质量问题为由主张其赔偿违约损失，故甲公司负有举证证实乙公司交付的水稳材料不符合合同约定的质量要求，且铺设该水稳材料致使损失实际发生的义务。结合甲公司提交的证据材料及当事人庭审陈述的事实，尚无法形成完整的证明体系对其主张的法律事实具备高度盖然性的证明优势，故应当承担相应的不利后果。在甲公司提供的证据无法作为法院认定其事实主张的依据的情况下，诉讼请求要求乙公司赔偿其损失，缺乏相应的事实依据，难以支持。

【二审阶段法院观点】

　　甲公司与乙公司之间的买卖合同成立并有效，双方二审主要争议在于乙公司所供水稳材料是否因使用了回收料而存在质量问题，导致甲公司返工，由此造成损失。对此，本院认为，首先，根据双方合同约定，验收以甲公司签字为准。甲公司应在收货后及时检验，如发现其所称的使用回收料，应及时向乙公司提出，但未能证明其收货后在合理期间内向乙公司提出过质量异议，反而将水稳材料进行铺摊使用。其次，根据甲公司的陈述及其提供的施工日志，水稳材料铺摊后要经过十几天的养护，期间甲公司也未提出过质量异议，反而在之后就进行了沥青铺摊，由此可见当时是认可乙公司供货质量的。最后，甲公司所称的水稳材料因使用回收料经过一段时间产生有害气体导致已铺摊沥青的路面出现拱起，该说法并未在当时返工过程进行的取芯检测中有所反映，检测报告仅称部分取样部位不成型，但未就不成型的原因进行认定。双方当时的交涉过程中未就此予以确认，期间也未留存双方均认可的水稳材料以供鉴定。证人吴某在一审中关于水稳和沥青上浮原因的陈述也仅系推断，没有其他证据予以佐证。甲公司二审提供的视频也不能证明路面出现问题的原因在于乙公司所供的水稳材料。基于上述分析，甲公司就乙公司因供货存在质量问题导致其返工并发生损失的主张事实依据不足，一审未予认定并无不当。甲公司应向乙公司支付结欠货款。

律师点评

> 本案一审、二审阶段，法院均认为甲公司关于乙公司所供水稳材料存在问题、应承担赔偿责任的主张事实依据不足，对其诉讼请求未予支持。甲公司虽然提供了施工日志、购货合同、付款凭证、用工表格、检测报告等证据材料，但均不能证明案涉道路质量问题系由乙公司所供水稳材料不合格引起，从而承担了举证不能的不利后果。

【本案小结】

本案当中，甲公司未能在下一道工序施工前对上一道工序工作内容进行检测并向乙公司提出质量异议，其主张乙公司承担赔偿返工费用等诉请未能得到法院支持。实践当中，此类情况并不罕见。

以（2023）吉24民终1801号案件为例，法院认为：作为发包人或者总承包人，在施工人施工完毕后必须进行验收，只有在验收合格的情况下方可使用；某公司将焊接分项工程分包给吴某，吴某施工的内容存在不符合相关标准要求的部分，在吴某施工完毕后，却直接对吴某施工的项目进行了后续工序的铝单板安装，未经验收合格自行决定进行下一道工序，应视为已经使用了该分项工程；根据《最高人民法院关于审理建设工程施工合同纠纷案件适用法律问题的解释（一）》第十四条，总包人在未经竣工验收合格的情况下擅自使用的分项工程，又以使用的部分工程质量存在问题为由，要求判令劳务分包人将施工质量修复至符合合同约定的请求，不予支持。

结合本案和前述（2023）吉24民终1801号案件，可以发现在下一道工序施工前如果未对上一道工序的工作进行检测，在后续主张质量责任时可能会面临以下不利因素：

一方面是充分举证的难度。既然开展了下一道工序，是否对上一道工序产生了不利影响、是否引起质量责任的并非供货方（分包方）而是另有其人等问题成为查找原因、明确责任所要面临的问题，这无疑增大了当事人的举证难度，甚至如本案当中的甲公司一样，承担了举证不能的不利后果。

另一方面是擅自使用的认定。如前述（2023）吉24民终1801号案件，上一道工序未经检测即进入下一道工序，有可能被认定为擅自使用，这种情况下如果主张不涉及地基基础和主体结构的质量责任，是较为困难的。

当然，在此需要指出的是，水稳材料质量问题本身也有其特殊性，供货方提供材料后还要在道路工程施工现场经过养护等程序，因此出现质量问题后，到底是供货方供货不符合要求还是施工方养护不到位极易引起争议，也是法院查证的重点和各方举证的难点。而其他材料，比如钢材质量问题的查证和举证就相对较为明了。这是因为钢材在施工过程中虽然可能经过切割、焊接、浇筑等流程，但本身的物理化学性质和材料特征并没有明显改变，可通过目视观察、实物检测等方式确认本身是否符合要求，进而有可能直接明确责任。

以（2020）新30民终225号案件为例，法院认为：承包人实际使用的钢材型号与设计图纸不一致，且基于鉴定报告可以确认承包人所施工的屋面钢结构存在质量问题，是导致屋面钢结构坍塌的主要原因，因此承包人应当承担责任；与此同时，某公司在承包人安装钢结构完毕后，未经验收合格即进行下一道工序，并在屋面采用上人屋面施工，屋面做法不满足设计图纸要求，其自身亦存在一定过错；根据《最高人民法院关于审理建设工程施工合同纠纷案件适用法律问题的解释》第三条第二款的规定，因建设工程不合格造成的损失，发包人有过错的，也应承担相应的民事责任，故某公司对事故损失应自行承担一定责任，以20%为宜，承包人应承担80%的责任。

在前述（2020）新30民终225号案件中，通过钢材规格型号与设计图纸是否一致，即可初步判断责任归属。但在涉及水稳材料质量问题的案件中，情况则要复杂一些，仅凭养护后的水稳材料强度不足较难直接归责于供货商。这就要求施工单位更加注意，严格把控材料进场检测程序和完工检测程序，并留存相关技术资料，这样既可以尽可能避免争议纠纷，也有利于在可能发生的诉讼（仲裁）案件中进行举证。

1.9 路基排水不畅

【名词解释】

路基排水不畅一般是指由于路基排水系统设计不合理或损坏等情况导致积水无法及时排出。

【规范条文】

《公路路基设计规范》JTG D30—2015

4.1.1 公路路基防排水设计应根据公路沿线气象、水文、地形、地质以及桥涵和隧道设置情况，遵循总体规划、合理布局、防排疏结合、少占农田、保护环境的原则，设置完善、通畅的防排水系统，做好路基防排水与地基处理、路基防护等综合设计，并与路面、桥梁、涵洞、隧道等防排水系统相协调。

《城市道路路基设计规范》CJJ 194—2013

5.1.1 路基排水设计应采取排、疏、防相结合的原则，并应与路面排水系统、边坡防护、地基处理等其他措施相互协调，保证路基稳定，避免道路水损害。

问题14： 排水不畅引起质量问题如何划分责任？

【判决出处】

法院：江苏省镇江市中级人民法院

案号：（2017）苏11民终2466号

名称：甲公司、乙公司建设工程施工合同纠纷案

【案情概况】

2011年8月28日，甲公司、乙公司签订工程承包合同，约定：乙公司承建甲公司厂区内道路，工程总造价约263万元，工期自2011年9月10日至2011年11月10日，以及工程款的结算、给付方式、工程质量、验收方式等内容。

合同订立后，乙公司组织进行了施工，铺设了一条东西向长约300m、宽12m的道路，一条南北向长114m、宽48m的道路。实际施工工期自2011年9月至2011年12月底左右结束。2012年1月16日双方对工程款项进行结算，确认最终按266万元结算，甲公司分期向乙公司付款。

因施工道路出现被雨水浸泡现象，乙公司于2012年2月16日向甲公司送达《工作联系单》，提出：道路设计路面排水为利用道路横坡两面排水，道路无纵坡，现道路仅南侧设雨水井收集井进行排水，道路北侧无任何排水设施且北侧有土方，下雨后路基排水不畅导致路基受水浸泡影响路基强度及稳定性，建议在道路北侧铺设一条DN400的下水道利于道路排水，如因道路排水不及时或积水时造成路基破

坏，将不承担路基损坏的后果。

2013年2月—3月，经双方协商，乙公司为甲公司施工建设了道路旁的排水工程，工程定价6.5万元。

律师点评

《建设工程质量管理条例》第二十八条第二款规定："施工单位在施工过程中发现设计文件和图纸有差错的，应当及时提出意见和建议。"如果施工单位在施工结束后发现设计文件、图纸有差错或与现场不符等情况，是否还需要提出意见和建议呢？

有观点认为，即使是在施工结束后发现前述情况，施工单位仍然需要提出意见和建议，考虑因素主要包括：一方面，大多数建设工程具有公共属性，关系到生命财产安全等公共利益，提出意见和建议有利于采取维修或补救措施，尽可能避免无谓的损失；另一方面，有的差错或与现场不符等情况在施工过程中并未显现，就需要在施工结束后的使用过程中根据实际情况提出意见和建议。

就本案而言，案涉工程的工期自2011年9月至2011年12月底左右结束。因施工道路出现被雨水浸泡现象，乙公司于2012年2月16日向甲公司送达了《工作联系单》，提出了铺设下水道以利于道路排水的意见建议。在双方协商后乙公司建设了排水工程，相应的款项被认定为应由甲公司向乙公司支付。

2013年7月20日，甲公司、乙公司又订立《补充协议》一份，约定：因道路和场地的沥青面层及二灰结石基础出现翻浆、破坏进行维修，维修范围为长114m、宽48m道路和场地（约5500m^2），具体施工方案根据开挖后原基础情况而定，现考虑方案是将破坏的沥青面层和二灰层挖除深约20cm，统一浇筑15cm厚的C30商品混凝土基础，然后摊一层5cm中粒式沥青混凝土，甲公司同意增加28万元维修费等内容。

补充协议订立后，乙公司根据协商的维修方案对南北向道路进行了修复，商品混凝土基础已浇筑完毕，双方对在混凝土基础摊沥青的修复效果提出质疑，未继续完成施工。东西向路段也由乙公司进行了局部修复，修复面积约1200m^2。

截至2013年12月23日，甲公司共计向乙公司付款276万元。

2014年8月甲公司向乙公司送达告知函，提出路基质量问题虽经多次修复，至今未能解决，请尽快完工。

2014年12月甲公司诉至法院，诉讼请求主要包括判决乙公司赔偿损失等。

诉讼过程中，甲公司于2017年2月与案外人某公司订立合同，由该公司对案涉道路进行了修复，合同价165万元。

【鉴定情况】

诉讼过程中甲公司申请对乙公司施工的路段进行施工质量及质量问题成因鉴定、维修方案鉴定、维修造价鉴定。

经一审法院委托，丙公司于2016年5月12日对施工质量及质量问题成因进行鉴定，南北向已返修路段面层混凝土厚度部分测点不符合规范，抗压强度符合设计要求，东西向原路段部分测点沥青面层厚度不符合设计要求，鉴定结论为：①部分测点施工质量不符合设计规范或设计要求。②基层内高含量硫酸盐在地下水作用下和基层内石灰反应生成石膏、钙质芒硝等矿物导致土体体积膨胀、并造成土体上部面层起拱、开裂。

> **律师点评**　本案一审阶段的鉴定结论指出基层内高含量硫酸盐在地下水作用下和基层内石灰反应生成矿物导致土体体积膨胀以及土体上部面层起拱、开裂等现象，这可能与路侧排水设施设计不完善、排水不畅有关。

丙公司于2016年6月17日对承建方未返修的东西向原路段作出维修方案：①挖除路面沥青面层和二灰碎石基层，清理至素土层并保持清洁。②素土重新压实，压实系数不小于0.96。③铺设100mm厚三合土，配比为泥土、熟石灰和沙（1:3:6），分层摊铺压实，压实系数不小于0.96。④铺设混凝土层，厚度120mm，强度等级C30。设置分隔缝纵横向间距6m。⑤混凝土层上铺设中粗粒沥青混凝土，厚度50mm，压实，表面平整度应符合相关验收规范要求。

丁公司于2017年3月23日对东西向路段修复进行鉴定的造价为811992.69元，对南北向路段修复造价因修复方案中对部分测点面层范围不明确等原因而未作鉴定。

诉讼过程中甲公司主张已另行委托他人对道路进行了修复，对东西路段的修复工程造价要求乙公司按鉴定造价进行赔偿。甲公司已支付三次鉴定费用9万元。

【一审阶段法院观点】

甲公司、乙公司订立合同进行厂区内道路施工，施工完毕道路已投入使用。在使用过程中针对出现的质量问题双方再次进行协商处理。2013年3月增加施工了排水工程，2013年7月对道路进行了维修。以上协商方案均是甲公司、乙公司双方在平等自愿的基础上订立的合同，是双方真实有效的意思表示。故甲公司应当向乙公司给付道路施工工程款266万元、排水工程款6.5万元。乙公司则应对道路工程质量承担相应的责任，对因道路出现质量问题需要修复的费用承担过错赔偿责任。

关于道路质量问题的成因，经鉴定确认存在东西向原路段部分测点沥青面层厚度不符合设计要求，也存在基层内高含量硫酸盐在地下水作用下和基层内石灰反应生成石膏、钙质芒硝等矿物导致土体体积膨胀、并造成土体上部面层起拱、开裂的现象，与甲公司对施工道路路侧排水设施设计不完善、排水不畅等因素有关联，故甲公司对道路质量问题的出现也负有相应责任。

关于乙公司提出的鉴定造价应考虑市场下浮率的观点，双方合同中约定按总价下浮并不能认定为按市场价下浮。

律师点评

本案鉴定阶段，丁公司对于案涉工程东西向路段修复费用进行了鉴定并明确了具体金额，乙公司则提出了对此应考虑市场下浮率。鉴定的维修费用是否应考虑市场下浮率呢？有观点认为可以从合同约定和法律关系等方面进行考虑：一方面，如果当事人之间已就维修费用下浮达成了合意，比如签订的合同中有相应条款，或者专门达成了协议，且合同、协议合法有效，那么一般情况下应尊重当事人的意思自治；另一方面，如果未达成合意或者合同、协议被认定无效，除非市场下浮率有相应的法律依据等情况，那么主张市场下浮率较难得到支持。

实践中还有观点认为，支付维修费或修复费属于承担违约责任，与工程款结算并非同一法律关系，不应参照合同约定的市场下浮率进行处理。比如在（2020）苏07民终681号案件中，法院认为：对于质量问题的具体数额，上诉人朱某认为质量修复费用不应下浮47%……案涉工程的修复费用与工程造价并非同一法律关系，修复项目并非王某的施工内容，而是因施工质量不合格产生的新费用，应由王某进行返工；但本案中在王某已退场的情况下，朱某已另行安排人员施工，此时其花费的费用与王某的工程款计价方式并不一致，故修复费用不应参照工程款予以下浮，应以据实结算为宜，一审法院将修复费用下浮47%，显属不当，依法予以纠正。

关于乙公司提出的东西向路段已经修复1200m² 应扣除相应的工程修复造价款的观点，路段修复应进行整体重修，鉴定意见已说明应凿除所有面层，含局部修复面层部分，故对乙公司要求扣除已经修复1200m² 部分的工程修复造价款的观点不予采纳。

关于乙公司提出的甲公司强令其冬期施工的问题，鉴定意见并未认定冬期施工是道路出现质量问题的因素，且乙公司作为专业施工单位，在施工末期进入冬期后，即使建设单位在低温天气条件下要求乙公司施工，乙公司对冬期能否施工的判断应强于建设单位，但却对建设单位的意见未予以拒绝和提出合理建议，由此引起的后果也主要应由乙公司承担。

鉴于甲公司已另行委托他人将存在质量问题的道路修复完毕，现仅请求乙公司对东西向路段的修复费用作相应赔偿，符合法律规定，可予支持。因甲公司对施工道路出现质量问题存在一定的过错，故对东西向路段维修费用及因质量问题产生争议进行鉴定的费用也应自行承担一部分。确定由甲公司自行承担30% 的责任，由乙公司承担70% 的责任。

关于甲公司、乙公司协商增加的28万元维修费用，由于乙公司按维修方案对东西向路段仅进行了局部修复，按鉴定意见该部分局部修复面层也应全部凿除，故乙公司要求甲公司给付28万元维修费的抗辩请求不予支持，不在赔偿款中予以抵减。

【二审阶段法院观点】

道路质量问题的成因，经鉴定确认并非作为道路施工单位乙公司的全部责任，甲公司对道路质量问题的出现也负有相应责任。一审法院依据鉴定确定的道路质量问题的成因及案情酌定由甲公司自行承担30% 的责任，并无不当。上诉人甲公司认为一审法院判决其承担30% 的责任，无事实与法律依据的上诉理由，不能成立。

【本案小结】

乙公司曾向甲公司送达了《工作联系单》，针对道路排水提出了意见建议。本案一审阶段亦指出甲公司与施工道路路侧排水设施设计不完善等情况有关联，甲公司被认定为需要自行承担相应的责任。

发包人如果提供的施工图纸存在瑕疵，出现质量问题后应如何确定责任呢？《最高人民法院关于审理建设工程施工合同纠纷案件适用法律问题的解释（一）》第十三条规定："发包人具有下列情形之一，造成建设工程质量缺陷，应当承担过错责任:(一)提供的设计有缺陷……",以此而言,如果发包人提供的设计存在缺陷,以其过错程度作为承担责任的主要依据之一。本案当中的裁判思路亦与此相合,并未要求由乙公司承担全部责任。

在此需要指出的是,甲公司曾申请对乙公司施工的路段进行施工质量及质量问题成因鉴定、维修方案鉴定、维修造价鉴定,相应鉴定意见成为认定事实和划分责任的重要依据。但是并非每个涉及排水不畅等问题的工程都具备开展鉴定工作的条件,这种情况下就需要通过其他方式酌情做出判断,判断依据包括了勘察设计文件是否准确、施工过程是否规范、是否有提供不合格材料或强令施工等情况。

以(2022)新23民终1858号案件为例,法院认为:案涉工程设计单位对现场勘察后,出具《某供排水设计项目方案说明》载明案涉工程存在问题为……张某虽不认可上述说明,但认可案涉工程部分管道存在排水不畅,亦认可合同约定排水井为混凝土砌块,但其实际施工的部分排水井为树脂井;因此,就双方认可的质量问题可以看出,案涉工程质量存在问题的原因与施工方施工不规范有关,但亦不能全部归结于施工方;鉴于案涉工程已维修并竣工验收,对存在的质量问题原因已不具备鉴定条件,故依据公平原则,认定由张某与某水利公司对维修费各负担50%。

1.10　路基弹簧土

【名词解释】

路基弹簧土一般是指路基为黏性土且含水量较大、趋于饱和时,夯打后会出现弹起抖动等观感的情况。

【规范条文】

《公路路基设计规范》JTG D30—2015

3.2.7 新建公路路床应处于干燥或中湿状态。

《城市道路路基设计规范》CJJ 194—2013

4.2.2 对快速路和主干路,路基应处于干燥或中湿状态;对次干路和支路,路基宜处于干燥或中湿状态。

问题15：主张整治路基弹簧土增加费用能否得到支持？

【判决出处】

　　法院：辽宁省大连市中级人民法院

　　案号：（2022）辽02民终1809号

　　名称：杜某、丙公司等建设工程施工合同纠纷案

【案情概况】

　　案涉项目建设单位为甲公司，施工单位为乙公司。2012年，乙公司作为发包人，将其所承包的道路工程等分包给丙公司，双方签订了建设工程施工合同及补充协议。

　　2014年10月28日，丙公司（甲方）与杜某（乙方）签订了施工合同书一份，双方约定丙公司将其承包的沥青路面工程分包给杜某，承包方式为包工包料，道路宽度12～18m价格为247.50元/m²，4～7m价格为130.50元/m²，路缘石（延长米）35.66元/m；增加项目部分：工程量以业主为主；工程量单价详见《工程预算表》。

　　2014年10月28日，丙公司与丁公司亦签订施工合同书一份，双方约定丙公司将其承包的沥青路面工程分包给丁公司，合同约定增加项目部分：工程量以业主为主；工程量单价详见《工程预算表》。合同签订后，丁公司按合同约定对案涉工程进行了施工。

　　律师点评　　本案基本事实当中的各方发承包与合同签订情况有两点可以关注：

　　第一是关于分包情况。甲公司将案涉项目施工工作发包给了乙公司，乙公司将其中的道路工程分包给了丙公司，丙公司又就沥青路面工程与丁公司、杜某签订了施工合同。根据《民法典》第七百九十一条第三款"禁止承包人将工程分包给不具备相应资质条件的单位。禁止分包单位将其承包的工程再分包。建设工程主体结构的施工必须由承包人自行完成"，以及《建筑法》第二十九条第三款"禁止总承包单位将工程分包给不具备相应资质条件的单位。禁止分包单位将其承包的工程再分包"，分包给无资质单位（个人）、分包单位

再分包等行为在当前是被禁止的。

第二是关于计量计价情况。合同约定工程量以业主为主，但是并没有明确约定只需要业主确认即可确定工程量，这在本案中成了各方争议的焦点、判决书说理的重点。另外，虽然丙公司与丁公司、杜某约定是将沥青路面工程进行分包，但仅依据沥青路面工程是很难明确具体施工范围的，因此还需另列工程量单价或类似文件，另列工程量单价不仅可以列明单价，还可以通过列明单价的方式对应具体的工作范围，这对于后续判断诉请所涉处理弹簧土等工程款是属于重复计价还是应另行计价起到了较为重要的作用。

2019年3月，丁公司以乙、丙两公司为被告，起诉主张两被告支付工程款326万余元。一审法院于2020年12月作出判决，依据某勘察测绘研究院有限公司技术报告认定案涉工程总工程款为7675815.84元，据此判令丙公司应当支付丁公司工程款共计3061881元。丙公司不服上诉，二审法院在审理中组织当事人到现场确认，认定总工程款7671975.85元，并据此于2021年4月作出二审判决，判令丙公司给付丁公司工程款3058216.55元及逾期付款利息。是为前案。

2011年8月11日，丁公司与杜某签订《债权转让协议书》，约定将前案已经判决的债权、待主张的履行合同过程中形成的签证增加工程量部分对应的应收工程款债权以及主张债权过程中所支付的各项费用对应的债权、全部债权所产生的孳息及违约金等，全部一次性转让给杜某。丁公司于2021年8月22日向丙公司履行了债权转让通知义务。

律师点评　关于债权转让，《民法典》第五百四十五条规定："债权人可以将债权的全部或者部分转让给第三人……"，第五百四十六条规定："债权人转让债权，未通知债务人的，该转让对债务人不发生效力。债权转让的通知不得撤销，但是经受让人同意的除外。"对于债务转让，《民法典》第五百五十一条规定："债务人将债务的全部或者部分转移给第三人的，应当经债权人同意。债务人或者第三人可以催告债权人在合理期限内予以同意，债权人未作表示的，视为不同意。"由此可见，相较于债务转让须经相对方同意，债权转让通知相对方的履行要求更为宽松。

本案当中，丁公司与杜某签订了《债权转让协议书》，也向债务人丙公司履行了债权转让通知义务。但就具体案情而言，仍有以下两点可以进行考虑：

一方面是关于债权本身。丁公司转让的债权包括了已经判决的债权以及待主张的履行合同过程中形成的签证增加工程量部分对应的应收工程款等，其中已经判决的债权是清晰、明确的，待主张的履行合同过程中形成的签证增加工程量部分对应的应收工程款等则是不明确的，该部分债权是否成立、具体能够被支持的金额需要通过诉讼才能确定。对于尚未确定的债权能否转让、如何转让在实践当中亦是难点，易引发纠纷争议。

另一方面是关于保修责任。在建设工程施工合同关系中，承包人将工程款债权转让给第三人，但保修责任作为对发包人的债务在没有发包人同意的情况下是转让不了的，承包人仍需依法依约承担保修责任。因此，承包人在转让工程款债权时也可以将须承担的保修等责任一并考虑，可以确定较为合理的债权转让方案。

后杜某将丙公司诉至法院，要求其支付工程款及逾期利息。

【一审阶段法院观点】

按照丁公司与丙公司于2014年10月28日签订的建设工程施工合同约定，双方对合同价款的计算方式为12～18m价格为247.50元/m²，4～7m价格为130.50元/m²，路缘石（延长米）35.66元/m，即按平方米（延长米）单价计算。对工程量增加部分约定为以业主为主。前案两级法院均是采取平方米单价计算的方式，依据某勘察测绘研究院有限公司出具的技术报告，认定丁公司组织施工的路面面积等并作出了相应判决，故无论丁公司在该案中是否撤回对增加工程量的诉讼请求，均不影响法院对丁公司施工的路面面积工程量的认定。

律师点评　丙公司和丁公司对工程价款计量采用了平方米（延长米）单价计算的方式，这在行业当中属于较为常见的计价方式之一。关于工程价款计量，现行法律法规有相应规定：

《建设工程价款结算暂行办法》（财建〔2004〕369号）第八条规定对于工程

价款可选用固定总价、固定单价、可调价格三种方式，其中：合同工期较短且工程合同总价较低的工程，可以采用固定总价合同方式；固定单价需约定包含的风险范围和风险费用的计算方法；可调价格包括可调综合单价和措施费等，应在合同中约定综合单价和措施费的调整方法。

《建筑工程施工发包与承包计价管理办法》（住房和城乡建设部令第16号）第十三条规定确定合同价款时可以采用单价方式、总价方式、成本加酬金等方式，其中：实行工程量清单计价的建筑工程鼓励采用单价方式；建设规模较小、技术难度较低、工期较短的建筑工程可以采用总价方式；紧急抢险、救灾以及施工技术特别复杂的建筑工程可以采用成本加酬金方式。

就本案而言，虽然对工程价款计量采用了平方米（延长米）单价计算的方式，但仅依据单价和道路面积等无法对基本事实和争议焦点作出完全的判断，还需要结合平方米（延长米）单价所对应的工作范围和技术标准、当时实际已完成的工作量等事项才可能得出较为清晰的结论。

杜某主张技术报告只是对路面面积的测算，并没有涉及路面以下，而杜某主张的增加部分是路面下因填换工程、强夯工程而产生的。根据案涉合同附件《工程预算表》列明，上述单价中均含基础开挖、外运场地回填、夯实碾压找平、水泥稳定，故杜某此节主张无事实依据。杜某提供的5张工程洽商记录和5张工程量签证单上显示的联系事项和签证内容是增加道口、增加引道产生，而某勘察测绘研究院有限公司出具的技术报告已经将丁公司施工的路面部分全部测算在内，故以该技术报告认定的丁公司施工的工程量包括了杜某主张的增加工程量部分。杜某依据与丁公司之间的债权转让协议取得的增加工程价款的诉讼请求已在前案处理完毕，杜某再行主张无事实和法律依据，本院不予支持。

【二审阶段法院观点】

杜某不服一审判决，提起上诉，主张：03号工程量签证单（工程洽商记录）上增加的是合同内路面工程之外的工程，工程量签证单上的文字已经表述得非常清晰。03号工程量签证单的内容是：B区2号路路基形成后发现有淤泥、弹簧土现象，为确保道路质量，经监理现场核实后确定换填，换填料为碎石料。显然03号签证单上的工程并非一审判决认定的"增加道口、增加引道"。而《工程预算表》中列明的是合同内路面工程的施工工序，并不包括"对路基形成后发现的淤泥、弹簧土现象，进行的换填"，很明显一审判决对此节事实认定错误。上述增加工程的价款在前案中没有处理，因此诉讼请求有事实和法律依据。

律师点评　　对于路基弹簧土、淤泥等进行换填处理在道路工程施工过程中是比较常见的，如果是在前期勘察设计阶段未能发现或考虑到弹簧土、淤泥等情况，施工单位在施工过程中才进行处理，由此对新增或调整的工作量形成签证单或洽商记录等书面文件也是行业内的惯例。但是并不能由于形成了签证单就认为后续主张增加工程款是理所当然，还要结合其他因素进行考虑：

首先，签证单是否对增加工程款形成了新的合意。如果签证单只涉及工程量变化或技术调整，则较难仅根据签证单确认双方达成增加工程款的合意，还要根据合同约定经请款、结算等程序进行确认。

其次，签证单是否符合合同约定的程序、相关方是否予以书面确认。如果没有按程序进行签证或相关方未予书面确认，则在举证过程中可能面临更大的难度。

最后，签证单的内容是否清晰明确。以本案而言，虽然形成了签证单，但就其内容而言，并不能将所谓新增工程量与《工程预算表》所列工序的工程量作出区分，这也是杜某的诉请未获支持的原因之一。

本案二审阶段法院另查明：丙公司与丁公司签订的建设工程施工合同中约定："工程量按甲方签认程序确认实际完成，并经监理工程师及业主批准认可完工验证合格签证的工程量进行计量。"杜某提供的签证单仅有乙公司、监理单位及丁公司盖章，并无丙公司签字或盖章。该证据已经双方当事人当庭质证。

律师点评　　杜某提供的签证单是本案当中较为关键的证据，是否认可签证单的证明内容影响到对争议焦点判断的走向。二审期间法院查明了丙公司、丁公司关于签证的约定，并对签证单内容进行了核对，相关内容载入了裁判文书。

本案二审阶段，法院认为：前案中丁公司持建设工程施工合同、签证单、施工图纸等证据拟证明自己施工的工程量。鉴于丁公司与丙公司之间合同约定的工程价款以最终施工的路面面积计算，故该案采取单价计算的方式，依据某勘察测绘研究院有限公司出具的技术报告，认定丁公司组织施工的路面面积并作出判决。现杜某主张丁公司在上述案件中撤回了案涉工程量签证单并以此为据，主张增加工程量的工程款。丁公司在该案中撤回的工程量签证单主要工作内容为换填、强夯，双方在《工程预算表》中约定的工作内容亦有开挖、夯实、找平、回填的内容，工程量签证单的工作内容与《工程预算表》的工作内容存在重复，如工程量签证单载明的工程量与《工程预算表》中约定的工程量不一致，杜某应当进一步进行说明并提交证据予以证明。

《建设工程施工合同》《工程预算表》约定的工程量系丁公司与丙公司之间订立，如发生工程量增加，双方应当依据设计图纸完成情况及工程预算作出工程量签证单，但杜某提供的签证单上并无丙公司签字盖章。丙公司与丁公司签订的建设工程施工合同中明确约定案涉工程量需由丙公司确认完成，工程预算表中亦明确载明路面高度按丙公司指定增减结算为准，案涉工程系丙公司发包给丁公司，根据合同相对性原则，如丁公司增加工程量不在工程预算表中，应由丙公司根据施工设计完成情况、施工合同约定及《工程预算表》的约定出具工程量签证单，签证单上应有丙公司的签字盖章。现杜某提供的签证单仅有乙公司的盖章，未经丙公司确认，故对该工程量签证单，本院不予确认。因杜某提供的证据不足以证明丁公司在《工程预算表》约定外增加工程量一节事实存在，杜某以此主张给付增加的工程款，依据不充分，本院不予支持。关于施工合同中约定增加项目部分工程量以业主为主一节，鉴于建设工程施工合同中亦约定工程量按丙公司签认程序确认实际完成，同时结合丙公司为案涉建设施工合同的分包方，签证单应由丙公司进行签章确认，故不能仅以建设工程施工合同上约定增加项目部分工程量以业主为主一项之约定即认定案涉签证单具有证明效力。

> **律师点评**　二审法院驳回了杜某的上诉，维持了原判。杜某未能举证证明签证单所载处理弹簧土等工程量是《工程预算表》之外的工程量，也未能举证证明丙公司确认了所主张的工程量，这成为杜某上诉被驳回的重要原因。

【本案小结】

在公路、市政道路等工程施工过程中如果发现存在此前未曾发现的不良地质条件，如弹簧土、淤泥、土体（岩体）坍塌等情况，施工单位的工作量往往会因此增加，并很可能提起索赔甚至于引发诉讼。本案当中杜某的诉请未能得到支持，但实践当中不乏此类诉请得到支持的案例。

以（2023）陕07民终1806号案件为例，该案二审阶段上诉人（甲方）涉及不良地质条件处理的上诉理由包括：①不良地质段现场实测数据资料为复印件，无其他证据相互印证，不能作为定案的证据；②委托鉴定中未能明确说明"混凝土超量的原因"是"隧洞不良地质"，也可能是由于被上诉人施工技术原因而造成的混凝土超量回填；③确认不良地质的原始单据的签字人既无资质、也无授权，签字内容无单位盖章确认，无法证实存在混凝土超填。

对此二审法院认为：①上诉人所提交的说明材料中提到部分洞段的岩体产生了坍塌现象，且其官网中也称工程建设过程中受到不良地质等困难的制约；②上诉人认为混凝土超量回填原因系被上诉人施工技术问题，但其未就此提供充足证据予以证明；③被上诉人提交的实测数据手稿虽为复印件，但其上有业主方、施工单位、建设单位、监理单位多方人员签字，上诉人就此也无相反证据予以反驳。鉴定机构依据该实测数据计算混凝土超量造价，一审对此予以采信并无不当。

以此而言，根据前述案例，施工单位遇有弹簧土等不良地质条件须进行处理时，初步建议可注意以下事项：①是否和相关各方确认了不良地质条件的存在；②是否根据规定要求设计单位等出具处理不良地质条件的方案；③是否按方案处理不良地质条件并得到了各方确认；④是否能将新增工作量和原工作量作出明确区分；⑤是否按流程提出了增加费用的要求。

第2章　路面工程

2.1　基层、底基层压实度不符合要求

【名词解释】

基层、底基层压实度不符合要求一般是指对基层、底基层进行摊铺、碾压等工序后出现压实度不符合要求的情况。

【规范条文】

《公路路面基层施工技术细则》JTG/T F20—2015

4.6.3　应根据试验确定的最佳含水率、最大干密度及压实度要求成型标准试件，验证不同结合料剂量条件下混合料的技术性能，确定满足设计要求的最佳剂量。

5.1.10　对级配碎石材料，基层压实度应不小99%，底基层压实度应不小于97%。

5.1.11　高速公路和一级公路在极重、特重交通荷载等级下，基层和底基层的压实标准可提高1～2个百分点。

《城镇道路工程施工与质量验收规范》CJJ 1—2008

7.8.1　石灰稳定土，石灰、粉煤灰稳定砂砾（碎石），石灰、粉煤灰稳定钢渣基层及底基层质量检验应符合下列规定：主控项目……2 基层、底基层的压实度应符合下列要求：1）城市快速路、主干路基层大于或等于97%，底基层大于或等于95%。2）其他等级道路基层大于或等于95%，底基层大于或等于93%……

7.8.2　水泥稳定土类基层及底基层质量检验应符合下列规定：主控项目……2 基层、底基层的压实度应符合下列要求：1）城市快速路、主干路基层大于等于

97%；底基层大于等于95%。2）其他等级道路基层大于等于95%；底基层大于等于93%……

问题16：没有进行鉴定的情况下如何确定维修费用？

【判决出处】

法院：安徽省合肥市中级人民法院

案号：（2017）皖01民终8129号

名称：甲公司、乙公司建设工程施工合同纠纷案

【案情概况】

2014年8月22日，甲公司委托某中心对某村水泥路等工程施工总承包单位进行公开招标。《招标文件》规定：建设规模为水泥路约2.8km等，承包方式为施工总承包。

2014年9月15日，乙公司进行了案涉项目的投标，在投标函中承诺按本招标文件、施工图纸、合同条款和工程建设技术标准的条件，承担本招标工程的施工、竣工，并承担任何质量缺陷保修责任。中标通知书和本投标文件以及招标文件，招标文件澄清、修改、补充将成为约束双方的合同文件的组成部分等。2014年9月24日，某中心向乙公司下发了《中标通知书》，乙公司被确定为中标人，中标价为1104992.40元。但双方未签订建设工程施工合同。

律师点评

原《合同法》第二百七十条规定："建设工程合同应当采用书面形式。"《民法典》第七百八十九条规定："建设工程合同应当采用书面形式。"但实践当中仍然会发生当事人未签订书面建设工程合同的情况。本案即是一例，甲公司和乙公司之间就工程施工进行了招标投标程序，但并未签订建设工程施工合同。

工程经过招标投标程序，且施工单位进行了部分施工，但是发承包双方并没有签订书面的建设工程施工合同。这种情况下如需确定双方之间的权利义务，一般认为重点在于如何对"发承包双方已完成招标投标程序"作出定性。

对此学理上主要有三种观点：第一，"准法律行为说"：中标通知书的性质不是承诺，但也未有准确定性，并且当中标通知书发出后，合同既未成立也未生效，中标通知书仅产生对双方应当订立合同的约束力，而违约方应承担缔约过失责任。第二，"预约承诺说"：中标通知书发出后，招标人与中标人之间成立预约合同，因此对于中标通知书的法律性质应定性为"预约的承诺"。第三，"本约承诺说"：中标通知书的法律性质是本约的承诺，当中标通知书发出时，本约即当成立，此后拒签合同则应承担违约责任。实践当中，则以"预约承诺说"和"本约承诺说"较为常见：

关于"预约承诺说"，以（2020）浙0282民初9889号案件为例，法院认为：基于法律规定及招标文件、中标通知书记载内容，应当认为案涉工程的施工合同在签订书面合同时成立，而中标通知书的发出使得招标人和投标人之间成立以签订书面合同为义务的预约合同，一方无正当理由不签订书面合同的，应承担预约合同的违约责任；一般而言，预约的违约损失在总体上应相当于本约的缔约过失责任范围，即相当于本约的信赖利益损失。

关于"本约承诺说"，以（2010）锡民终字第1269号案件为例，法院认为：招标文件中载明了拟签订合同的主要条款，投标人应按照招标文件提出的拟签订合同的主要条款编制投标文件、作出响应，在招标人发出中标通知书后，表明双方已经就合同的主要条款达成了合意；由于按照招标投标文件签订书面合同的目的，仅是为了对招标、投标文件中有关合同内容的未尽部分加以补充、完善，同时对双方的合同权利义务以书面合同形式加以体现和固定，以便实际履行。因此，在完成了招标投标全部程序之后，虽然由于当事人的原因没有签订合同，仍可以认定双方已经就工程项目建立了承发包合同关系。当事人不履行合同义务，应当承担违约赔偿责任。

乙公司于2014年9月22日正式开工。在施工过程中，监理单位就施工现场存在的问题多次向乙公司下达整改通知书等。乙公司针对甲公司检查发现的问题向甲公司提交了整改报告，就所存在的问题提出了整改措施。2014年12月16日，某局某支队巡查某村水泥路等项目时，就发现的问题向乙公司提出了巡查意见及整改建议。乙公司施工完毕后，经其决算，某村水泥路等（合同部分）工程造价1104992.40元，某村水泥路等（签证部分）工程造价22869.06元。

后甲公司诉至法院，诉讼请求包括判令乙公司向甲公司支付整改费用、违约金并承担全部诉讼费用；乙公司则提起反诉，反诉请求包括要求甲公司支付中标工程款、增加工程量费用、履约保证金及相应利息并承担诉讼费用。

【鉴定情况】

2017年6月5日，某站作出了某村道路工程有关施工质量司法鉴定报告，鉴定意见：①被测道路混凝土路面宽度基本符合设计要求；但两侧路肩碎石路面基本未见，不符合设计图纸要求。②被测道路混凝土面层厚实度测平均值除2个测点低于设计值外，其余均符合设计图纸要求。③根据现场查看：某村1.7km段及1.0km段道路路面均有不同程度的开裂情况，具体开裂情况详见报告。④被测道路碎石层压实度试验结果详见附件（该试验结果仅供参考）。……

【一审阶段法院观点】

某站对某村道路工程有关施工质量进行了司法鉴定，确认乙公司未施工工程的情况及已施工工程存在部分质量问题。故甲公司应向乙公司支付不存在质量问题工程的工程款。对存在质量问题的工程可扣除相应的维修费用。某村水泥路路肩未做，该部分工程款56867.60元应予扣除。某村水泥路等工程经鉴定存在部分质量问题，考虑到案涉工程已经使用及返工的经济可行性问题，依法酌定扣除工程款50000元。

> **律师点评**
>
> 本案当中，鉴定单位对于案涉工程是否存在质量问题、存在哪些质量问题开展了鉴定工作并出具了意见，但没有开展维修方案和维修费用鉴定相关工作，对于鉴定发现的质量问题则是通过酌情扣减乙公司工程款的方式由乙公司承担了相应责任。

【二审阶段法院观点】

对于甲公司要求改判乙公司向甲公司支付工程整改费用267748.46元的上诉请求，因一审未就整改修复费用进行鉴定，一审酌定扣除工程款50000元属自由裁量范畴，甲公司要求按工程款总额的25%即267748.46元支付整改费用依据不足，本院不予支持。

【本案小结】

　　《最高人民法院关于审理建设工程施工合同纠纷案件适用法律问题的解释（一）》第三十二条第一款规定："当事人对工程造价、质量、修复费用等专门性问题有争议，人民法院认为需要鉴定的，应当向负有举证责任的当事人释明。当事人经释明未申请鉴定，虽申请鉴定但未支付鉴定费用或者拒不提供相关材料的，应当承担举证不能的法律后果。"那么是否可以理解为如果当事人对修复费用存在争议即应当开展鉴定工作呢？一般认为其实不能一概而论，除了当事人存在争议外，开展鉴定工作还以法院认为需要鉴定为前提条件，在此分为三种情况进行讨论：

　　第一种情况是法院认为需要鉴定，如果当事人经法院释明后没有申请鉴定，或者虽然申请鉴定但未支付鉴定费用，或者拒不提供相关材料，应当依法承担举证不能等法律后果。例如在（2021）粤20民终6838号案件中，法院认为：案涉工程被鉴定存在质量缺陷后，本应就案涉工程质量的修复方案及修复费用等专门性问题进行鉴定，但某公司在一审诉讼中明确表示放弃鉴定，在审理期间也未书面提出鉴定申请，致使对案件争议的事实无法通过鉴定意见予以认定，相关事实也无法查明，对此，某公司理应承担举证不能的法律后果。

　　第二种情况是当事人既不申请鉴定，也不能举证修复费用发生的具体情况，同样有可能承担举证不能的法律后果。以（2023）京03民终2756号案件为例，法院认为：根据查明的事实，2021年5月双方即签署《协议书》，约定B公司对地面部分裂纹予以维修，如B公司不履行维修义务，A公司可委托第三方维修，第三方维修费用经双方友好协商可从质保金中扣除；此后B公司进行了维修，A公司主张B公司没有维修好，但至今并未委托第三方维修，亦不申请对维修费用进行鉴定，在此情况下，一审法院认定A公司应当先返还质保金具有事实和法律依据，予以维持；A公司虽称质量问题需维修，请求扣除质保金，但至今未委托第三方维修，也不在本案中就维修费申请鉴定，亦未充分举证证实仍需维修的具体费用，故对于A公司的上诉请求不予支持。

　　第三种情况是虽然没有开展鉴定工作，但法院认为无须鉴定，酌情确定修复费用并要求承包人承担相应责任。除了本案之外，也有其他案件采取了类似的裁判思路。以（2023）京03民终6286号案件为例，法院认为：工程虽已交付使用，但《协议》中明确工程后续还需蒋某负责修缮，并未免除蒋某的维修责任；且根据某公司、郝某提交的相应照片、视频，可以认定工程确系存在质量问题，且上述质量问题并非仅因使用过程中之合理损耗所导致，蒋某亦未提交充分证据证明其对上述质量问题进行了修缮；现各方均同意若有维修费用，可在剩余工程款中扣除，且某公司、郝某明确扣减维修费用后，不会再向蒋某主张修缮事宜，为尽可能解决各方实际问题、降低后续争议之可能，在本案工程款中对相应维修费用进行扣减；鉴于各方对维修费用未申请鉴定，综合考虑质量问题内容、程度、交付时间等因素，酌情确定扣减8万元。

当然，在明确了存在工程质量问题后，修复费用如何确定涉及专门性问题。通常而言，法院认为无须鉴定并酌情确定修复费用、从工程款中进行扣减所针对的是质量问题并不复杂、修复费用金额并不高的情况，如果修复费用金额比较高，则认为需要开展鉴定的可能性也会增加。

2.2　基层、底基层强度不符合要求

【名词解释】

基层、底基层强度不符合要求一般是指因施工或环境等因素影响导致基层、底基层强度不符合要求的情况。

【规范条文】

《公路路面基层施工技术细则》JTG/T F20—2015

4.2.1　无机结合料稳定材料应满足本细则规定的强度要求。

4.2.2　应采用7d龄期无侧限抗压强度作为无机结合料稳定材料施工质量控制的主要指标。

《城镇道路工程施工与质量验收规范》CJJ 1—2008

7.8.1　石灰稳定土，石灰、粉煤灰稳定砂砾（碎石），石灰、粉煤灰稳定钢渣基层及底基层质量检验应符合下列规定：主控项目……3 基层、底基层试件作7d无侧限抗压强度，应符合设计要求……

7.8.2　水泥稳定土类基层及底基层质量检验应符合下列规定：主控项目……3 基层、底基层7d的无侧限抗压强度应符合设计要求……

问题17：在涉及多个标段的情况下如何划分质量责任？

【判决出处】

法院：河南省焦作市中级人民法院

案号：（2017）豫08民终1497号

名称：甲公司、乙公司承揽合同纠纷案

【案情概况】

2013年2月26日，甲公司与某局签订建设工程施工合同，承建某路二期工程。

2013年8月13日，甲公司、乙公司签订《水泥粉煤灰稳定碎石供需合同》，合同约定：乙公司为甲公司承建的某路二期工程一标段道路提供水泥粉煤灰稳定碎石，乙公司按照甲公司提供的水泥粉煤灰稳定碎石的配合比进行生产，每立方米85元。

《水泥粉煤灰稳定碎石供需合同》约定甲公司的义务为：安排专业人员现场车辆调度，保证能正常卸车，合理制定施工计划，合理安排运输计划，对于运送到的水泥粉煤灰稳定碎石，应及时在规定的时间指定卸货并组织摊铺，避免窝工及影响质量并对水泥粉煤灰稳定碎石养护质量负责，因甲公司原因造成工程停工，使所搅拌的水泥粉煤灰稳定碎石失效的损失由甲公司负责。

《水泥粉煤灰稳定碎石供需合同》约定乙公司的义务为：组织进场水泥、砂、石、粉煤灰等原材料，保证施工需要，确保所用材料合格，并提供相关的技术质量资料，对产品所用的原材料及搅拌、运输中的水泥粉煤灰稳定碎石质量负责，经取芯和验收质量不合格的由乙公司负责处理，并承担给甲公司造成的与建设单位约定的合同工期损失，以及甲公司的人力、材料、机械等全部损失，乙公司负责制作试验用的试体，配合甲公司对水泥粉煤灰稳定碎石进行报检，不合格的由乙公司承担相应责任。

之后乙公司组织水泥、砂、石、粉煤灰等原材料，生产水泥粉煤灰稳定碎石供给甲公司铺筑某路二期工程一标段的道路使用。

该路段基层于2013年9月9日摊铺完毕，甲公司于2013年12月将沥青面层摊铺完毕。

2014年3月份，该标段部分路面出现起鼓现象，甲公司通知乙公司进行维修。

2014年5月1日，甲公司、乙公司签订《水泥粉煤灰稳定碎石供应和铺筑施工合同》，合同约定：乙公司为甲公司承建的某路二期工程三标段道路供应水泥粉煤灰稳定碎石并铺筑，乙公司按照甲公司提供的施工图纸及相关技术规范进行水泥粉煤灰稳定碎石的铺筑施工（含后期覆盖养生、半成品保护等），甲公司可随时对运输车辆进行抽查，如发生不符合约定比重的，所有问题由乙公司负责处理解决。

《水泥粉煤灰稳定碎石供应和铺筑施工合同》约定甲公司的义务为：负责现场施工的质量监督工作，安排专人负责收料现场车辆调度，保证能正常卸车，由于甲公司原因造成工程停工，使所搅拌的水泥粉煤灰稳定碎石失效的损失由甲公司负责。

《水泥粉煤灰稳定碎石供应和铺筑施工合同》约定乙公司的义务为：按国家有关规定和甲公司提供的水泥粉煤灰稳定碎石配合比组织生产，按甲公司提供的施工图纸及相关技术规范进行铺筑并接受甲公司委派的工作人员监督，组织进场水泥、砂、石、粉煤灰等原材料，保证施工需要，确保所用材料合格，并提供相关的技术质量资料，根据甲公司计划及时组织生产，合理调整车辆，保质保量按期铺筑，对产品所用的原材料及搅拌、运输中的水泥粉煤灰稳定碎石质量负责，经取芯和验收质量不合格的由乙公司负责处理，并承担给甲公司造成的与建设单位约定的合同工期损失，以及甲公司的人力、材料、机械等全部损失，乙公司还应承担由于水泥粉煤灰稳定碎石质量原因引发的其他工程质量不合格的全部后果及损失，乙公司负责制作试验用的试体，配合甲公司对水泥粉煤灰稳定碎石进行报检，不合格的由乙公司承担相应责任。

律师点评

根据双方就某路二期工程一标段所签订的《水泥粉煤灰稳定碎石供需合同》，可以理解为一标段的集料原材料质量及级配情况、水泥粉煤灰稳定碎石配合比性能等由乙公司负责，水泥粉煤灰稳定碎石（基层）施工工艺、养护情况等由甲公司负责。根据双方就某路二期工程三标段所签订的《水泥粉煤灰稳定碎石供应和铺筑施工合同》，可以理解为三标段的集料原材料质量及级配情况、水泥粉煤灰稳定碎石配合比性能、水泥粉煤灰稳定碎石（基层）施工工艺、养护情况等由乙公司负责。

由于道路工程当中供货单位所实际进行的工作可能不仅涉及了提供现场施工材料，比如水泥粉煤灰稳定碎石，还会承担所提供材料的部分或全部摊铺、养护工作，一旦发生纠纷，此类案件的案由应如何确定往往也可能引起争议。就本案而言，双方就一标段所签订的《水泥粉煤灰稳定碎石供需合同》有倾向于买卖合同的特征，而双方就三标段所签订的《水泥粉煤灰稳定碎石供应和铺筑施工合同》有倾向于承揽合同或施工合同的特征，法院所确认的案由则是承揽合同纠纷。

当然，无论是买卖合同纠纷、承揽合同纠纷亦或施工合同纠纷，双方仍需依法依约主张权利、履行义务、承担责任。从这一角度而言，无论所定案由如何，对于本案裁判结果可能并不会产生实质性的影响。

之后乙公司组织水泥、砂、石、粉煤灰等原材料，生产水泥粉煤灰稳定碎石并铺筑某路二期工程三标段道路及一标段部分道路，该路段基层部分于2014年8月摊铺完毕。

2015年3月，某路二期工程三标段道路路面也出现起鼓，乙公司随后对路面起鼓部分进行了维修。

一、三标段的路面起鼓范围继续扩大，影响正常使用，双方就维修事宜协商不成，甲公司诉至法院，诉讼请求包括判决乙公司赔偿因其供应和铺筑的水泥粉煤灰稳定碎石质量不合格而造成的拆除清理和重新铺设费用损失等。

【鉴定情况】

根据甲公司申请，法院委托丙公司对某路二期工程一、三标段道路路面鼓裂的原因、鼓裂与供应的水泥粉煤灰稳定碎石是否存在因果关系、水泥粉煤灰稳定碎石是否合格、不合格的具体原因进行鉴定。

丙公司出具了司法鉴定检验报告书，结论为：①某路二期工程一标（K4+500～K5+000）（总长1000m）及三标段（K7+480～K8+230）（总长1020m）路面鼓裂的主要原因是水泥粉煤灰稳定碎石上基层强度不符合设计要求，次要原因是个别部位由于面层施工过程环节控制不良。②某路二期工程一标（K5+600～K5+700）（总长100m）路面鼓裂的主要原因是面层施工过程环节控制不良，次要原因是个别部位水泥粉煤灰稳定碎石上基层强度不符合设计要求。③由于影响水泥粉煤灰稳定碎石强度不符合设计要求的因素很多，不能确定问题出现在哪个环节。

对于路面鼓裂的原因，司法鉴定检验报告书的结论指出了两点原因：面层施工过程环节控制不良、水泥粉煤灰稳定碎石上基层强度不符合设计要求。对于面层施工过程环节控制不良，可以认为应由负责面层施工过程环节的单位承担主要责任；对于水泥粉煤灰稳定碎石上基层强度不符合设计要求，司法鉴定检验报告书的结论则认为影响水泥粉煤灰稳定碎石强度不符合设计要求的因素很多，不能确定问题出现在哪个环节，可以理解为难以通过技术方法直接判断究竟应由哪一方承担责任，这就需要结合本案基本事实情况酌情裁判。

根据甲公司申请，法院委托丁公司对某路二期工程一、三标段道路鼓裂路面的拆除清理和重新铺设费用进行评估。

丁公司出具了价格评估报告书，结论为：一标段的拆除清理和重新铺设费用为327.85万元，总长度为1100m；三标段的拆除清理和重新铺设费用为304.24万元，总长度为1020m，共计632.09万元。

诉讼中，甲公司对某路二期工程一标段（K4+500～K5+000）总长1000m中的948m鼓裂路面进行了拆除和重新铺筑，占丁公司对一标段鼓裂路面的拆除清理和重新铺筑费用评估总长度的86.18%（948/1100）；对（K5+600～K5+700）总长100m中的76m鼓裂路面进行了拆除和重新铺筑，占丁公司对一标段鼓裂路面的拆除清理和重新铺筑费用评估总长度的6.91%（76/1100）；对三标段（K7+480～K8+230）总长1020m中的1001m鼓裂路面进行了拆除和重新铺筑，占丁公司对三标段鼓裂路面的拆除清理和重新铺筑费用评估总长度的98.14%（1001/1020）。

价格评估报告书的结论对于一标段和三标段分别列出了拆除清理和重新铺设的费用以及所对应的总长度，诉讼过程中甲公司分别对一标段和三标段出现鼓裂的部分路段作了拆除和重新铺设。在计算维修费用时采用了拆除清理和重新铺设的费用乘以拆除和重新铺设长度与总长度比例系数的方式。

【一审阶段法院观点】

甲公司承建某路二期工程后与乙公司签订《水泥粉煤灰稳定碎石供需合同》及《水泥粉煤灰稳定碎石供应和铺筑施工合同》，由乙公司为甲公司承建的某路二期工程一标段道路提供水泥粉煤灰稳定碎石，甲公司自己摊铺，三标段由乙公司提供水泥粉煤灰稳定碎石并摊铺，完工后一、三标段路面出现大范围鼓裂，影响正常使用。

经有关机构鉴定，三标段（K7+480～K8+230）总长1020m和一标段（K4+500～K5+000）总长1000m路面鼓裂的主要原因是水泥粉煤灰稳定碎石上基层强度不符合设计要求，而影响水泥粉煤灰稳定碎石上基层强度的因素包括：集料原材料质量及级配情况、水泥粉煤灰稳定碎石配合比性能、水泥粉煤灰稳定碎石（基层）施工工艺、运输时间、现场等待时间、养护情况等。

这些因素在三标段（K7+480～K8+230）由乙公司负责，次要原因是个别部位由于面层施工过程环节控制不良，该责任由甲公司负责，考虑面层施工过程环节控制不良是次要原因，又仅仅是个别部位，综合双方的责任及过错程度，确定由乙公司承担80%责任，另20%责任由甲公司自负，三标段损失经评估为304.24万元，乙公司应赔偿甲公司损失2388649.09元（3042400元×80%×98.14%）。

在一标段（K4+500～K5+000），路面鼓裂的次要原因面层施工过程环节控制不良的责任由甲公司负责，主要原因中的集料原材料质量及级配情况、水泥粉煤灰稳定碎石配合比性能、运输时间由乙公司负责，水泥粉煤灰稳定碎石（基层）施工工艺、现场等待时间、养护情况等因素由甲公司负责，考虑次要原因中的面层施工过程环节控制不良仅是个别部位，主要原因占80%的责任，主要原因中甲公司、乙公司又均有一定责任，综合双方的责任及过错程度，确定由乙公司承担40%责任，一标段损失经评估为327.85万元，一标段（K4+500～K5+000）乙公司应赔偿甲公司损失1130164.52元（3278500元×40%×86.18%）。

在一标段（K5+600～K5+700），路面鼓裂的主要原因是面层施工过程环节控制不良，该责任由甲公司负责，次要原因是个别部位水泥粉煤灰稳定碎石上基层强度不符合设计要求，考虑次要原因仅是个别部位，次要原因占20%的责任，次要原因中的集料原材料质量及级配情况、水泥粉煤灰稳定碎石配合比性能、运输时间由乙公司负责，水泥粉煤灰稳定碎石（基层）施工工艺、现场等待时间、养护情况由甲公司负责，次要原因中甲公司、乙公司均有一定责任，综合双方的责任及过错程度，该标段损失由乙公司承担10%责任，一标段损失经评估为327.85万元，一标段（K5+600～K5+700）乙公司应赔偿甲公司损失22654.44元（3278500元×

$10\% \times 6.91\%$）。

律师点评

　　　　一标段（K4+500～K5+000）和一标段（K5+600～K5+700）虽然同属于《水泥粉煤灰稳定碎石供需合同》所约定由乙公司向甲公司提供水泥粉煤灰稳定碎石的范围，但两段路面鼓裂的原因却有所区别。其中一标段（K4+500～K5+000）路面鼓裂的主要原因是水泥粉煤灰稳定碎石上基层强度不符合设计要求，次要原因是个别部位由于面层施工过程环节控制不良，一标段（K5+600～K5+700）路面鼓裂的主要原因是面层施工过程环节控制不良，次要原因是个别部位水泥粉煤灰稳定碎石上基层强度不符合设计要求。因此，在具体划分责任时对这两段分别进行了论述分析。

　　以上乙公司共应赔偿甲公司损失3541468.05元。乙公司称三标段铺筑施工方是甲公司推荐并结算工程款，铺筑方面的责任由甲公司承担，甲公司否认，与合同约定也不符，乙公司该主张不予支持；乙公司称其生产用的水泥、粉煤灰、碎石在做配合比时经检验是合格的，以后产生的质量问题与其无关，乙公司不能证实其生产所用的所有水泥、粉煤灰、碎石均合格，做配合比时所用的水泥、粉煤灰、碎石合格，不能代表其具体生产时所用的水泥、粉煤灰、碎石合格，该主张理由不足，一审不予支持。

【二审阶段法院观点】

　　一审法院综合双方的责任及过错程度，确定双方当事人按照一定的比例分担本案的民事责任是正确的。

【本案小结】

　　建设工程质量纠纷涉及诸多专业知识，并且施工过程中所产生的质量问题在纠纷发生时较难还原当时的状态，相应的原因也难以完全明确，如果工程本身就存在多个标段，那么在具体处理纠纷时就有可能面临更为纷繁复杂的局面。相较于房屋建筑而言，道路工程分为多个标段进行施工的情况则更为常见，本案即是对道路工程多个标段的质量问题一并进行处理的典型情况，相应的裁判思路可供参考：

　　第一，各个标段的合同是否相同，如不同，则可能需要区分处理。不同的标段合同有可能相同，也有可能不同，本案当中甲公司、乙公司即就两个标段签订了不同的合同，工程范围、工作内容、权利义务等均有所区别，在具体判断双方责任时就需要根据不同的合同分别认定。当然，有观点认为，既然是不同的合同，那么就应当分作不同的案件各自处理。对此，我们认为不宜"一刀切"，如果合同主体相同，能够在同一案件中查明事实、明确责任，且与法不悖，那么一并处理可以节约社会资源、减轻当事人诉累，是可以考虑的案件处理方式。

第二，各个标段的质量问题和成因是否相同，如不同则需要分别认定处理。各个标段可能质量问题的表象不同，成因也不同，比如本案中一标段（K4+500～K5+000）路面鼓裂的主要原因是水泥粉煤灰稳定碎石上基层强度不符合设计要求，一标段（K5+600～K5+700）路面鼓裂的主要原因则是面层施工过程环节控制不良。不同的表象可能对应不同的成因，也就有可能对应不同的责任划分。

第三，尽可能对影响工程质量的因素进行细分，以便更合理地明确各方责任。本案当中，司法鉴定检验报告书的结论认为影响水泥粉煤灰稳定碎石强度不符合设计要求的因素很多，不能确定问题出现在哪个环节。但法院在进行裁判时仍然将影响水泥粉煤灰稳定碎石强度的因素，具体包括了集料原材料质量及级配情况、水泥粉煤灰稳定碎石配合比性能、水泥粉煤灰稳定碎石（基层）施工工艺、运输时间、现场等待时间、养护情况等进行了列举，并根据合同约定和履行情况将前述影响因素与甲公司、乙公司的义务分别进行了对应，从而更为清晰地酌定了双方所应承担的责任。并且通过列举影响水泥粉煤灰稳定碎石强度的因素可以进一步明确裁判的标准和依据，增强了裁判理由的说服力。

问题18：鉴定维修费用与当事人主张金额不一致如何处理？

【判决出处】

法院：内蒙古自治区高级人民法院

案号：（2017）内民终143号

名称：某局与乙公司建设工程施工合同纠纷案

【案情概况】

2008年5月28日，乙公司与某局签订《某公路工程（第二标段K37+000～K63+679）合同协议书》，约定：合同段全长26.686km，技术标准公路三级，沥青混凝土路面；全线有中桥3座，计长170.82m，小桥3座，计长32m，涵洞32道，过水路面3处计长130m，以及其他构造物工程等；合同总价为25679806元，工程工期为18个月；某局按照合同文件规定的时间和方式向乙公司支付合同价款，乙公司保证在各方面按照合同文件的规定承担本合同工程的实施和完成及其缺陷的修复。双方当事人签订合同后开始进行施工，案涉工程一边进行施工一边使用，双方当事人并未对施工现场采取封闭措施。2010年9月15日乙公司撤离场地，案涉工程没有进行竣工验收。

律师点评

在公路工程中，边施工边通车属于较为常见的情况。交通运输管理部门对于边施工边通车的管理主要侧重于验收、安全等事项。《交通运输部关于进一步加强普通公路勘察设计和建设管理工作的指导意见》（交公路发〔2022〕71号）第三条"加强勘察设计和建设管理"第（十）款规定："未经交工验收、交工验收不合格或未备案的工程项目不得投入试运行，边通车边改造项目要在完工后立即开展验收工作。"《交通运输部办公厅关于加强公路水运工程平安工地建设的指导意见》（交办安监〔2023〕64号）第二条"重点任务"第（二）款"加强施工安全风险分级管控"规定："针对……边通车（航）边施工路段（航道）等重点作业环节，积极采用远程监控和信息化管理技术手段，加强安全管控。"

除了前述指导意见，交通运输管理部门对于边施工边通车的重点管理还体现在相关规范中。以《公路交通安全设施施工技术规范》JTG/T 3671—2021为例，该规范第1.0.7条规定："对边施工边通车的公路改扩建工程，应根据设计文件或相关标准的规定采取交通安全保障措施。"第2.2.5条规定："施工组织设计应根据下列规定建立健全施工安全管理体系，落实安全责任，提出安全技术组织措施：……4 对边施工边通车的公路改扩建工程，应做好必要的交通疏导、安全防控和秩序维护。"

后乙公司诉至法院，诉讼请求包括：①某局给付乙公司《某公路工程合同协议书》中约定而未结工程款。②某局给付乙公司《某公路工程合同协议书》约定之外工程增项发生的工程款。③给付前述未结算工程款的利息。④本案诉讼费及鉴定费由某局承担。

某局则提起反诉，反诉请求包括：①乙公司履行合同义务，完成工程并达到合同要求质量标准。②乙公司返还某局多拨付的工程款。③乙公司承担诉讼费用及其他费用。

【鉴定情况】

某局申请对乙公司施工的工程是否存在质量问题及修复工程的工程量、乙公司诉称的14项设计变更是否存在变更必要性及施工质量是否合格进行司法鉴定，法院委托鉴定单位作出了（2015）第58号《某公路第二标段工程施工合同纠纷案技术鉴定书》。

鉴定结论为：①乙公司承担施工的公路工程存在工程质量缺陷，修复工程量为4cm沥青面层2518.3m²，20cmC30水泥面层为3720.6m²、20cm5.5%基层为441m²，挖除旧路面796.88m²。②乙公司诉称14项变更是否存在变更必要性及工程质量是否合格的情况为：第1、2、3、4、6、7、10项有变更必要性并且质量合格，第5、8项有变更的必要性，但质量不合格，第9、11项有变更的必要性，但该变更系工程量调整无须质量判定，第12、13项系业主要求变更且质量合格，第14项系施工单位要求变更，鉴定结论为不评判。

> **律师点评** 某局申请对设计变更是否存在变更必要性进行鉴定，鉴定单位亦给出了鉴定结论。设计变更必要性鉴定相对较少，本案相关情况可供参考。

某局提出补充鉴定申请，要求对丙公司修复工程的工程造价进行鉴定，鉴定单位作出（2015）第58-1号《某公路第二标段工程施工合同纠纷案补充鉴定书》，鉴定结论为修复工程的工程造价为449243.71元。

> **律师点评** 某局在鉴定过程中提出了补充鉴定申请，鉴定单位则根据申请出具了补充鉴定材料。关于补充鉴定，《最高人民法院关于民事诉讼证据的若干规定》第四十条第三款规定："对鉴定意见的瑕疵，可以通过补正、补充鉴定或者补充质证、重新质证等方法解决的，人民法院不予准许重新鉴定的申请。"因此，补充鉴定和重新鉴定并不相同。通常认为，补充鉴定是因鉴定事项、内容不全面或有遗漏，需在原鉴定意见的基础上进行补充，可以理解为原

鉴定意见的组成部分。而重新鉴定则是另行开展鉴定活动，原鉴定意见不得作为认定案件事实的根据。

关于补充鉴定的情形，《江苏省高级人民法院关于规范委托鉴定工作的意见》有较为具体的规定，其第十五条规定："符合下列情形之一的，人民法院应当要求鉴定机构予补充鉴定或对鉴定意见进行补正：（一）鉴定意见形式要件不完备的；（二）鉴定材料不全面、检材来源不明，导致鉴定意见存疑的；（三）鉴定意见内容不明确、不完整的；（四）在鉴定意见的基础上补充新的鉴定材料的；（五）其他应予补充鉴定或要求鉴定机构对鉴定意见进行补正的情形。"

2016年3月23日某局申请鉴定人员出庭接受质询，法院通知鉴定人员于2016年4月27日到庭接受了质询。通过本次质询，某局申请对K61+183中桥续造工程的工程造价及路基换填量进行造价鉴定。鉴定单位于2016年5月10日出具了一份《某公路修补路面补充费用》，针对修复工程量费用作出补充，补充内容为回填土方为10288元，土方碾压为3905元，税金为456元，合计为14639元。

在鉴定过程中，某局多次提出异议或发表意见，鉴定单位进行了回复。乙公司对（2015）第58号《某公路第二标段工程施工合同纠纷案技术鉴定书》、（2015）第58-1号《某公路第二标段工程施工合同纠纷案补充鉴定书》《某公路修补路面补充费用》均无异议。

【一审阶段法院观点】

某局主张乙公司完成的工程存在质量问题，应当承担案涉工程的修复费用，根据《最高人民法院关于审理建设工程施工合同纠纷案件适用法律问题的解释》第十三条"建设工程未经竣工验收，发包人擅自使用后，又以使用部分质量不符合约定为由主张权利的，不予支持；但是承包人应当在建设工程的合理使用寿命内对地基基础工程和主体结构质量承担民事责任"的规定，案涉工程是一边施工一边使用的状态，某局未组织验收但先行使用，可以认定其已经放弃质量抗辩，并以其使用行为表明乙公司施工的工程质量符合合同的约定，乙公司只在建筑物合理使用寿命内对地基基础和主体结构质量承担民事责任。（2015）第58号《某公路第二标段工程施工合同纠纷案技术鉴定书》中载明"乙公司承建施工的公路工程沥青路面出现面层松散、裂缝、坑槽等属于外观质量缺陷。取芯处水稳层试件不成型，局部路面龟裂、沉陷和翻浆则属于施工质量缺陷或者由于路基长时间处于水饱和状态导致。混凝土路面出现脱皮、坑槽、断板等表观现象，应和当初取消基层，板块直接坐落于路基上有关，建设单位、施工单位、监理单位均负有责任"，案涉工程系公路工程，乙公司完成的工程确实存在部分质量缺陷，根据《合同法》第二百八十一条、《最高人民法院关于审理建设工程施工合同纠纷案件适用法律问题的解释》第十三条的规定，由于在案涉工程施工过程中双方当事人均未对案涉工程进行封闭施工，对于工程应否封闭施工亦未进行约定，出现质量问题的责任存在于建设单位、施工单位，因此，案涉工程的修复费用应当由双方当事人共同承担，酌定乙公司与某局对该修复费用各承担50%，根据（2015）第58-1号《某公路第二标段工程施工合同纠纷案补充鉴定书》以及《某公路修补路面补充费用》，修复工程的工程造价为463882.71元，双方当事人各应当承担463882.71元×50%即231941.36元。

虽然公路工程边施工边通车在符合一定条件的情况下是允许的，但并不代表会因此降低对于工程质量的要求，而是要求采取相应措施确保工程质量。一审法院指出某局和乙公司既没有对工程是否应封闭施工作出约定，实际也没有进行封闭施工，综合全案情况，认定修复费用应当由某局和乙公司共同承担。

【二审阶段法院观点】

关于工程质量缺陷责任在哪方、修复费用是多少的问题。依据（2015）第58号《技术鉴定书》，案涉工程存在部分质量缺陷。由于案涉工程未进行封闭施工，也未约定应否封闭施工，出现质量问题应当由双方当事人共同承担，一审判决酌定由双方各承担50%并无不当。某局主张实际支出修复费用2364100元，提供了施工协议书、补修工程的工程量一览表、工程费计算表。该证据系某局与案外人之间形成，乙公司也不认可，本院不予采信。修复费用已经由一审法院委托鉴定单位作出鉴定，应以此确定乙公司负担的修复费用为463882.71元×50%=231941.36元。

【本案小结】

对于建设工程质量纠纷案件的鉴定事项，较为常见的工作步骤包括确认是否存在工程质量问题、针对工程质量问题出具维修方案、根据维修方案进行造价评估等。鉴定单位经过鉴定程序所确认质量问题维修费用与当事人所主张金额不一致的情况并不罕见，这种情况下应如何认定呢？实践当中既有支持鉴定意见的情况，也有支持当事人主张的情况。

其中，支持鉴定意见的理由一般包括：

第一，当事人所主张的金额系自行确认或与案外人形成，且没有经过对方的确认或认可。本案当中二审阶段法院即持此观点，在此不再赘述。

第二，在没有证据证明鉴定程序违法、鉴定结论依据不足的情况下，应当采信鉴定意见认定的费用，鉴定单位无法鉴定部分的维修费用由当事人自行负担。以（2021）鲁13民终6453号案件为例，法院认为：鉴定单位系法院依据法定程序选定，具备相应的鉴定资格，其在出具鉴定结论时，虽自主将工程内容分为质保期内和质保期外，但鉴定的各项内容均为维修整改的工程内容，该区分并不影响各项维修费用的确定，故在无证据证明该鉴定存在程序违法、鉴定结论依据不足等情形下，对鉴定意见中确定的各项维修价款应予确认；女儿墙内墙3m屋面处理部分，发包人未能提供充分证据证明该部分工程存在质量问题，亦未能提供充分证据证明该部分工程的工程量，造成鉴定单位无法对该项目进行鉴定，故该部分费用应由发包人自行负担。

第三，鉴定单位所出具维修方案已经涵盖全部质量问题，当事人没有充分证据证明其另行主张的维修费用，也未申请重新鉴定或补充鉴定，应当采信鉴定意见。以（2021）冀10民终1556号案件为例，法院认为：发包人在二审庭审中认可报告中罗列的50处质量问题与12项维修方案并非一一对应，且其在一审中并未书面申请重新鉴定或者补充鉴定，故鉴定单位出具的维修方案应系对全部质量问题出具的维修方案；发包人另主张的维修费用系根据其单方给出的维修方案作出，无事实及法律依据，未予认定并无不当。

支持当事人主张金额的理由一般包括：

第一，修复费用已实际发生，且没有新的修复事实发生的，应按照实际发生的修复费用予以承担。以（2016）辽民终812号案件为例，法院认为：发包人申请法院委托鉴定单位进行修复造价鉴定时，发包人已将工程交付购房人使用，在鉴定单位出具鉴定报告前，工程已经验收合格，鉴定期间并无返工重建的事实发生，鉴定结论缺乏事实依据，不能作为认定维修费用的证据使用；且发包人就遗留的土建、装饰、水暖、电气、消防及其维修工程分别签订了包死价的施工合同，两份合同维修费用与鉴定单位出具的返工重建维修工程造价鉴定结论相差巨大；综合本案证据，按照发包人与其他单位合同约定的维修价款予以支持。

第二，当事人实际支出的修复费用低于鉴定单位出具的维修造价，应当以其实际支出为限要求承担维修责任。以（2018）苏13民终4712号案件为例，法院认为：在一审司法鉴定过程中，发包人为防止损失进一步扩大，于2017年5月另行委托第三方施工单位对案涉屋面防水进行翻新，并于2017年6月6日竣工验收合格；因发包人实际花费的修复费用低于鉴定单位作出的修复造价，故发包人应当以其实际支出为限要求承包人承担保修责任。

2.3 基层、底基层、垫层厚度不符合要求

【名词解释】

基层、底基层、垫层厚度不符合要求一般是指基层、底基层、垫层厚度不符合规范或设计要求，可能影响承载、排水、防冻等功能的情况。

【规范条文】

《公路沥青路面设计规范》JTG D50—2017

4.4.5 不同材料基层和底基层厚度宜符合表4.4.5的规定。

基层和底基层厚度　　　　　　　　　　　　　　表4.4.5

材料种类	集料公称最大粒径（mm）	厚度（mm），不小于
密级配沥青碎石 半开级配沥青碎石 开级配沥青碎石	19.0	50
	26.5	80
	31.5	100
	37.5	120
沥青贯入碎石	—	40
贫混凝土	31.5	120
无机结合料稳定类	19.0、26.5、31.5、37.5	150
	53.0	180
级配碎石 级配砾石 未筛分碎石、天然砂砾	26.5、31.5、37.5	100
	53.0	120
填隙碎石	37.5	75
	53.0	100
	63.0	120

4.5.4 不同粒径沥青混合料的层厚应符合表4.5.4的规定。

不同粒径沥青混合料层厚   表4.5.4

沥青混合料类型	以下集料公称最大粒径沥青混合料的层厚（mm），不小于					
	4.75	9.5	13.2	16.0	19.0	26.5
连续级配沥青混合料	15	25	35	40	50	75
沥青玛蹄脂碎石	—	30	40	50	60	—
开级配沥青混合料	—	20	25	30	—	—

《城镇道路路面设计规范》CJJ 169—2012

4.2.3 排水垫层应与边缘排水系统相连接，厚度宜大于150mm，宽度不宜小于基层底面的宽度。

4.3.2 基层类型宜根据交通等级按表4.3.2-1选用，各类基层最小厚度应符合表4.3.2-2的规定。

适宜各交通等级的基层类型   表4.3.2-1

交通等级	基层类型
特重	贫混凝土、碾压混凝土、水泥稳定粒料、石灰粉煤灰稳定粒料、水泥粉煤灰稳定粒料
重	水泥稳定粒料、沥青稳定碎石基层、石灰粉煤灰稳定粒料、水泥粉煤灰稳定粒料
中或轻	沥青稳定碎石基层、水泥稳定类、石灰稳定类、水泥粉煤灰稳定类、石灰粉煤灰稳定类或级配粒料基层

各类基层最小厚度   表4.3.2-2

基层类型		最小厚度（mm）
刚性基层	贫混凝土或碾压混凝土基层	150
	多孔混凝土排水基层	150
半刚性基层	水泥稳定类基层	150
	石灰稳定类基层	150
	水泥粉煤灰稳定类基层	150
	石灰粉煤灰稳定类基层	150
柔性基层	沥青稳定碎石基层（ATB） ATB-25	80
	ATB-30	90
	ATB-40	120
	半开级配沥青碎石基层（AM） AM-25	80
	AM-40	120
	沥青稳定碎石排水基层（ATPB） ATPB-25	80
	ATPB-30	90

续表

基层类型		最小厚度（mm）
柔性基层	沥青稳定碎石排水基层（ATPB） ATPB-40	120
	级配碎石	80
	级配砾石	80

问题19： 一审对质量鉴定报告未予采信，二审还可能采信吗？

【判决出处】

法院：黑龙江省高级人民法院

案号：（2018）黑民终492号

名称：甲公司、乙分公司等建设工程施工合同纠纷案

【案情概况】

2012年7月14日，甲公司与乙分公司就道路工程签订《建设工程施工合同》。双方约定：承包方式为包工包料；结算方式为按甲、乙双方最终核定的工程决算；施工标准为《城镇道路工程施工与质量验收规范》CJJ 1—2008。

2012年8月27日，甲公司与乙分公司就某综合管网（给水、污水、雨水、消防、电力）工程签订《建设工程施工合同》。双方约定：承包方式为包工包料；结算方式为按甲、乙双方最终核定的工程决算。

2013年5月，甲公司与乙分公司就某围栏施工工程签订《围栏施工合同》。双方约定：承包方式为包工包料包机械；工程价款：一次性包定380万元；工期为60天（东侧围栏不在此工期内）。

工程各分项在未签订施工合同前，乙分公司等已组织施工队伍进入现场，并投入施工。道路、综合管网等是边施工边签订的合同，而围栏工程是在施工后签订的合同。

上述工程于2012年10月末全部完工，甲公司接收并投入使用。

2011年10月20日，甲公司现场负责人出具了一份关于道路工程施工的承诺书，内容为："应甲公司要求，施工方进行道路工程沥青混凝土部分施工，由于10月20日以后进行沥青混凝土摊铺，室外温度低，满足不了施工的基本要求，无法保证工程质量，如果工程出现质量问题，施工方不承担任何责任，全部由甲公司负

责，特此说明。"

该承诺书可以理解为甲公司明知现场情况可能不满足施工条件，却要求施工方进行沥青混凝土摊铺工作，并承诺如出现了质量问题，由甲公司负责。这成为后续划分责任时需要考虑的关键事实情况之一。

2013年10月7日，甲公司在已接收使用全部施工工程后，单方委托丙公司对雨污水、给水排水、消防管线及新修沥青路面质量是否符合设计要求进行检测。甲公司在做新建沥青路面地质雷达检测及管线检测时没有通知乙分公司等参加，其所提供的工程资料、图纸等未经施工方认可。

在建设工程质量纠纷案件中，当事人单方聘请专业机构对工程质量进行检测的情况是较为常见的。一般而言，如果存在检测依据材料未得到其他相关方的确认、检测过程其他相关方未参与、检测结论未得到其他相关方认可等情况，则单方聘请专业机构所出具的检测结论较难被直接采信作为认定案件基本事实的依据。虽然单方检测结论较难被直接采信，但并不代表其在争议解决过程中没有意义，可以关注单方检测结论的以下作用：

第一，可以较为系统、完整地体现工程质量问题。工程质量问题涉及各类型的专业知识，有的问题通过表象难以确定，有的问题通过肉眼观察难以定性和定量，聘请专业机构进行检测可以更系统和全面地发现问题，有利于明确诉讼请求、固定证据材料。

第二，可以作为依据进一步厘清维修方案和相应费用。工程质量之诉的关键点常在于维修和赔偿，有了关于质量问题的检测报告后，当事人可以此作为主要依据之一，由专业机构有针对性地出具维修方案，计算维修费用。

第三，可以作为各方和解、法庭调解的依据。有一定数量的建设工程纠纷以和解、调解形式结案，检测报告以及维修方案等可以作为各方当事人进行和解、调解的依据，避免了因没有相应材料导致和解、调解不成的情况。

在此需要指出的是，即使是单方面聘请专业机构出具工程质量检测报告，仍应注意检测报告的形式和内容符合一定的要求。比如陕西省住房和城乡建设厅于2024年6月21日发布了《关于印发〈陕西省建设工程质量检测报告格式及编写指南〉的通知》(陕建发〔2024〕98号),对于当地建设工程质量检测报告的格式和内容作了明确的要求。

后甲公司向法院起诉,诉讼请求包括要求解除《建设工程施工合同》、乙分公司返还多支付的工程款、对鉴定中工程不符合设计要求部分进行返修至质量合格等。

乙分公司等则提起反诉,反诉请求包括要求甲公司支付工程款等。

【鉴定情况】

2017年6月20日,丁公司作出《沥青混凝土道路、综合管网工程、围栏工程质量及工程量司法鉴定意见书》,分析说明为:①未见到该工程施工单位应提供的施工内业资料,其实物现状工程质量未达到国家《建筑工程施工质量统一验收标准》第5.0.3-1条、第5.0.3-2条关于"分部(子分部)工程所含分项工程的质量均应验收合格""质量控制资料应完整"的规定要求。本次鉴定是依据国家有关建筑规范、标准、委托方提供的设计图纸及鉴定要求并结合现场实物现状进行的。②经现场对道路沥青路面层、水泥稳定砂层、天然级配砂层进行解剖、检查、检测、勘验,其检测结果为A区沥青混凝土面层厚度平均值为82mm,不满足设计要求;A区水泥稳定砂砾层厚度+天然级配砂层厚度平均值为250mm,不满足设计要求;B区水泥稳定砂砾层厚度+天然级配砂层厚度平均值为481mm,不满足设计要求。③经现场抽样检测并查验设计图纸,级配砂砾层(20cm、30cm厚),其砂含泥量、颗粒范围不满足标准要求(详见后附砂试验报告)。④经现场检查、检测、勘验,围栏实物现状情况与申请方提供的围栏图纸不相符合。

鉴定意见为:道路、综合管网、围栏工程质量实物现状为:①沥青混凝土道路工程。a.路面沥青面层厚度:A区沥青混凝土面层厚度平均值不满足设计要求;B区沥青混凝土面层厚度平均值满足设计要求。b.水稳砂砾层厚度:A区、B区水稳砂砾层厚度平均值不满足设计要求。c.路面多处有路基塌陷情况:沥青混凝土局部路面存在下凹、形变现象。d.底基层砂层:底基层砂层含泥量、颗粒范围不满足标准要求。②综合管网安装工程。a.综合管网走向:WA1~W3实际位置向北侧平移约60m(与施工图纸相比较)。b.实测综合管网管径情况:YAI~Y2段(DN300)……W68~W69段(DN300)。c.排水管内管壁钢衬设置:Y99井DN700波纹排水管无钢衬。

2019年11月30日，丁公司作出《沥青混凝土道路、综合管网工程维修费用司法鉴定补充意见书》，载明的预计修复费用为：①沥青混凝土道路工程预计的修复费用为5452108.25元，其中：A.沥青混凝土面层修复费用为3241166.12元；B.水泥稳定碎石基层修复费用为2050424.39元；C.水泥稳定砂砾基层修复费用为160517.74元。②综合管网工程预计的修复费用为1499812.22元。③Y99井DN700波纹排水管道预计的修复费用为56293.31元。

律师点评

本案当中，对于工程质量的鉴定意见是在一审阶段出具，对于维修费用的鉴定意见是在二审阶段出具。之所以对于维修费用的鉴定意见未在一审阶段一并出具，有两方面可以予以关注：一方面，当事人是否在一审阶段对维修费用提出了鉴定申请；另一方面，对于工程质量的鉴定意见在一审阶段是否被采信，如果未被采信，则以此为前提的维修费用鉴定有没有继续开展的必要性。由此可见，工程质量鉴定意见和维修费用鉴定意见分别在一、二审阶段出具，也是一、二审裁判思路有所区别的具体体现。

【一审阶段法院观点】

关于甲公司提出工程质量不合格，要求予以返修的问题。

首先，甲公司提出工程质量不合格的依据是在本案诉讼之前，由其单方委托丙公司作出的雨污水、给水排水、消防管线及新修沥青路面质量是否符合设计要求的两份检测报告。而甲公司没有提供证据证实丙公司具备司法鉴定资质，也没有证据证明该检测行为属于公司的经营业务范围和法定的经营活动，更不具备有法定资质的鉴定人员的签字盖章及资格证明，故其所出具的检测报告不能作为本案的有效诉讼证据予以采信。另外，甲公司对上述工程委托检测时没有通知施工方，所提供的合同、图纸及相关工程资料没有经过施工方确认；现场检测时也没有邀请施工方到场，其检测的数据、材料及其采取的检测依据未征求施工方的意见，未经施工方认可。该检测机构对双方在实际施工中发生的具体情况并没有进行全面了解，因此，丙公司作出的检测报告不具备合理性和科学性，不能采信。

其次，甲公司在本案诉讼中，坚持要求对道路及综合管网的工程质量、围栏工程量及工程质量作出司法鉴定，在一审法院释明其该鉴定申请不符合法律规定、不具备鉴定条件的情况下，甲公司仍坚决要求鉴定。本案涉及的建设工程是施工方先行进入现场施工，通过双方提供的施工签证和其他建设施工文件均可证明双方是后签订的建设工程施工合同，而且甲公司没有证据证实在施工前已提交了施工图纸。因此，不能排除施工单位按照建设单位现场要求进行施工的实际情况。根据乙分公司等提供的有甲公司盖章或现场负责人签字的经济签证、承诺书等证据，可以认定施工单位是按照建设单位的要求、提供的材料进行了施工。而鉴定却是按合同和图纸作出的，所以丁公司作出的鉴定意见书不符合实际施工情况，不具备合理性，亦不予采信。

最后，该工程在未经验收的情况下，甲公司就已接收并使用，到鉴定时已使用五年，根据《最高人民法院关于审理建设工程施工合同纠纷案件适用法律问题的解释》第十三条："建设工程未经竣工验收，发包人擅自使用后，又以使用部分质量不符合约定为由主张权利的，不予支持"的规定，甲公司对未经竣工验收的工程先行擅自使用，故其主张案涉工程质量不合格，要求予以返修的请求，没有法律根据，且证据不足，不予支持。

【二审阶段法院观点】

诉讼前，甲公司单方委托丙公司对案涉工程进行检测，形成了两份检测报告，意在证实工程存在质量问题。由于前述报告未附鉴定机构、鉴定人员的相关资格，甲公司未举示鉴定人员资质证书，至今仅向本院提交了网上下载的丙公司的《质量管理体系认证证书》《地质勘察资质证书》，且该证书均注明"本扫描件仅限于网站展示之用，它用无效"，故甲公司举示的前述报告不具备有效证据的要件，其据此主张案涉工程存在质量问题，本院不予支持。

根据甲公司申请，一审法院委托丁公司对质量问题进行司法鉴定，丁公司出具了《沥青混凝土道路、综合管网、围栏工程质量及工程量司法鉴定意见书》，分析说明工程质量未达到《建筑工程施工质量统一验收标准》的规定要求，确定了A区沥青混凝土面层厚度平均值不满足设计要求，A区、B区水稳砂砾层厚度平均值不满足设计要求，底基层砂层含泥量、颗粒范围不满足标准要求，Y99井DN700波纹排水管无钢衬等质量问题。综合分析双方当事人关于质量问题所举示的证据，由于甲公司的工作人员已经出具《承诺书》，承诺室外低温铺设沥青混凝土的质量责任由其承担，故沥青混凝土面层修复费用3241166.12元应由甲公司自行承担。

除沥青混凝土之外的道路基层工程施工中，作为专业的施工单位，无论发包人是否出具正式的图纸，其均应按照专业规范的要求施工合格的工程，经鉴定机构确认A区、B区水泥稳定砂砾层厚度、天然级配砂层厚度平均值均不满足设计要求，级配砂砾层的颗粒范围等不满足标准要求，作为工程基础部分的质量问题，不应以甲公司使用为由免除施工方的维修责任，故该费用应由施工方承担。

律师点评　一审法院对甲公司关于工程质量不合格、要求施工方承担责任的请求未予支持，主要理由包括：第一，关于甲公司单方委托出具的两份检测报告，甲公司未能就出具检测报告的单位是否具备司法鉴定资质等事项举证证实，检测过程也未通知施工方参与或征求施工方意见；第二，关于一审阶段工程质量鉴定报告，施工方先行进场施工，按照建设单位要求、提供材料进行施工，但鉴定的依据是合同和图纸，不符合实际情况，不具备合理性；第三，工程在未经验收的情况下即已使用，根据相关规定，未经竣工验收即擅自使用，再主张工程质量问题不应予以支持。

二审法院则认为施工方应就工程质量问题承担相应责任，其改判理由主要从两方面作了阐述：一方面，施工方作为专业的施工单位，无论施工时发包人是否已提供正式图纸，其均应按照要求进行施工，但据鉴定报告，工程并未达到规范、标准的规定要求；另一方面，水泥稳定砂砾层厚度不满足设计要求等属于工程基础的质量问题，即使在未竣工验收的情况下投入使用，并不能以此免除施工方依法应承担的责任。

【本案小结】

本案一审阶段，发包人已申请对工程进行质量鉴定，鉴定单位亦出具了鉴定意见，但未被采信。而在二审阶段，法院则对是否应采信一审阶段所出具的工程质量鉴定意见重新作了考虑，并且鉴定单位还就维修费用作了补充鉴定。由于建设工程质量纠纷的专业性，鉴定单位的意见在认定事实和划分责任时常起到较为关键的作用，未予采信的情况相对较少，一审未予采信二审又予以采信的情况则是更少，本案即是一例。当然，本案并非孤例，其他案件中也出现过类似的情形：

以（2020）豫09民终2453号案件为例，该案一审阶段［案号：（2019）豫0927民初3323号］记录有"一审法院以鉴定机构是按照《竣工设计说明书》作为鉴定依据错误以及施工完毕后地表状态发生改变为由，对第80号鉴定意见书的第1项、第80-1号鉴定意见书的第1项不予采用"，对此二审法院认为：一审法院委托鉴定程序合法，鉴定机构及鉴定人员具备鉴定资质，张某未提交证据证明鉴定程序严重违法以及鉴定意见明显依据不足的情形，亦未提供相反证据推翻上述鉴定意见，且工程质量、工程造价以及是否需要修复均涉及技术标准和专业知识，某工程咨询有限公司依据相关技术标准及工程造价依据出具的鉴定意见书应当予以采信，可以作为认定本案工程质量和修复价款的依据。

又以（2020）鲁08民终2216号案件为例，一审法院认为：因原被告就某质量检测站出具的鉴定意见均有异议，故法院向某质量检测站邮寄送达出庭通知书，要求鉴定人出庭接受质询；某质量检测站在开庭日期委派鉴定人陈某、康某庭接受质询，但对于鉴定意见中原告提出的异议问题并未作出详细、明确且专业性的回答，无法排除对其作出的鉴定意见中的合理怀疑，故某质量检测站作出的鉴定报告不能作为定案的依据。二审法院则认为：某质量检测站及鉴定人员具备相关鉴定资格，鉴定程序合法，某公司虽对该鉴定结论提出异议，但未申请重新鉴定；某公司对其诉讼请求所依据的事实负有举证责任，不申请重新鉴定，应承担相应的不利后果；故某质量检测站作出的鉴定结论具有证明力。

由本案和前述（2020）豫09民终2453号案件、（2020）鲁08民终2216号案件可知，一审阶段对于鉴定意见未予采信的原因包括了鉴定依据错误、现场情况变化、鉴定人员回复不具备专业性等，二审阶段予以纠正的理由包括了鉴定依据相关法规和规范、鉴定资质（资格）符合规定、鉴定程序合法、未举证证明相应主张、未申请重新鉴定等，可供我们在处理类似案件时作为参考。

问题20：以临时工程质量问题为由拒付工程款能否成立？

【判决出处】

法院：甘肃省庆阳市环县人民法院

案号：（2021）甘1022民初482号

名称：甲公司、乙公司建设工程施工合同纠纷案

【案情概况】

2018年2月25日，甲公司召开某矿基本建设会议并形成会议纪要，决定由乙公司负责某矿临时运煤道路工程施工；工程量以三方现场验收为准，工程预算依据某省建筑与装饰工程预算定额和某省建筑安装工程费用定额。合同价格包括土方的挖、装、运、平整、洒水、碾压等，不包括购买土方价格，施工完毕后预留

10%质保金，保修期一年，工期为15天。

乙公司2018年2月28日开始进场施工，2018年4月18日施工完毕。

2018年4月下旬，工程监理单位、甲公司基建管理办公室等对工程进行现场验收并出具了《零星工程验收核定单》(土建)，同时交付甲公司投入使用。甲、乙两公司未签订施工合同。后乙公司向甲公司催要工程款未果诉至法院，诉请包括要求甲公司支付工程款，并承担诉讼费。

甲公司辩称，乙公司所述为甲公司修建临时运煤道路工程的情况属实，但该工程只是在原有道路上修建，且乙公司修建的工程道路不合格。甲公司要求砂砾层和夯土层分别要达到20cm，砂砾层的压实度应当达到95%。但乙公司的砂砾层仅为9.2～15cm，不符合工程要求。

案件审理过程中经乙公司申请，法院委托丙公司对上述工程造价进行鉴定，2021年6月10日，丙公司出具价鉴（2021）第223号鉴定意见书，鉴定结果为：某矿临时运煤道路工程造价鉴定金额162.72万元，收取鉴定费用44325.34元。

乙公司在开庭审理过程中申请了具有专门知识的人出庭作证，并作出了一份工程决算书，决算该工程造价为3664763.4元。

律师点评

本案审理过程中，乙公司申请了具有专门知识的人出庭作证。具有专门知识的人也常被称为专家辅助人，《民事诉讼法》第八十二条规定："当事人可以申请人民法院通知有专门知识的人出庭，就鉴定人作出的鉴定意见或者专业问题提出意见。"

至于具有专门知识的人所提出的意见，并没有在《民事诉讼法》中被专门列为一种证据类型，《最高人民法院关于适用〈中华人民共和国民事诉讼法〉的解释》第一百二十二条第二款则规定："具有专门知识的人在法庭上就专业问题提出的意见，视为当事人的陈述。"以此而言，根据《民事诉讼法》第七十八条第一款"人民法院对当事人的陈述，应当结合本案的其他证据，审查确定能否作为认定事实的根据"的规定，对于有专门知识的人就鉴定意见、专业问题提出的意见，也应当结合案件其他证据，才能作为认定案件事实的根据。

本案中乙公司申请出庭的具有专门知识的人还作出了一份工程决算书，可以理解为出具了书面意见。关于具有专门知识的人或专家辅助人所出具的书面意见，《江苏省高级人民法院建设工程施工合同纠纷案件司法鉴定操作规程》第二十三条规定："当事人向人民法院提交专业机构或专家辅助人就鉴定问题出具的书面意见，对方当事人提出异议的，人民法院应当要求当事人申请该专业机构或相关人员出庭陈述相关专业意见，当事人不申请或相关人员拒不出庭的，人民法院对该书面意见不予采信。"虽然前述操作规程目前已废止，但我们仍然建议，具有专门知识的人或专家辅助人即使出具了书面意见，也应尽可能出庭。

法院依职权传唤丙公司两名鉴定人出庭接受询问。双方争议主要焦点为：①土方回填按照人工回填还是机械回填标准计算；②工程属于大规模土方工程还是三类建设工程。

律师点评 《民事诉讼法》第八十一条规定："当事人对鉴定意见有异议或者人民法院认为鉴定人有必要出庭的，鉴定人应当出庭作证。经人民法院通知，鉴定人拒不出庭作证的，鉴定意见不得作为认定事实的根据；支付鉴定费用的当事人可以要求返还鉴定费用。"就本案而言，乙公司显然对丙公司所出具的鉴定意见持有异议，鉴定人出庭接受询问本是题中应有之义。

乙公司向法院提出重新鉴定申请。法院经审查后同意乙公司的重新鉴定申请，委托丁公司分公司进行了重新鉴定，并于2021年12月2日作出鉴字（2021）第035号司法鉴定报告，鉴定结果：甲、乙两公司合同纠纷一案案涉工程造价为3243769.04元，收取鉴定费用43886.48元。

律师点评 《最高人民法院关于民事诉讼证据的若干规定》第四十条第一款规定："当事人申请重新鉴定，存在下列情形之一的，人民法院应当准许：（一）鉴定人不具备相应资格的；（二）鉴定程序严重违法的；（三）鉴定意见明显依据不足的；（四）鉴定意见不能作为证据使用的其他情形。"第三款又规定："对鉴定意见的瑕疵，可以通过补正、补充鉴定或者补充质证、重新质证等方法解决的，人民法院不予准许重新鉴定的申请。"本案当中丙公司所出具的鉴定意见和乙公司申请具有专门知识的人作出的工程决算书金额相差悬殊，根源则在于回填标准、工程分类等计算依据并不相同，这种情况已不能仅仅通过补正、补充鉴定等方式来解决。实际上，丁公司重新鉴定所出具的鉴定意见与之前丙公司的鉴定意见也存在较大差距，而与乙公司申请具有专门知识的人作出的工程决算书较为接近，这成为法院判断基本事实情况的重要依据之一。

甲公司则认为丁公司分公司的鉴定人资质、鉴定资格均违法，鉴定结论属于非法证据。甲公司同意按照丙公司的鉴定结果向乙公司支付工程款1627194.88元。

【一审阶段法院观点】

关于建设工程费用的数额问题，本院认为：首先，从大规模土方工程的定义"一个单位工程"来看，案涉工程需要单独进行三处土石填方、四次土石挖方，分别独立进行，不应当被视为"一个单位工程"。其次，案涉工程需要填方的地点属黄土高原地形下的天然沟壑，丁公司的先由人工回填至场地平整再用机械进行回填作业的回填方案更切合施工实际需要；丙公司的全部采用机械回填的方案在实际施工中可操作性不强。最后，从乙公司主张的374万余元及甲公司在应诉后提交的309万余元的参考造价来看，丁公司分公司的鉴定结论更接近甲、乙两公司在合同缔约过程中的预期。综上，案涉工程的造价应当采信丁公司分公司的鉴定结论。乙公司主张的工程款数额确定为3243769.04元。

律师点评

乙公司所申请具有专门知识的人在本案当中发挥了较为重要的作用。由于建设工程的专业性，申请具有专门知识的人出庭在建设工程类纠纷当中较为常见，相关意见得到采纳的情况也不乏其例。

例如在（2022）鲁0124民初154号案件中，法院认为：黄某作为发包人申请的专家辅助人员出庭，在庭审中提交了有关案涉工程量及工程价款的书面意见；鉴于发包人认可其所申请的专家辅助人员出具的书面意见中关于挂网喷浆、土钉的工程造价数额，在承包人无充分证据证实其主张的工程量属实，且不同意采用破坏性鉴定方法进行补充鉴定的情况下，以发包人自认的数额，认定案涉挂网喷浆、土钉的工程造价。

又例如在（2023）鲁0321民初2757号案件中，法院认为：承包人申请的专家辅助人宋某在其提交的报告分析中，亦载明混凝土表观质量问题主要原因为混凝土原料质量，次要原因为施工原因；结合鉴定报告和专家辅助人意见，可以认定承包人在具体施工过程中存有施工方面的质量问题。

关于甲公司主张的丁公司的鉴定机构及鉴定人资格问题。经审查，该份鉴定意见书虽系丁公司分公司出具，但鉴定人李某某、马某某、张某某均系丁公司的鉴定人，该公司也具备案涉的工程造价甲级资质，其分公司亦系上级法院网上鉴定平台所准许的鉴定机构，故对鉴定机构和鉴定人的资质予以采信。

甲公司辩称该工程未达到施工要求，属不合格工程。经审理查明，该工程系临时性工程，甲公司虽在施工时提出了工程相关技术要求，但又在随后验收时以实际完成情况予以验收并投入使用，甲公司亦未在质保期内提出质量不合格，故对甲公司的该主张，本院不予采信。

本案经审判委员会讨论决定，判决甲公司于本判决生效后30日内向乙公司支付工程款3243769.04元。

律师点评

《人民法院组织法》第三十七条规定："审判委员会履行下列职能：……（二）讨论决定重大、疑难、复杂案件的法律适用……"。关于审判委员会讨论的性质，最高人民法院（2015）民一终字第103号判决书指出：案件是否经审判委员会讨论属于人民法院内部工作程序，不属于《民事诉讼法》第一百七十条规定的严重违反法定程序的情形。

【本案小结】

本案当中，甲公司以临时工程存在质量问题作为抗辩乙公司工程款之诉的主要理由之一，但因未能充分举证等情况，其主张没有得到法院的支持。以行业外的一些思维定势而言，可能认为如果临时工程发生质量问题，当然由相应的施工单位承担责任，但实践中却不一定如此：

例如在（2018）辽民终499号案件中，一审法院认为：工程经修复后，符合使用条件，根据"修复后的建设工程经竣工验收合格，发包人请求承包人承担修复费用的，应予支持"的规定，承包人应向发包人支付相应的修复费用；由于无法区分承包人和发包人关于造成塌方事实的责任比例，认定由双方各自承担50%的责任。二审法院认为：一审认定的修复费用分配并无不当。

又例如在（2019）云25民终1823号案件中，一审法院认为：工程发生坍塌，经鉴定导致临时支护坍塌的原因包括自然天气及双方各自施工项目不符合要求等方面，对于分包人应承担次要责任即20%较为恰当。二审法院则认为：基于分包人的具体施工范围，酌定由其对此次坍塌承担30%的责任为宜，一审认定分包人仅承担20%的责任偏低，应予调整。

通过以上案例可以发现，如果临时工程存在质量问题，但经修复后竣工验收合格，发包人或总包人以工程质量问题拒付工程款的主张较难得到支持，通常的裁判思路是分别计算工程款和维修等费用，并按照各方责任对维修等费用进行划分，发包人（总包人）还需要向承包人（分包人）支付款项的金额为应付工程款扣减承包人应承担的维修等费用。就本案而言，案涉临时道路在验收时以实际完成情况予以验收并投入使用，甲公司亦未在质保期内提出质量不合格，这种情况下以所谓质量问题作为抗辩支付工程款的理由当然更加难以成立。

 问题21：在竣工图纸上盖章是否表示认可工程质量？

【判决出处】

法院：辽宁省沈阳市中级人民法院

案号：（2023）辽01民终19624号

名称：某局、乙公司建设工程施工合同纠纷案

【案情概况】

2019年5月9日，乙公司（承包人）与某局（发包人）通过招标投标程序签订《建设工程施工合同》，约定某局将某标段发包给乙公司施工，工程地点为某小区，工程内容包括外墙保温、涂料、屋面防水、楼梯间大门、单元门、窗更换、落水管及园区附属设施、新建道路及边石工程、绿化工程等。

乙公司施工完成后，某社区、监理单位和某局于2019年11月16日共同为其出具竣工验收单。案涉工程于验收当日交付使用。

发包人、监理单位等共同就案涉工程出具竣工验收单、案涉工程于验收当日交付使用等情况是诉讼过程中判断案涉工程质量情况的基本事实依据之一。

经某中心委托，丙公司于2021年12月29日作出《结算审核报告》，载明经现场勘察、逐项审核和内部复核等必要过程和程序，确定审核结果为5112560.96元。某局作为建设单位在造价审核定案单上盖章，确认案涉工程的审定金额为5112560.96元。上述《结算审核报告》载明防水工程的造价为288750.83元，其内附案涉工程竣工图纸《(某小区)竣工图》，均由某局盖章确认。

据《结算审核报告》，确定审核结果前经过了现场勘察等程序。现场勘察又可称为现场勘验，《建设工程造价鉴定规范》GB/T 51262—2017第4章第6节即为"现场勘验"，第4.6.1条规定："当事人（一方或多方）要求鉴定人对鉴定项目标的物进行现场勘验的，鉴定人应告知当事人向委托人提交书面申请，经委托人同意后并组织现场勘验，鉴定人应当参加。"第4.6.2条规定："鉴定人认为根据鉴定工作需要进行现场勘验时，鉴定机构应提请委托人同意并由委托人组织现场勘验。"

现场勘验是建设工程造价的重要程序之一，是否进行了现场勘验是判断造价咨询（审计、鉴定）报告能否被采信的重要依据之一。相关案例包括：

比如在（2023）辽01民终2845号案件中，法院认为：本案的争议焦点系第二次审计结果是否应予采纳；本案中，案涉工程经过两次审计，第一次审计的审计单位某工程造价咨询有限公司仅根据结算书和竣工图纸书面对工程量进行审计，没有进行现场踏勘，而在第二次审计过程中，某水务集团有限公司、监理单位、施工单位某建设工程有限公司均到工地进行现场踏勘，形成《现场勘测记录表》，某建设工程有限公司工作人员亦在记录表上签字，结合第一次审计单位某工程造价咨询有限公司出具说明认可第二次审计结果的事实，案涉工程结算价款应当以第二次审计结果为准。

又比如在（2021）粤03民终15659号案件中，法院认为：关于某公司主张应当以造价咨询公司出具的结算审核书作为结算的依据；本案造价咨询公司出具的结算审核说明中列明的结算审核依据未提及该公司对工程进行了现场踏勘及测量，没有将书面资料与工程现场进行相应比对的证据，其审核结果缺乏客观性；且双方从未约定以该公司出具的结算审核书作为双方结算的依据；因此对该主张不予采纳。

后乙公司诉至法院，诉讼请求包括要求某局给付工程款592626.22元等。

本案诉讼中，为证明乙公司施工质量不合格的事实，某局向一审法院提供2023年8月11日丁公司和戊公司出具的《质量检测情况说明》，其上载明两家单位受某局委托，于2023年8月9日对某小区等市政工程进行原材料及工艺现场检测，主体部分现场将1m²的苯板拆除，道路部分现场人工挖到原土层，园区路面进行道路结构层厚度检测，采用的检测方式为取芯法。该情况说明对检测结果记录如下：

（1）某大街104-3号楼西墙检测结果为：①苯板实测厚度100mm（100mm）；②苯板胶泥不足40%（不低于40%）；③保温钉4个（每平方米不低于7个）。

（2）某大街104-13号楼西南人行道检测结果为：①路面砖75mm（设计未知）；②砂灰180mm（一般要求80mm）；③水稳层无（200mm）；④砂砾层无（200mm）。

（3）某南大街104-19号楼南侧检测结果为：面层厚度22mm单层，面层以下为旧有道路。

【一审阶段法院观点】

关于乙公司主张的质保金请求，根据合同约定，质保金为工程造价的5%，即255628.05元（5112560.96元×5%）。合同所附《建设工程质量保修书》约定，屋面防水工程、有防水要求的房间和外墙面防渗漏要求的工程质保期为5年，其余施工内容的质保期为2年。案涉工程于2019年11月16日验收合格，截至目前，除防水工程5年质保期未满外，其余施工内容的2年质保期均已届满，某局应返还除防水工程外其他施工内容的质保金。

律师点评　　一审阶段对于质保金作了区分处理，除了合同所附《建设工程质量保修书》约定防水工程质保期为5年未届满之外，其余施工内容的质保金均被认为应予返还。前述裁判思路在其他类似案件中也可能被采用。比如在（2020）最高法民申1873号案件中，法院认为：本案中，案涉工程虽未进行竣工结算，但因中途退场，已于2016年10月1日将案涉工程交付于某公司，二审法院从该日起计算相应的工程保修期并无不当；至本案诉讼时……2年保修期已满，防水保修期5年尚未期满，故……防水所占的0.1%的质量保证金应予扣留，其余1.9%的质量保证金应予退还。

关于某局以工程质量不合格为由，提出拒绝支付乙公司诉请全部工程价款的主张……丙公司出具的《结算审核报告》中载明，该公司在进行结算审核时进行了现场勘察，且《结算审核报告》内附竣工图上亦有某局盖章确认，说明该公司和某局均认可乙公司系按照竣工图纸上载明的技术参数进行施工。案涉工程于2019年11月16日经验收合格并实际交付使用，距离《质量检测情况说明》中载明的检测时间（2023年8月9日）已近4年，故难以认定时隔近4年之久的检测数据为当年乙公司施工的原貌。因此，某局以该份《质量检测情况说明》不足以推翻其曾在竣工图纸上盖章确认的效力，也不足以反驳丙公司现场勘察结果的效力。一审法院对于某局该份《质量检测情况说明》不予采信，对某局据此提出的抗辩主张不予支持。

【二审阶段法院观点】

某局的上诉请求不能成立，应予驳回；一审判决认定事实清楚，适用法律正确，应予维持。

【本案小结】

本案当中，某局主张乙公司施工质量不合格、拒付乙公司诉请工程款的主张并未得到法院支持，可以从以下方面进行考虑：一方面，乙公司施工完成后，某局、监理单位等共同出具了竣工验收单；另一方面，工程已实际交付使用多年，即使某局提供了由丁公司和戊公司出具的《质量检测情况说明》，也难以反映乙公司施工当时的原貌；并且，某局在丙公司出具的《结算审核报告》内附竣工图上进行了盖章，被认定为认可了乙公司系按图施工。

除本案之外，还有其他案件当中发包人对竣工图进行了盖章，被认定为认可了施工质量。以（2023）闽民申6858号案件为例，法院认为：2021年2月1日，某甲公司向某某村委会申请竣工验收，案涉工程监理单位在某甲公司提交的《验收申请报告》上出具同意验收的审核意见，某某村委会亦在该验收申请报告上盖章确认；设计单位、监理单位、建设单位、施工单位均在该验收报告上盖章确认案涉工程已竣工验收合格；上述事实可以证实案涉工程已于2021年2月1日通过竣工验收合格；至于某某村委会在案涉工程竣工验收报告、结算书、竣工图等材料上的签章行为是否经村民会议授权，并不能否定印章的真实性，某某村委会据此主张竣工验收报告等材料无效的理由缺乏依据，不能成立；因此，某某村委会主张案涉工程不符合竣工验收条件，实际未通过竣工验收，与已查明事实不符，一二审法院未支持其主张，并无不当。

在此需要指出的是，无论是本案，还是前述（2023）闽民申6858号案件，在判断工程是否按图施工、是否已通过竣工验收、工程质量是否合格等事项时，发包人在竣工图上进行签章当然是重要的考虑因素，但并非唯一的考虑因素。其他如监理单位是否已作出确认、工程是否投入使用等同样纳入了考虑范围。

通过本案，建议发包人如对工程质量持有异议，在对竣工图等材料签章时应抱有较为谨慎的态度，即使进行签章，也应同时列明现场存在的质量问题，以便于后续要求承包人进行维修或保修时有相应的依据。

 问题22：鉴定维修方案的费用较高应如何处理？

【判决出处】

法院：江苏省淮安市中级人民法院（原江苏省淮阴市中级人民法院）

案号：（2021）苏08民终2072号

名称：甲公司与乙公司建设工程施工合同纠纷案

【案情概况】

甲公司系案涉工程的发包方，乙公司系案涉工程的承包方。2013年6月，甲公司（甲方）与乙公司（乙方）签订《施工合同书》，约定施工范围包括道路工程等。

合同签订后乙公司按照合同约定组织人员进行施工。乙公司于2017年5月14日制作《结算总价》，其认为结算总价款为1859002.21元，并有2016年12月1日工程签证单（编号：2016111807，内容：道路施工）等材料以证明所完成的工程量。

后乙公司诉至法院，诉讼请求包括判决甲公司给付工程款及利息并承担诉讼费、鉴定费。甲公司则提起反诉，反诉请求包括判决乙公司承担工程质量维修费等费用。

案件审理过程中，双方当事人于2018年7月9日一致同意：解除施工合同，未做部分不再进行施工，并按照工程签证单对乙公司工程量进行造价结算。另外，对于合同的解除，双方均陈述除了本案诉争工程价款、工程质量以及修复问题，并无其他因合同解除需要财产相互返还以及第三人权益保护的事项。

律师点评

本案双方当事人一致同意解除此前签订的施工合同。对于合同解除的法律后果，《民法典》第五百六十六条第一款规定："合同解除后，尚未履行的，终止履行；已经履行的，根据履行情况和合同性质，当事人可以请求恢复原状或者采取其他补救措施，并有权请求赔偿损失。"第二款规定："合同因违约解除的，解除权人可以请求违约方承担违约责任，但是当事人另有约定的除外。"

具体到建设工程施工合同，如果施工过程中各方均有解除合同的意向，在洽商过程中建议可以对以下事项予以关注：

第一，对于已完工程量及工程质量的确认。应尽可能由发包人、承包人、监理单位等各责任方共同就已完成工程量及工程质量进行核对、确认。如果存在拒绝配合核对、确认的情况，也可以通过委托公证机构进行全程公证等途径保留现场情况。

第二，对于工作界面的区分和确认。如果发包人在合同解除后拟对于承包人未施工的部分委托其他单位继续进行施工的，应尽可能由发包人、原承包人、后续施工单位对原施工范围、后续施工范围、施工现场情况等事项进行核对、确认。

第三，对于违约金、损失赔偿等事项的确认。如果双方能够达成解除合意且明确了违约金、损失赔偿等事项如何处理的，则可以按约定进行处理。如果不能就违约金、损失赔偿等事项达成一致的，也可以尽可能先就其他事项达成一致，以尽可能缩小争议范围，避免诉累。

第四，对于质保金返还事项的确认。质保金是否返还也易引起双方争议，实践当中对此有不同的观点。《最高人民法院关于审理建设工程施工合同纠纷案件适用法律问题的解释（一）》第十七条第二款规定："发包人返还工程质量保证金后，不影响承包人根据合同约定或者法律规定履行工程保修义务。"我们认为以此作为依据，可以使双方就质保金返还达成一致的同时还能维护各自的合法权益。

【鉴定情况】

甲公司认为案涉工程的工程质量存在问题，向法院提起申请要求对乙公司所做工程的质量进行鉴定，乙公司没有异议，后法院依法委托丙公司对工程质量进行鉴定。2019年11月18日，丙公司出具《工程质量司法鉴定报告》，鉴定结果：①道路混凝土路面厚度、强度、基层和垫层。根据《城镇道路工程施工与质量验收规范》CJJ 1—2008第10.8.1条中"混凝土面层厚度应符合设计规定，允许误差为±5mm"的要求，本工程混凝土面层设计厚度180mm，在本次检验中5处混凝土路面厚度，仅有10号楼北侧钻取的点符合要求，其余4处均不符合设计要求。在量取厚度点附近1m范围内取出的5个路面混凝土抗压强度试件，经检验，其中8号、9号楼之间取出的混凝土芯样试件抗压强度值为29.8MPa不符合设计值C30的要求，其余4处均符合设计值C30的要求。根据《城镇道路工程施工与质量验收规范》CJJ 1—2008第7.8.3条的要求，砾石路基厚度允许偏差为（+20mm，−10%层厚），而路基设计厚度100mm，垫层设计厚度200mm，在检验的5个路基测点中7号楼西南侧路基测点厚度满足设计要求，其余4个测点不符合设计要求。共计5个路基测点处，均未见有灰土垫层，不符合设计要求。②小区非机动车位面层厚度和外观质量。在检验的12个停车位中有3个车位满足规范要求，其余9个车位不符合规范要求。③管道垫层。管道垫层设计图纸要求，管道基础采用120mm砂卵石垫层，现场检验发现未见有垫层，不符合设计要求。

《工程质量司法鉴定报告》出具后，甲公司向法院申请对案涉工程的工程质量问题维修方案进行鉴定，法院依法委托丁公司对案涉工程的工程质量问题维修方案进行鉴定，2020年7月6日丁公司出具《建设工程司法鉴定意见书》。

《建设工程司法鉴定意见书》出具后，甲公司向法院申请对案涉工程质量问题修复方案的造价进行鉴定，法院依法委托戊公司对案涉工程质量问题修复方案的造价进行鉴定，2020年10月15日，戊公司出具《工程造价鉴定意见书》，鉴定结论：竣工结算价485942.8元（除规费、税金等费用外，其中混凝土道路修复：383128.31元，非机动车停车位修复：20466元，管道修复：6908.97元）。

甲公司对上述鉴定意见无异议，乙公司对鉴定意见不予认可，认为案涉工程不存在质量问题，……没有图纸，只是按照甲公司的要求进行施工的，而且案涉道路有甲公司的工程重载车辆在该道路上通过，导致路面毁损，该道路毁损的直接原因是因为车辆通过造成的。

一审法院又依法向某分行、某工程建设管理有限公司咨询，该两公司共同认为案涉工程质量问题修复方案鉴定意见书是以满足原设计图纸为修复目标，包含对建成项目全部拆除并重新建设，以此为目标得出的质量问题修复造价超过了本身建设的造价。对于非机动车停车位出现裂缝、塌陷、起砂现象，构造不符合设计要求的问题，该项必须拆除重建，此项费用为20466元×1.1837=24225.6元，此费用应在施工方的工程造价中扣除；对于工程道路混凝土路面厚度、碎石、垫层、石灰土垫层厚度均不满足设计要求问题，在不影响安全和主要使用功能的情况下，可以通过修补加以修复，通常做法是在原道路面层上铺设沥青面层，铺设沥青包含对原道路路面的面层处理和沥青面层加铺等工序，根据当时当地市场价每平方米50～60元，修复造价鉴定意见书中需要修复部位的路面面积为1999平方米，但根据造价鉴定意见书中第2页及照片显示，有的部位道路是半幅损坏，为了安全使用及外观，一般宜进行整幅路面摊铺，其整铺的面积可以通过现场丈量确定；对于管道未见垫层问题，如结算造价鉴定意见书中没有计算此项费用，则无须扣除。

后根据案件审理需要，法院向戊公司发函要求再次对案涉工程道路勘察现场，戊公司于2021年3月1日出具《工程造价鉴定意见书》，结论为：新的修复方案是在原有混凝土道路上增铺一层沥青混凝土，是对原修复方案的补充，含税鉴定总造价为119238.95元，最终采用哪种修复方案由法院裁定。

律师点评　本案的鉴定工作主要步骤包括：第一，对包括道路在内的案涉工程是否存在质量问题进行鉴定；第二，根据质量问题出具修复方案；第三，对修复方案进行造价评估，计算出具体的修复费用金额；第四，法院就前述鉴定工作等情况依法进行咨询；第五，法院在咨询后发函要求修复方案造价鉴定单位再次勘察现场；第六，修复方案造价鉴定单位以新的修复方案等作为依据另外进行造价评估，出具意见，和原有造价评估意见一并供法院裁决。前述鉴定工作步骤可供参考、借鉴。

【一审阶段法院观点】

首先，对于工程质量问题。法院依法委托丙公司对案涉工程的质量问题进行鉴定，鉴定结论表明道路混凝土路面厚度、强度、基层垫层以及小区非机动车停车位面层厚度、外观质量不符合设计要求，表明存在质量问题，且系乙公司施工原因所致。

其次，对于修复方案问题。按照丁公司出具的修复方案，其中道路修复要求铲除案涉工程不符合设计要求的路面至地面路基，按原设计做法重做路面面层。但按照该修复方案出具的修复造价意见，该道路修复成本过高，修复造价甚至超过了本身建设的造价，而且目前该道路已经交付小区业主实际使用多年，全部铲除路面与路基不具有经济性，案涉工程道路修复应以达到安全使用目的为宜，故法院对某分行、某工程建设管理有限公司的咨询意见予以采纳。

再次，对于修复工程的造价问题。根据咨询意见以及2021年3月1日的《工程造价鉴定意见书》的鉴定意见结论，其中非机动车停车位的修复造价为24225.6元，道路修复造价为119238.95元，合计143464.55元，乙公司应当给付。对于管道未见垫层问题，双方一致同意在工程造价中扣除，工程质量修复造价中不再计算。

最后，对于乙公司责任承担问题。根据《最高人民法院关于审理建设工程施工合同纠纷案件适用法律问题的解释（二）》（法释〔2018〕20号）第七条的规定，发包人在承包人提起的建设工程施工合同纠纷案件中，以建设工程质量不符合合同约定或者法律规定为由，就承包人支付违约金或者赔偿修理、返工、改建的合理费用等损失提出反诉的，人民法院可以合并审理。本案中，根据上述认定，乙公司施工工程存在施工质量问题，故甲公司反诉请求乙公司承担修复责任，应予支持。又因双方合同已经解除，根据《最高人民法院关于审理建设工程施工合同纠纷案件适用法律问题的解释》（法释〔2004〕14号）第十条第一款规定，建设工程施工合同解除后，已经完成的建设工程质量不合格的，参照本解释第三条规定处理。故对于乙公司完成的存在工程质量问题的部分，本应由乙公司继续修复，但因双方已丧失合作信任的基础，乙公司也拒绝继续履行修复义务，故对甲公司反诉要求乙公司承担质量不合格的工程修复费用，予以支持。

律师点评

　　戊公司根据丁公司所出具维修方案的造价评估金额约为40万元，已超过工程本身的造价金额，而根据某分行、某工程建设管理有限公司咨询意见的修复造价约为14万元，戊公司将两种方案提交法院裁决。法院综合考虑两种修复造价依据、道路使用情况、安全使用目的、经济性等情况，依法采纳了后一种维修造价作为乙公司承担质量责任的依据。

【二审阶段法院观点】

本案二审阶段维持了原一审判决。

【本案小结】

《民法典》第五百八十二条规定："履行不符合约定的，应当按照当事人的约定承担违约责任。对违约责任没有约定或者约定不明确，依据本法第五百一十条的规定仍不能确定的，受损害方根据标的性质以及损失的大小，可以合理选择请求对方承担修理、重作、更换、退货、减少价款或者报酬等违约责任。"因此，工程出现质量问题可以理解为履行不符合约定，承包人应依法向发包人承担违约责任。

工程质量修复造价鉴定能够为裁判者就违约责任的承担提供专业方面的意见，但在此需要着重指出的是，鉴定单位是依法就专门性问题运用科学技术或者专门知识进行鉴别、判断并提供鉴定意见，但不能取代裁判者作出判断。鉴定意见作为证据形式的一种，并不当然具备优先于其他证据类型的证明力，其是否具备证明力、具备多少证明力须经过法院的审查认定。只有经过法院认定后的鉴定意见，才有可能作为裁判的依据。具体到工程质量修复造价鉴定意见，法院会结合方案本身的科学性、经济上的合理性、操作上的可行性、方案范围的完整性等因素来综合进行考虑。就本案而言，第一次维修方案的造价评估金额超过了工程本身的造价金额，法院在经过咨询专业机构、要求造价评估单位再次勘察现场、根据咨询意见等重新进行造价评估等工作后，经综合考虑没有采纳第一次维修方案的造价评估金额作为乙公司承担责任的依据。

如果经鉴定单位造价评估所确定的修复金额较高，甚至于超过了工程造价，这种情况该如何处理呢？司法实践当中有支持、部分支持和不予支持三种情况。

在支持的案件当中，较为常见的理由包括：

第一，修复费用计价标准和修复方案并无问题，仅仅是计算出来的结果高于已完工程造价，不应认定鉴定方案不合理。以（2020）最高法民终337号案件为例，法院认为：首先，根据《已完工的防火、防腐涂料喷涂施工不合格部分的返工工程造价鉴定意见书》，重做费用中包含除重新涂刷防火防腐涂料外的工程项目，故防火防腐涂料分项工程的重做费用高于其已完工程造价，符合常理；其次，已完工程造价鉴定之目的在于确定当时的工程价款，重做费用鉴定之目的在于确认当前修复质量不合格的工程所需费用，承包人在一审质证中也自认返工费用按照市场价更为公平，故采信以市场价为依据的鉴定意见并无不当。

第二，已建的不合格工程的修复费用超出原造价，可能存在多种原因，不应当以此认为鉴定方案不合理。以（2016）最高法民再367号案件为例，法院认为：已建的不合格工程的修复费用超出原造价，可能有多种理由，例如整改修复本身的技术难度高于重新建造，整改修复时的建筑市场价格已发生变化等等；因此，承包人仅以整改修复费用高于原工程造价为由主张原审判决存在错误，不能成立。

在部分支持的案件中，较为典型的理由包括：

第一，工程已维修改建，鉴定造价超出原工程价款，综合原合同和改建情况等因素，承包人就超出部分应当承担部分责任。以（2018）最高法民再235号案件为例，法院认为：综合本案承包人和发包人对案涉外墙保温工程质量缺陷责任，比对原施工合同约定的外墙保温工程设计使用的材料、工程造价与改建方案确定的使用材料、工程造价情况，以及签约时施工合同当事人可预见的因工程质量产生的民事责任预期等因素，酌定就发包人案涉外墙保温工程改建超出原工程造价的费用由承包人承担60%的赔偿责任，其余部分由发包人自行承担。

第二，鉴定所确定的修理费用大于工程款，承包人拒绝维修，允许发包人拒付工程款，即承包人以工程造价为限承担修复费用。以（2022）辽07民终2084号案件为例，法院认为：在承包人拒绝修理、返工或者改建的情形下，且修理、返工或者改建的费用大于承包人请求支付的工程款，则发包人亦有权拒绝支付工程款；本案中，承包人对2栋旧厂房的施工质量存在不符合设计和规范要求的问题，司法鉴定意见书对2栋旧厂房作出了具体的修复方案和返工费用鉴定，旧厂房返工费用明显高于双方约定的旧厂房改造合同价款，二者相互折抵，发包人无须再支付旧厂房改造合同价款。

在不予支持的案件中，较为典型的理由包括：

第一，鉴定维修方案的修复费用超出合同总价款，可以考虑采取优化的维修方案以降低修复费用。以（2020）鲁02民终11073号案件为例，法院认为：案涉工程可以采取优化的维修方案，按照相关要求重新进行加固修复设计，以降低修复费用；发包人将工程发包给肖某施工本身存在过错，且发包人实际也参与了部分工程的施工，在肖某没有施工资质的情况下，工程可由发包人委托有资质的单位采用优化的维修方案进行修复，待修复后再行处理与肖某之间的修复费用承担问题。

第二，鉴定方案主张拆除重做，费用数额巨大且有悖于利益平衡原则，发包人可以选择其他救济途径。以（2019）苏08民终226号案件为例，法院认为：关于案涉工程渗漏水质量问题，在保修期内即已发生，保修期届满后仍未处理好，作为施工单位应继续履行其维修义务；但鉴于鉴定机构作出的修复方案相当于拆除重做，其拆除和重做费用数额巨大，且案涉工程已有较多业主经营多年，如按鉴定机构作出的修复方案进行拆除重做，还将造成其他不可估量的损失，由此势必导致双方利益严重失衡；而针对渗漏水质量问题，除了拆除重做以外，发包人尚有其他救济途径，可另行向承包人主张承担其他责任。考虑到本案中承包人本应承担维修责任，仅是从利益衡量角度出发，由承包人承担其他责任方式更为妥当。

2.4　基层、底基层不平整

【名词解释】

基层、底基层不平整一般是指由于摊铺方式不当、碾压不合理等原因导致基层、底基层平整度达不到要求的情况。

【规范条文】

《公路路面基层施工技术细则》JTG/T F20—2015

7.3.6　用平地机或其他合适的机具将骨料均匀地摊铺在预定的范围内，表面应平整，并有规定的路拱。应同时摊铺路肩用料。

《城镇道路工程施工与质量验收规范》CJJ 1—2008

7.8.1　石灰稳定土，石灰、粉煤灰稳定砂砾（碎石），石灰、粉煤灰稳定钢渣基层及底基层质量检验应符合下列规定：……一般项目　4　表面应平整、坚实、无粗细骨料集中现象，无明显轮迹、推移、裂缝，接槎平顺，无贴皮、散料。

7.8.2　水泥稳定土类基层及底基层质量检验应符合下列规定：……一般项目　4　表面应平整、坚实、接缝平顺，无明显粗、细骨料集中现象，无推移、裂缝、贴皮、松散、浮料。

问题23： 因质量问题延期后能否主张材料价格上涨损失？

【判决出处】

法院：湖北省石首市人民法院

案号：（2021）鄂1081民初1518号

名称：甲公司、乙公司等建设工程施工合同纠纷案

【案情概况】

2018年12月19日，甲公司中标某大道工程。2018年12月31日，某管委会与甲公司签订《建设工程施工合同》，约定工程地点为某大道，工程内容为路线全长约10.279公里。

2019年7月10日，甲公司出具授权委托书，载明委托人全权委托杨某与乙公司陈某签订《某大道水稳材料加工、车辆运输、摊铺、碾压、养护承包协议书》，并负责该合同签订、履行等相关全部事宜，如有其他合同行为则与委托人无关。

2019年7月20日，杨某代表甲公司与陈某代表乙公司签订协议，约定甲公司将某大道改扩建道路工程建设项目的水稳材料加工、成品运输、摊铺、碾压、养护等包工包料承包给乙公司。

原《最高人民法院关于审理建设工程施工合同纠纷案件适用法律问题的解释》第一条规定："建设工程施工合同具有下列情形之一的，应当根据合同法第五十二条第（五）项的规定，认定无效：（一）承包人未取得建筑施工企业资质或者超越资质等级的……"。《最高人民法院关于审理建设工程施工合同纠纷案件适用法律问题的解释（一）》第一条规定："建设工程施工合同具有下列情形之一的，应当依据民法典第一百五十三条第一款的规定，认定无效：（一）承包人未取得建筑业企业资质或者超越资质等级的……"。就本案而言，乙公司没有取得相应的施工企业资质，杨某代表甲公司与陈某代表乙公司所签订的协议被法院认定为无效。

至于甲公司与乙公司签订协议并由乙公司承包水稳材料加工、成品运输、摊铺、碾压、养护等工作，则被法院认定为属于分包行为。至于是否属于违法分包、是否因此导致协议无效，由于可以根据乙公司未取得相应施工企业资质认定协议无效，因此法院在列明协议无效的理由时对此没有专门展开论述。

2019年9月29日，某管委会对甲公司下达《关于某大道项目部建设工作的督办暨问题整改函》，载明有工期严重滞后、未按要求封闭施工等问题需要引起重视和改进。

2019年12月13日，监理单位下达《工程暂时停工指令》，载明停工范围为水稳上基层暂停施工，停工原因为施工中发现：①检测单位还未出具水稳下基层加宽补强路段弯层值和钻芯取样的检测报告；②检测单位还未出具水稳上基层配合比的参数；③施工单位项目经理、总工不在施工现场。

2020年10月20日，监理单位下达《监理通知书》，载明：2020年10月19日上午，由建设方某管委会组织交通、质检、设计、监理，施工单位对某大道10.279公里加宽部位水稳质量不合格的问题，经集体讨论，整改方案如下：施工单位将加宽段面不合格的水稳全部挖除、废掉，重新组织合格的材料进行摊铺施工……

2020年10月24日，杨某代表甲公司将案涉工程分包给案外人，分包单价为每立方350元。

后甲公司向法院起诉，诉讼请求包括判令解除与乙公司签订的协议、判令乙公司返还水稳材料款及利息、判令乙公司赔偿因挖除质量不合格加宽段面底基层水稳层的损失、判令乙公司赔偿工期延误损失、判令乙公司赔偿因质量不合格造成停工期间所支付的管理人员工资等损失、判令乙公司赔偿因质量不合格造成停工时间过长后续物价材料的上涨、判令陈某对前述义务承担连带清偿责任等。

乙公司则提起反诉，反诉请求包括判令甲公司支付未付工程款等。

律师点评

甲公司起诉所陈述的事实和理由指出：乙公司于2019年12月11日就加宽段面底基层水稳层工程完工后，经业主方委托某检测公司对道路工程质量进行了检测，发现存在的问题包括下基层不平整，起点路段有被重载车辆碾压形成坑槽痕迹；下基层局部摊铺存在粒料离析不均匀，颗粒级配控制不严等。

乙公司的答辩理由包括：对于业主方委托某检测公司进行检测，并无乙公司人员在场参加，乙公司对此并不知情，对检测结果不予认可；对于下基层不平整，起点路段重车碾压应当向项目部问责；对于材料离析、级配不均匀，乙公司是在项目部工作人员、现场监理、业主代表的监督和指导下施工的，责任不在乙公司。乙公司作为分包人的答辩思路在工程质量纠纷中较为常见，可以概括为：第一，对于未参与的第三方检测结果不予认可；第二，现场质量问题由其他单位（个人）造成或与其他单位（个人）有关；第三，施工是按照业主方或总包方的要求进行；第四，现场的监理单位对施工予以认可或未提出异议。

【一审阶段法院观点】

关于案涉工程施工不合格，甲公司与乙公司的过错责任如何认定。乙公司作为案涉工程的施工主体，应当对工程质量不合格承担责任。甲公司将案涉工程分包给乙公司，应当对承包方的资质进行审查。乙公司未取得建筑施工企业资质与案涉工程出现质量问题之间存在关联。甲公司未尽到审查义务，使得无资质企业进场施工，亦应当对案涉工程的质量问题承担责任。甲公司系选任过错承担次要责任（40%），乙公司作为施工主体承担主要责任（60%）。

律师点评　《建筑法》第五十五条规定："建筑工程实行总承包的，工程质量由工程总承包单位负责，总承包单位将建筑工程分包给其他单位的，应当对分包工程的质量与分包单位承担连带责任。分包单位应当接受总承包单位的质量管理。"第六十七条第二款规定："承包单位有前款规定的违法行为的，对因转包工程或者违法分包的工程不符合规定的质量标准造成的损失，与接受转包或者分包的单位承担连带赔偿责任。"因此，无论分包行为本身是否合法，承包人和分包人对于分包工程的质量问题均须承担连带责任。当然，承包人和分包人之间如何进行责任划分则需要考虑到各方过错程度等因素，比如本案当中，承包人甲公司被认定承担40%的责任，分包人乙公司被认定承担60%的责任，但这并不影响双方就质量问题对发包人等承担连带责任。

关于甲公司要求乙公司赔偿因质量不合格造成停工时间过长后续材料物价的上涨费用，即在双方310元/m³的基础上，增加到350元/m³，差值40元/m³乘以5456.22m³的损失，共计218248.8元应否支持。乙公司施工的案涉工程报废处理后，甲公司将案涉工程项目分包给了案外人，并以350元/m³的单价分包。甲公司认为再次分包单价上涨是因物价上涨引起，但未提供相应证据对此予以证明。另外，即便是因物价上涨引起，也是发生质量事故时所无法预期的，超出了信赖利益，不应认定为损失。故，本院对甲公司该主张不予支持。

关于陈某是否应当对乙公司应承担的义务承担连带清偿责任。甲公司认为，根据《公司法》第六十三条规定，乙公司是一人有限公司，陈某不能证明股东财产独立于公司，其应当对公司债务承担连带责任。对此，本院认为，《公司法》（备注：具体应为2018年10月26日施行的原《公司法》）第六十三条规定："一人有限责任公司的股东不能证明公司财产独立于股东自己的财产的，应当对公司债务承担连带责任。"甲公司向乙公司支付案涉工程的工程款时，其中有一笔20万元收款人是陈某而非乙公司，反映了陈某作为股东与其独资设立的乙公司之间存在财产混同。同时，陈某未提供任何证据来证明乙公司财产独立于其个人财产，故应当对本院认定的乙公司所负债务承担连带清偿责任。

律师点评

　　本案当中，由于乙公司只有一个股东即陈某，陈某又曾收取了工程款，因此被认定为两者之间存在财产混同。公司法意义上的"财产混同"一般是指公司本应独立的财产与股东个人的财产在形式上和实质上相互交融、无法分离的情形。

　　只有一个股东的公司，股东应当如何证明公司财产独立于股东自己的财产呢？以（2020）最高法民终479号案件为例，法院认为：判断一人公司财产与股东财产是否混同，主要审查公司是否建立了独立规范的财务制度，财务支付是否明晰，是否具有独立的经营场所等；某电机公司提交了验资报告，能证明某电机公司对某风能公司的出资到位；提交了财务制度、营业执照、章程、董事会决议等，能证明公司和股东分别建立了独立的财务制度，有独立的经营场所；提交了其与某风能公司近三年的审计报告，能证明公司财产与股东财产分别列支列收，独立核算；同时，某电机公司作为一家上市公司，其财务体系和每年的审计报告亦要接受证监会的监管；因此，某电机公司提交的证据能证明其财产独立于某风能公司，某科技公司主张某电机公司和某风能公司存在财产混同，但没有提供任何反驳证据，故对其要求某电机公司承担连带责任的主张不予支持。

　　该案例中，法院从出资、财务制度、经营场所、审计报告、公司情况等角度阐述了理由，可供参考。

【本案小结】

　　甲公司与乙公司所约定的单价为310元/m³，后甲公司又将案涉工程分包给案外人，单价为350元/m³。甲公司认为因工程质量不合格造成停工时间过长，在此期间物价上涨，导致了分包单价提高，增加的费用应由乙公司赔偿。基于甲公司未能证明单价上涨是因物价上涨所引起等理由，法院对甲公司该主张未予支持。

　　其他案件也有类似的情况，法院认为主张材料价格上涨损失的当事人应承担相应的举证责任。比如在（2020）苏04民终1581号案件中，法院认为：因施工合同履行过程中产生纠纷而延误工期，遇建筑材料上涨造成建造成本增加的损失，承包人和发包人均可以主张，损失的承担可按照引起纠纷的原因、双方承担责任的大小进行确认；本案某捷公司提交的其与某北公司签订的建设工程施工合同，并不能证明该工程实际施工范围与某捷公司、某东公司签订的《建设工程施工合同》约定的施工范围是否一致，也不能证明某捷公司与某北公司约定的合同价款是否超出市场价格，故某捷公司主张的工程造价损失依据不足，二审不予支持。

正如（2020）苏04民终1581号案件中法院的观点，因工程质量问题等引起纠纷而延误工期，期间材料上涨所造成的损失应如何承担，可以从引起纠纷的原因、双方承担责任的大小等角度进行确认。但承担损失的前提在于证明材料价格上涨所造成的损失确实存在，无论是本案当中甲公司未能证明单价上涨是因材料价格上涨引起，还是（2020）苏04民终1581号案件当中未能证明约定合同价款是否超出市场价，主张材料价格上涨损失赔偿的当事人都在一定程度上承担了举证不能的不利后果。

以此而言，建议当事人在签订合同时即可以对材料价格等计价依据和价格波动后如何处理进行约定，避免后续产生争议时约定不明、举证不能的情况，以更好地划分责任、维护权益。当然，本案当中即使甲公司能够举证证明单价上涨和材料价格上涨之间的因果关系，由于其自身也被认定为须对质量问题承担责任，材料价格上涨的损失较难认定为应由乙公司全部承担。

2.5 级配碎石不符合要求

【名词解释】

级配碎石不符合要求一般是指碎石组成不符合级配要求、未按规范要求进行配比等情况。

【规范条文】

《公路路面基层施工技术细则》JTG/T F20—2015

4.1.5 目标配合比设计应包括下列技术内容：1 选择级配范围。2 确定结合料类型及掺配比例。3 验证混合料相关的设计及施工技术指标。

《城镇道路工程施工与质量验收规范》CJJ 1—2008

7.7.1 级配碎石及级配碎砾石材料应符合下列规定：……3 级配碎石及级配碎砾石颗粒范围和技术指标应符合表7.7.1-1的规定。

级配碎石及级配碎砾石的颗粒范围及技术指标　　表7.7.1-1

项目		通过质量百分率(%)			
		基层		底基层③	
		次干路及以下道路	城市快速路、主干路	次干路及以下道路	城市快速路、主干路
筛孔尺寸(mm)	53	—	—	100	
	37.5	100	—	85～100	100
	31.5	90～100	100	69～88	83～100
	19.0	73～88	85～100	40～65	54～84
	9.5	49～69	52～74	19～43	29～59
	4.75	29～54	29～54	10～30	17～45
	2.36	17～37	17～37	8～25	11～35
	0.6	8～20	8～20	6～18	6～21
	0.075	0～7②	0～7②	0～10	0～10
液限(%)		＜28	＜28	＜28	＜28
塑性指数		＜6(或9①)	＜6(或9①)	＜6(或9①)	＜6(或9①)

注：①示潮湿多雨地区塑性指数宜小于6，其他地区塑性指数宜小于9；
　　②示对于无塑性的混合料，小于0.075mm的颗粒含量接近高限；
　　③示底基层所列为未筛分碎石颗粒组成范围。

问题24： 出现工程质量问题后材料款损失由谁承担？

【判决出处】

法院：四川省宜宾市中级人民法院

案号：（2019）川15民终1098号

名称：乙公司、王某建设工程分包合同纠纷案

【案情概况】

2018年5月4日，乙公司分包甲公司承包的某道路工程施工图以内的所有土石方路基以上工作内容（绿化工程除外）。

2018年5月25日，乙公司（甲方）与王某（乙方）签订《某道路工程道路基层承包合同》，约定王某承包某道路工程道路施工图以内的所有路基工程的级配碎石层、5%水泥稳定级配碎石层工作内容。承包方式为完成本承包工作范围的所有工作，

包括但不限于包工包料（含人工、材料、机械、运输、增值税等所有费用）、包质量、包安全、包竣工验收。合同约定按材料加摊铺（包工包料）承包方式的计价原则执行。关于材料款支付的约定：合同签订后乙方先准备材料，材料款月结80%，余20%在工程竣工验收合格后3个月内无息支付。关于工程进度款支付的约定：本工程合同价款按月进行支付，每月支付完成产值的80%。在分包工程竣工后经承包人组织相关单位进行验收合格，且双方结算完毕后1个月内支付至工程结算总价的100%。

律师点评

乙公司和王某在承包合同当中关于款项支付的约定较为特殊，将材料款和工程款的支付进行了区分，这与通常的建设工程合同存在区别。以《建设工程施工合同（示范文本）》GF—2017—0201为例，在其第一部分《合同协议书》第四条"签约合同价与合同价格形式"中列明了安全文明施工费、材料和工程设备暂估价金额、专业工程暂估价金额、暂列金额等，但对于价款支付，则主要是按阶段进行了区分，包括预付款、进度款等，并没有将材料款单独列出约定支付事项。

施工过程中，甲公司于2018年6月18日、2018年6月20日、2018年6月26日等日期多次向乙公司发出工作联系函件，表示乙公司所使用的级配碎石存在级配不合格、砂比例大、含泥量过高等问题，返工质量不合格，要求进行整改。

2018年6月26日，甲公司向乙公司发出《退场通知书》，表示乙公司在施工过程中，使用不合格材料，严重影响工程质量。在返工过程中仍在使用不合格的级配碎石料，以致返工质量不能达标。造成施工进度、施工质量无法满足工程需要和建设单位的要求。鉴于以上情况，现通知乙公司终止合同，并于24h内退出施工现场，将重新安排施工班组进行返工。

律师点评

甲公司在2018年6月26日同一天向乙公司既发出了要求整改的工作联系函件，又发出了《退场通知书》，互相之间存在矛盾，成为法院判断王某所提供级配碎石是否存在质量问题的考量因素之一。

【一审阶段法院观点】

王某与乙公司所签订的承包合同系两部分构成，一部分为级配材料的供货，一部分为摊铺道路工程。因承包合同对两部分的价格分列明确，且两部分的验收方式和合格的判定时间不同，故两部分是相互独立的部分。

关于级配材料的供货部分系双方真实意思表示，未违反法律强制性规定，属于合法有效的部分，双方应按照合同的约定履行相应的义务。王某向案涉工程已配送了相应的级配碎石，该事实王某、乙公司皆无异议。乙公司应支付王某材料款共计2876.96m³×102元/m³=293449.92元，王某诉请乙公司支付级配碎石款293443.8元，法院予以支持。

关于摊铺道路工程部分，根据规定，承包人必须是经国家有关部门审查、核准，并领取法人营业执照和有关资质证明的专业工程建设企业，个人不能成为承包建筑工程的主体。王某不具有建设施工资质，无权以个人名义进行工程承包，故王某与乙公司所签订的承包合同中关于道路摊铺的部分违反了法律规定，依法属于无效条款不受保护。现王某请求乙公司支付摊铺款，因其摊铺路段质量不合格，被工程承包方终止了与乙公司的专业分包合同。王某的请求没有事实和法律的依据，法院不予支持。因道路摊铺工程条款无效系王某、乙公司双方皆有过错导致的，王某、乙公司应当各自承担因此造成的损失。故王某诉请乙公司支付因摊铺工程而产生的机械费、场地租用费，应由王某自己承担，法院对该诉求不予支持。

律师点评　一审法院将乙公司与王某之间的承包合同分为供货和施工两部分，并认为供货部分合法有效，施工部分无效，该观点在本案二审阶段被纠正。

【二审阶段法院观点】

本院另查明：《某道路工程道路基层承包合同》约定，乙公司指定现场收货人罗某。合同签订后，王某于2018年6月18日向案涉工地运送级配碎石量为600.64m³，该送货单没有乙公司工作人员的签字，王某的工作人员张某到庭证实，该批级配碎石运到工地后，乙公司工作人员李某等四人验收时认为质量不合格，退回了。2018年6月19日的送货单上级配碎石量为391.68m³，罗某在该送货单上签有"车数数量属实，罗某2018年6月19日"字样；6月20日的送货单上级配碎石量为1338.24m³，罗某在该送货单上签有"车数数量属实，罗某2018年6月19日"字样；6月21日级配碎石130.56m³、6月23日级配碎石228.48m³、6月25日级配碎石130.56m³，这三张送货单上李某均签有"K4+300～K4+340返工换填用料，按实际方量计算。李某2018年7月5日"字样。

本院认为，本案争议的焦点为：①本案合同是否无效；②王某提供的级配碎石是否存在质量问题；③乙公司是否应当支付材料款。现评析如下：

（1）本案合同是否无效。案涉承包合同系乙公司将自己分包所得的工程承包给自然人王某。依照《最高人民法院关于审理建设工程施工合同纠纷案件适用法律问题的解释》第一条规定，承包人必须是经国家有关部门审查、核准，并领取法人营业执照和有关资质证明的专业工程建设企业，王某作为自然人，不具备建筑施工资质，不能成为承包建筑工程的主体。故王某与乙公司签订的《某道路工程道路基层承包合同》无效，一审法院将合同分为两个部分错误，本院予以纠正。

律师点评

原《最高人民法院关于审理建设工程施工合同纠纷案件适用法律问题的解释》（法释〔2004〕14号）第一条规定："建设工程施工合同具有下列情形之一的，应当根据合同法第五十二条第（五）项的规定，认定无效：（一）承包人未取得建筑施工企业资质或者超越资质等级的……"。《最高人民法院关于审理建设工程施工合同纠纷案件适用法律问题的解释（一）》（法释〔2020〕25号）第一条规定："建设工程施工合同具有下列情形之一的，应当依据民法典第一百五十三条第一款的规定，认定无效：（一）承包人未取得建筑业企业资质或者超越资质等级的……"。因此，如果出现承包人未取得建筑业企业资质或者超越资质等级的情况，则是应依法认定施工合同无效，而不是部分无效。就本案而言，虽然乙公司和王某之间的承包合同将材料款和工程进度款的支付分别作了约定，但乙公司和王某之间的法律关系仍然为建设工程分包合同关系，而并不存在买卖合同和分包合同两个法律关系，因此将合同供货和施工两部分作出区分、分别认定有效性并不能够成立。

虽然本案当中乙公司和王某之间的承包合同并非部分无效，但实际上施工合同部分无效的情况仍然是存在的。有观点认为，确定合同部分无效应符合的要件包括：第一，合同须限于一个单一的合同，而不是构成数个合同。第二，合同内容须具有可分性，去除无效部分后，剩余部分仍能作为一个合同而继续存在。第三，合同部分无效，不影响其他部分效力。以此而言，施工合同如果符合前述要件，且本身有部分存在违反法律、行政法规的强制性规定等情况，则可能被认定为部分无效。在此我们列举施工合同部分无效的两个案例，以供参考：

第一个是（2021）鲁14民终2206号案件，该案件中合同格式条款被认定为无效，但不影响合同其他部分的效力。法院认为：结算条款约定由发包人对结算价款进行两审终审，约定付款节点均以审定结算额为基础，使承包人可以获得工程款的时间完全掌握在发包人，限制了承包人的主要权利，减轻了发包人的付款义务；加之案涉工程于2019年1月5日已经验收完成，发包人至今不进行终审结算并以该条款主张未达到工程款支付条件，应认定发包人拟定的关于结算的格式条款无效。

第二个是（2019）川0108民初9311号案件，该案件中施工合同范围包含多项工程时，关于特定工程的约定无效不影响其他工程的合同效力。法院认为：综合全案证据及审查认定的事实足以认定曾某系借用资质与发包人进行招标投标并签订施工合同；没有资质的实际施工人借用有资质的建筑施工企业名义签订的建设工程施工合同，应当认定无效；但是施工合同中包含了曾某施工的道路基础工程，还有其他联合体承包的照明及交通安全设施、交通监控系统工程施工；故不应认定该施工合同全部无效，应当认定曾某与发包人之间就曾某施工的道路基础工程之间的建设施工部分的约定无效，该部分无效，不影响其他合同部分的效力。

（2）王某提供的级配碎石是否存在质量问题。乙公司主张"王某提供的级配碎石不合格"，其向法院提供了甲公司向其送达的《工作联系单》以及《退场通知书》，以证明王某提供的级配碎石质量不合格。从《工作联系单》《退场通知书》的内容可知，乙公司因在道路级配碎石层的施工中，使用的级配碎石质量不合格，导致甲公司终止与其的承包合同。而案涉合同约定，王某承包的是某道路工程道路（K4+560～K1+823）施工图以内的所有道路工程路基工程的配级碎石层、5%水泥稳定级配碎石层工作内容。诉讼中，乙公司未举证证明出现质量问题的路段系王某提供材料并施工完成。且从乙公司提供的甲公司于2018年6月26日向其出具的《工作联系单》和同日出具的《退场通知书》的内容看，甲公司在同一日，既以工程质量不合格要求乙公司整改，又以同样的理由要求乙公司于24h内退出施工现场，两份文件内容相互冲突，且不符合客观情理。乙公司称收到甲公司的《工作联系单》后向王某送达了相关文件，但其未提交向王某送达及签收的依据。同时，根据乙公司、王某双方在合同中的约定，级配碎石收到验收后，有7d的异议期，7d内没有提异议，视为级配碎石合格。一、二审中，乙公司均没有提交证据证明其在收到货物验收以后的7日内提出了异议，故乙公司提出"王某提供的级配碎石质量不合格"的理由不能成立，本院不予采信。

律师点评

　　法院之所以没有支持乙公司关于王某所提供级配碎石质量不合格的主张，主要基于以下理由：第一，乙公司未能举证证明出现质量问题的路段系王某提供材料并施工完成；第二，乙公司所提供的甲公司材料相互矛盾；第三，乙公司未能举证证明曾将甲公司关于质量问题的函件送达给王某；第四，乙公司在收到材料后未在约定时间内向王某提出异议。

　　（3）乙公司是否应当支付级配碎石款。案涉《某道路工程道路基层承包合同》虽系无效合同，但鉴于王某在完成合同约定路段的施工修建中，确已提供了级配碎石，且其提供的级配碎石已物化至案涉工程项目，故乙公司仍应当参照合同约定支付王某相应的级配碎石材料款。2018年11月2日的《级配碎石配送清单》系由王某自制，该清单对应送货单6张。其中，6月18日送货单仅有王某签字，无乙公司员工签字，且王某工作人员也证实该批级配碎石因质量问题被乙公司拒收，故本院对该600.64m³级配碎石不予认可。6月19日、6月20日两张送货单，由案涉合同约定的乙公司现场收货人罗某签字，本院对该两张送货单予以确认。6月21日、6月23日、6月25日三张送货单系李某签收并有"K4+300～K4+340返工换填用料，按实际方量计算"字样，二审诉讼中，乙公司对李某系公司员工不持异议，本院对乙公司收到该三批级配碎石予以确认。李某签收的送货单上虽注明系返工用料，但乙公司未对该路段返工前所用级配碎石是否已结算提供证据，现有证据不能证明王某对这三笔材料款重复进行了主张，故乙公司仍应支付该三笔材料款。综上，乙公司应支付王某级配碎石款为2219.52m³（391.68m³+1338.24m³+130.56m³+228.48m³+130.56m³）×102元/m³=226391.04元。因案涉《某道路工程道路基层承包合同》系无效合同，王某诉请的违约金、逾期利息、实购未用材料损失费及利息、材料中转费、摊铺款、机械费、场地租用费等费用，于法无据，本院亦不予支持。

【本案小结】

本案当中，乙公司因未能举证证明出现质量问题的路段系王某提供材料并施工完成，其关于王某所提供级配碎石质量不合格的主张没有得到法院的支持，被判令承担材料款。实践当中，如果能够证明没有资质的实际施工人工程质量确实存在问题，那么材料款损失应由谁承担呢？可能会想当然地认为应由实际施工人承担，但其实却不尽如此。

以（2020）湘01民终8514号案件为例：A公司与B公司签订《水泥稳定砂采购合同》，约定A公司向B公司采购水泥稳定砂。B公司提供了部分水泥稳定砂，A公司向B公司转账支付15万元。业主单位对道路工程的水稳下基层进行检测，发现钻芯后试件呈现整体或局部松散，存在质量问题；B公司返工整改仍不合格，后A公司将已施工的水稳层铲除，并另行与其他公司签订合同对案涉道路水稳层重新施工。

对于A公司已向B公司支付的15万元，法院认为：结合证人证言等在案相关证据，案涉《水泥稳定砂采购合同》实际应为包工包料的建设工程施工合同；因B公司系无道路施工资质的公司，在承包人未取得相应资质的情况下，分包合同无效，故案涉《水泥稳定砂采购合同》为无效合同；建设工程施工合同无效，且修复后的建设工程经竣工验收不合格的、承包人请求支付工程价款的，不予支持；本案中，检测报告载明B公司包工包料的施工项目经修复后仍不符合验收要求，监理单位发出的监理通知单也明确项目需要整改，故B公司未达到请求支付工程价款的条件，对A公司已支付的款项B公司应当予以返还；因A公司未审查B公司是否具有施工资质而签订案涉合同，存在过错，且B公司为履行案涉合同付出了相应的材料、人工成本，综合考虑A公司、B公司损失，酌情认定B公司应向A公司返还10万元。

由此可见，即使实际施工人的施工质量不合格，将工程转包或违法分包给实际施工人的承包人仍有可能需承担部分材料费损失。这主要基于以下考虑：

一方面，承包人本身存在过错，应依法承担责任。实际施工人在没有资质的情况下承揽工程并进行施工，属于违法的行为，理应承担责任。但承包人将工程转包或违法分包给没有资质的实际施工人，既违反了施工资质管理的相关规定，又违反了承包和分包的相关规定，也应依法承担责任。

另一方面，实际施工人所承揽的工程即使存在质量问题，但不排除仍有修复的可能性。虽然在前述（2020）湘01民终8514号案件中，A公司将已施工的水稳层铲除，并另行与其他公司签订合同对案涉道路水稳层重新施工，但实际上还是存在工程质量问题能通过修复后验收合格的情况，这种情况下也不宜"一刀切"地认为应由实际施工人直接承担全部材料款损失。

问题25：材料含量缺少标准的情况下如何划分责任？

【判决出处】

法院：江苏省南通市中级人民法院
案号：（2018）苏06民终461号
名称：甲公司与乙厂等买卖合同纠纷案

【案情概况】

2010年8月26日，投标人甲公司向招标人某中心招标的某路拓宽改造工程B标段投标。2010年9月25日，发包人某中心与承包人甲公司签订了《某路拓宽改造工程B标段施工合同》，工程内容及承包范围为某路拓宽改造工程B标段；工程质量标准为合格；合同适用及验收的标准、规范包括《城镇道路工程施工与质量验收规范》CJJ 1—2008、《公路路面基层施工技术规范》JTJ 034—2000等。当标准互相矛盾时，以最新和最严格的为准。

> **律师点评**
> 虽然在施工合同中约定了当标准相互矛盾时，以最新和最严格的为准，但该表述并没有涵盖到相关标准对特定技术事项没有规定的情况，如果遇有此类情况且发生了质量问题，则易引起相关方的争议纠纷。

2010年7月12日，设计单位编制了主体施工图设计。其中机动车道（交叉口）路面结构自上而下依次为：4cm的SMA-13沥青玛蹄脂碎石混合料、5cm的中粒式沥青混凝土（AC-16F）、7cm的中粒式沥青混凝土（AC-20F）、0.6cm的稀浆封层、18cm的水泥稳定碎石、20cm的水泥石灰土、老路路基压实。水泥稳定碎石基层所用的水泥、碎石以及水泥石灰土底基层所用的水泥、石灰、土等原材料均需满足交通部2000年6月颁布的《公路路面基层施工技术规范》JTJ 034—2000中的各项规定。

2010年10月29日，某中心对乙厂提供的水泥稳定碎石取样送检，以检测其中的级配碎石配合比例是否符合设计要求，经检验合格。

2010年10月8日，甲公司（甲方）与乙厂（乙方）就某路拓宽改造工程施工中的水泥稳定碎石供货事项协商一致，签订了一份《合同》，载明甲方所施工的某路拓宽改造工程B标段的水泥稳定碎石混合料全部由乙方负责供货（包括原材料的采购、拌合并送货到甲方施工现场）。质量要求部分载明，乙方必须严格按照甲方提供的水泥稳定碎石的配合比拌合生产，乙方采购的原材料均需满足设计要求，拌合的水泥稳定碎石质量必须符合国家和地方主管部门的有关质量要求和质量标准，满足设计要求。

合同签订后，乙厂陆续为该工程提供所需"水泥稳定碎石"，其间进行了"7d无侧限抗压检测"，强度均符合要求。此外，乙厂还为该工程提供了所需的二灰碎石，但双方未签订书面合同。

2011年11月24日，由监理单位组织有关部门对案涉工程进行预验收，由于该标段西半幅快车道的侧平石局部起拱变形，无法进行竣工验收。随后甲公司配合监理人员跟踪观察道路西半幅变化情况。至2012年2月陆续发现该标段西半幅快车道侧平石及路面大面积起拱开始损坏，且损坏的程度越来越严重。

律师点评

预验收一般是在交工验收或竣工验收之前，主要是对工程的进展情况和质量进行初步检查；预验收可以由建设单位组织进行，也可以由建设单位委托监理单位等进行；预验收的对象视工程具体情况可以是单位工程，也可以是整个工程。预验收这一程序在道路、机场、水运等交通类工程当中较为常见：

对于道路工程，《辽宁省农村公路网建设管理实施方案》第六条第8款规定："工程验收由市级计划部门组织相关部门进行预验收，并做出质量评定和预验收结论。在预验收结论上报省计委后，由省计委会同省交通厅组织相关部门以市为单位进行竣工验收或委托相关部门进行竣工验收。"

对于机场工程，《运输机场专业工程建设质量和安全生产监督管理规定》第三十三条规定："监理单位应当组织竣工预验收，根据有关标准和规范要求对工程质量进行评定，编制监理工作总结和工程质量评估报告，提交建设单位。监理单位应当督促责任单位对竣工预验收发现的质量问题进行整改。"

对于水运工程，《山东省水运工程质量鉴定办法》第七条规定："单位工程具备以下条件时，建设单位应向质监机构提出水运工程交工质量核验申请：……（六）单位工程预验收合格……"。

　　根据前述规定，如果在预验收过程中发现存在质量问题等情况，相关责任单位还需要进行整改，整改合格后方能进行后续的交工验收或竣工验收。就本案而言，由监理单位组织有关部门对案涉工程进行预验收时发现了工程存在质量问题，在返修整改完毕后才可能通过后续的交工或竣工验收。

　　2013年3月5日，甲公司编制了《返工施工方案》，载明：由于西半幅结构层中水泥稳定碎石及二灰碎石中粉煤灰三氧化硫严重超标导致结构层损坏，出现路面起拱变形。待气温回升，沥青可施工时，将进行缺陷维修。

　　2013年4月13日，监理单位对道路基层中的水泥稳定碎石进行取样，并送某市公路工程质量检测中心进行检测，经检测，施工部位为K1+500～K2+000的样品检测的三氧化硫含量为13.51%；施工部位为K2+040～K2+600的样品检测的三氧化硫含量为13.34%；施工部位为K2+600～K3+000的样品检测的三氧化硫含量为13.26%。2013年7月返修工程全部结束，2014年8月6日通过了竣工验收。

　　后甲公司向法院起诉，请求判令乙厂等赔偿因出售质量不合格的水泥稳定碎石造成的损失并承担诉讼费、鉴定费。乙厂则提起反诉，请求判令甲公司支付所欠货款及利息并承担反诉费用。

【一审阶段法院观点】

　　对于造成返修损失的责任问题，甲公司及乙厂对于案涉道路的返修均负有责任。理由如下：

　　（1）乙厂向甲公司提供修筑道路所需的水泥稳定碎石及二灰碎石，双方之间形成买卖合同关系。乙厂作为出卖人，对于其出售的货物负有物的瑕疵担保责任，物的瑕疵担保责任要求出卖人提供的物符合合同中特别载明的质量要求；如无相反的约定，也要符合国家标准、行业标准的要求，没有国家标准、行业标准的，也要符合通常的标准或者符合合同的目的。由于出卖人的合同责任系严格责任，亦称无过错责任，即不论出卖人主观上是否有过错，只要在客观上因其出售的货物造成了损害或不当后果，出卖人即应承担责任。结合本案的实际情形，不论乙厂主观上是否有过错，事实上发生了其提供的二灰碎石、水泥稳定碎石中三氧化硫含量过高，致使遇水膨胀，造成结构层松散、道路起拱进而必须进行返修的后果，显然其提供的货物不能符合合同的通常目的，故乙厂对于案涉道路返修损失的发生负有责任。

律师点评

一审法院观点当中涉及买卖合同的严格责任，也即无过错责任。

所谓严格责任或无过错责任，是指将责任归属于某人不以该人具有过错为前提，即使该人证明没有过错仍然要承担责任，除非其能够证明自己具有法定的免责事由。根据《民法典》第五百七十七条"当事人一方不履行合同义务或者履行合同义务不符合约定的，应当承担继续履行、采取补救措施或者赔偿损失等违约责任"的规定，可以认为除非法律另有专门规定，违约责任属于严格责任或无过错责任。

《民法典》"买卖合同"一章对出卖人的主要责任均规定为严格责任或无过错责任，比如关于交付质量，《民法典》第六百一十五条规定："出卖人应当按照约定的质量要求交付标的物。出卖人提供有关标的物质量说明的，交付的标的物应当符合该说明的质量要求。"又比如关于交付时间，《民法典》第六百零一条规定："出卖人应当按照约定的时间交付标的物……"。前述条款都体现了在买卖合同中对出卖人违约行为的严格责任或无过错责任归责原则。

具体到建筑材料买卖领域，如果出卖人所交付的建筑材料存在质量问题，则一般需要承担责任。以（2023）云01民终16491号案件为例，法院认为：对于出卖人发送货物的质量，在进行水压试验时还未达到试验压力就出现爆管，在出卖人交付的货物质量不合格且未能提交有效证据证实买受人使用前述货物的情况下，买受人有权解除《材料采购合同》，并且无须向出卖人支付货款。

当然，出卖人承担责任的前提是所交付标的物确实存在质量问题。虽然基于严格责任或无过错责任，买受人一般无须对出卖人有无过错承担责任，但仍要对存在质量问题承担相应的举证责任，否则可能承担不利后果。以（2023）赣1104民初2391号案件为例，法院认为：买受人并未提交证据证明曾就混凝土质量问题在合同约定的时间内与出卖人进行过交涉；买受人提出混凝土存在质量问题并要求赔偿，但提供的证据不能证明楼板开裂、渗水均是由混凝土质量问题造成的……应承担举证不能的法律后果。

（2）除上述物的瑕疵担保责任外，乙厂对于在水泥稳定碎石中掺入粉煤灰以致产生三氧化硫含量过高亦负有责任。无论是水泥稳定碎石的设计文件、交付给乙厂的级配碎石表，还是证人证言，均可证明案涉水泥稳定碎石层并未设计掺入粉煤灰。双方签订的合同中使用的名称为"水泥稳定碎石"，无任何要求或可以使用粉煤灰的字样，在庭审中乙厂亦一直否认其在所供的水泥稳定碎石中掺入了粉煤灰，可见并非系甲公司通知其掺入粉煤灰，乙厂亦未将掺入粉煤灰的事实通知甲公司。虽然乙厂在本案中提供的学者论文等证据说明水泥稳定碎石中掺入粉煤灰通常不会影响结构强度，但并未考虑到火电厂脱硫环保设施加强后造成粉煤灰中三氧化硫含量增高的负面影响。在乙厂未向甲公司作相应提示和通报而擅自掺入粉煤灰的情况下，显然增加了甲公司漏检水泥稳定碎石层中三氧化硫含量的风险，增加了造成道路质量隐患的可能性，对此乙厂负有责任。

（3）甲公司对于案涉道路的返修亦负有责任。2011年3月15日设计单位所作出的工程设计变更通知中，明确要求粉煤灰中三氧化硫的含量不得超过3%，而乙厂所供二灰碎石均在该日期之后，甲公司没有提供证据证明其在明知二灰碎石中含有大量粉煤灰的情况下，预先向乙厂作出善意提示，也没有证据证明在供货前后进行了相应的检验以及在二灰碎石层铺设完毕后进行了检验，直至以上各道路面层、交通标线铺设完毕后才发现问题，其对于损失的进一步扩大显然负有责任。

对于双方各自应承担的具体责任份额。水泥稳定碎石层出现三氧化硫含量过高的责任在于乙厂，即使甲公司对二灰碎石层的三氧化硫含量及时进行检验，将来水泥稳定碎石层及以上各层仍会出现需返修的情形，综合考虑本案中甲公司、乙厂的过错程度，对于案涉道路因返修造成的直接损失酌情由甲公司、乙厂各半承担。

【二审阶段法院观点】

乙厂与甲公司之间就水泥稳定碎石订立了合同，就二灰碎石未签订书面合同。根据水泥稳定碎石买卖合同，双方未对三氧化硫的含量作出约定，合同虽约定乙厂采购的原材料要满足设计要求，拌合的水泥稳定碎石质量必须符合国家和地方主管部门的有关质量要求、质量标准和设计要求，但当时国家标准、行业标准均未对三氧化硫的含量作出限制性规定，而本地管理部门《关于加强粉煤灰质量管理的通知》于2011年9月28日才发布，因此双方在订立合同时，均未预料到三氧化硫含量过高对道路建设的影响，甚至本地区对此亦缺乏普遍认知，故双方应分摊的损失总额应认定为返修道路的直接损失，对甲公司主张的其他损失不予支持。

乙厂供应案涉二灰碎石及水泥稳定碎石时，其在水泥稳定碎石中掺入了粉煤灰，而粉煤灰并未体现在水泥稳定碎石层的设计文件中，且乙厂明知甲公司所购材料系用于道路铺设，由于其中三氧化硫含量过高导致甲公司无法实现合同目的，故乙厂交付的二灰碎石及水泥稳定碎石存在质量瑕疵，应承担相应的责任。同时，甲公司系专业道路工程的建设方，对用于道路建设的材料应当具备专业知识和相应的注意义务，但在采购二灰碎石及水泥稳定碎石时忽视了三氧化硫含量的影响，未在案涉合同中对此作出明确约定。在2011年3月15日设计单位作出变更设计后，亦未及时向乙厂作出二灰碎石中粉煤灰的三氧化硫含量不得超过3%的要求，在二灰碎石层铺设完毕后履行检测义务时也未对此予以检测，一定程度上忽视了对自己的利益保护，故甲公司在本案中亦应承担相应的责任。综合考虑本案的实际情况，一审酌情认定案涉损失由甲公司和乙厂各半承担并无不当。

【本案小结】

就本案而言，由于当时国家标准、行业标准均未对水泥稳定碎石等材料中三氧化硫的含量作出限制性规定，因此法院在列明事实、探究原因、划分责任时对此专门进行了阐述。

实践当中，因材料含量缺乏标准出现质量问题后引发各方争议的情况并不罕见，关于三氧化硫含量超标导致道路质量问题的案件也并非本案一个孤例，以（2015）苏商再提字第00061号案件为例，该案的基本情况为：某公司（甲方）与吴某（乙方）就道路材料签订一份购销合同；施工结束后，某公司施工路段路面出现起鼓、裂缝等质量问题。

关于道路质量问题涉及三氧化硫超标的责任认定，法院认为：二灰碎石中三氧化硫含量属于内在质量，三氧化硫含量超标系电厂电煤燃烧中的排硫工艺改变所致，双方在订立合同时均不能完全预见，故对二灰碎石中三氧化硫含量并未作为质量要求进行约定，二灰碎石的三氧化硫含量亦无国家、行业质量标准；2007—2008年施工期间，检验单位对吴某送样的二灰碎石进行了多次检测，检测结果均为质量合格，检测报告还得到了施工监理单位认可，故虽然吴某所供二灰碎石中三氧化硫含量超标，但吴某对此并无过错，亦不存在违约。

关于货款损失的责任认定，法院认为：鉴于吴某提供的二灰碎石客观上由于三氧化硫含量超标，致某公司的合同目的不能实现，并由此产生较大损失；而由于当时缺乏三氧化硫含量的国家、行业标准，某公司对此也无过错，故该因素所致损失应由双方共担较为合理。

虽然前述（2015）苏商再提字第00061号案件和本案的基本案情、法院观点有所区别，但都涉及当时碎石材料三氧化硫含量缺乏标准的情况。在材料含量缺乏标准的情况下出现工程质量问题后如何在出卖人、买受人等各方之间划分责任，我们认为以下因素可以考虑：

第一，缺乏标准的材料含量等事项是否与质量问题有关系。以（2019）渝0101民初5600号案件为例，法院认为：道路质量问题可能存在多个原因，现有证据不足以排除三氧化硫超标以外还存有其他因素的可能，而原告又未在使用前进行检验的情况下，对造成的直接损失应当承担主要责任。因此，缺乏标准的材料含量是否与质量问题有关系、是否还有其他因素导致质量问题都有可能影响到各方之间责任的划分。

第二，买卖双方之间对于材料含量是否有明确的约定。即使对某个材料的含量缺乏国家和行业标准，买卖双方仍可以在意思自治的范围内专门作出约定。鉴于出卖人一般情况下是承担的严格责任或无过错责任，材料含量如超出约定范围则可能更倾向于由出卖人承担全部或主要责任。以本案为例，甲公司和乙厂所签订的合同中使用的名称为"水泥稳定碎石"，并没有任何要求或可以使用粉煤灰的字样，而乙厂在材料中掺入了粉煤灰，所交付标的物与约定不一致，被认定为对此须承担相应责任。

第三，买受人及责任单位对材料是否进行过检测并对质量情况进行确认。《建设工程质量管理条例》第二十九条规定："施工单位必须按照工程设计要求、施工技术标准和合同约定，对建筑材料、建筑构配件、设备和商品混凝土进行检验，检验应当有书面记录和专人签字；未经检验或者检验不合格的，不得使用。"以前述（2015）苏商再提字第00061号案件为例，某公司曾委托检验单位对吴某送样的二灰碎石进行了多次检测，检测结果均为质量合格，检测报告还得到了施工监理单位认可。在类似情况下，出卖人关于减轻或免除责任的要求有可能得到法院的支持。

2.6 水稳层养护不到位

【名词解释】

水稳层养护不到位一般是指由于缺少洒水养生、养护气温不适宜等引起水稳层养护不到位，发生干缩破坏等情况。

【规范条文】

《公路路面基层施工技术细则》JTG/T F20—2015

6.1.1 无机结合料稳定材料层碾压完成并经压实度检查合格后，应及时养生。

6.1.2 无机结合料稳定材料的养生期宜不少于7d，养生期宜延长至上层结构开始施工的前2d。

6.1.3 养生可采取洒水养生、薄膜覆盖养生、土工布覆盖养生、铺设湿砂养生、草帘覆盖养生、洒铺乳化沥青养生等方式，宜结合工程实际情况选择适宜的方式。

《城镇道路工程施工与质量验收规范》CJJ 1—2008

7.5.9　养护应符合下列规定：1 基层宜采用洒水养护，保持湿润。采用乳化沥青养护，应在其上撒布适量石屑。2 养护期间应封闭交通。3 常温下成活后应经7d养护，方可在其上铺筑面层。

问题26：进行了水稳层摊铺是否就要负责后续的养护？

【判决出处】

法院：山东省济南市中级人民法院

案号：（2020）鲁01民终8482号

名称：甲公司与乙公司建设工程施工合同纠纷案

【案情概况】

2018年3月28日，甲公司（甲方）与乙公司（乙方）签订《水泥稳定碎石基层工程劳务分包协议书》，约定甲方将水泥稳定层、沥青层摊铺工程劳务分包给乙方，工程名称为某路面水稳施工、沥青面层施工；水泥稳定层摊铺工程单价为两层每平方米7元，沥青油层摊铺工程单价为两层每平方米4.5元，该单价为一次性包死价，在合同实施期内不因其他因素变化而调整变动，结算工程量以乙方实际完成数量为准；乙方自行解决机械设备运输，乙方的机械设备进场后，甲方应支付启动资金0元，水稳摊铺完成后按工程量付80%，油层摊铺完成80%后按工程量付至总造价的80%，剩余20%待业主、监理单位验收合格后铺设塑胶前付清。

乙公司依约施工完毕。2018年7月19日，经双方测量，甲公司工作人员栾某为甲公司出具施工量单据一张，载明"沥青面积33322.11m²，水稳面积33242.11m²"。

律师点评　本案当中，甲公司与乙公司虽然所签订合同名称为《水泥稳定碎石基层工程劳务分包协议书》，但根据双方约定，工程名称为水稳施工、沥青面层施工，机械设备由乙公司自行运输进场，工作成果须经业主方和监理单位验收，乙公司工作完成后甲公司工作人员出具的是施工量单据。因此，双方所签订协议书从内容和履行等方面更加符合施工合同而不是劳务合同的特征，案由也被确定为建设工程施工合同纠纷。

后乙公司诉至法院，诉讼请求包括判令甲公司支付剩余合同款及逾期付款损失等。诉讼中，乙公司撤回关于逾期付款损失的主张。

【一审阶段法院观点】

甲公司将诉争工程违法转包给没有施工资质的乙公司，双方签订《水泥稳定碎石基层工程劳务分包协议书》为无效合同，但乙公司施工完毕，且经甲公司验收并出具施工量单据，视为对乙公司工程完成数量的确认。

关于工程质量，甲公司对诉争工程施工质量提出异议，但无有效证据证实，且结合诉争工程现均交付使用的事实，故甲公司的质量异议不能成立，其应参照合同约定支付工程价款。

【二审阶段法院观点】

对于甲公司主张水稳养护款，乙公司主张结算款中并不含水稳养护费，甲公司并未对乙公司该主张予以反驳，亦未提供证据证实结算的款项已经包括了养护费及该费用数额，故其主张水稳养护款应予扣除，无事实及法律依据，本院不予支持。

> **律师点评**　养护这一词语在公路和城市道路领域较为常见，本身因使用情景的不同亦可进行区分：一种是施工过程中的养护，比如本案中所涉及的在水稳层摊铺完成后按规范要求进行养护；另一种是使用过程中的养护，比如《城市道路管理条例》第二十一条第一款规定："承担城市道路养护、维修的单位，应当严格执行城市道路养护、维修的技术规范，定期对城市道路进行养护、维修，确保养护、维修工程的质量。"

对于甲公司主张的因工程质量问题发生的扣款问题，一审中乙公司自认应扣维修费5000元，一审在结算款中予以扣除，并无不当。对于甲公司主张的因质量问题产生的其他款项，乙公司不予认可，甲公司一审中亦未提出反诉，故其该主张，证据不足，本院不予支持。

律师点评

对于甲公司所主张的工程质量问题，乙公司自认应扣减维修费。《最高人民法院关于审理建设工程施工合同纠纷案件适用法律问题的解释（一）》第十二条规定："因承包人的原因造成建设工程质量不符合约定，承包人拒绝修理、返工或者改建，发包人请求减少支付工程价款的，人民法院应予支持。"从这一角度而言，乙公司自认扣减维修费亦可理解为甲公司减少支付了工程价款。

因承包人造成工程质量问题是发包人减少支付工程价款的前提条件之一，但除此之外，还应注意承包人是否有拒绝修理、返修或改建的情况，具体可从以下两个层面进行理解：首先，发包人是否曾要求承包人进行修理、返修或改建；其次，承包人在得知发包人的要求后是否明确拒绝了修理、返工或改建。如果不属于承包人拒绝修理、返修或改建的情况，则发包人要求减少支付工程价款的请求可能得不到支持。

以（2022）最高法民终63号案件为例，法院认为：针对承包人施工造成的质量问题，首先应当由承包人承担修复义务，只有在承包人拒绝修理、返工或者改建等情况下，发包人请求减少支付工程价款的抗辩或反诉，才能得到支持……一审判决在A公司无正当理由拒绝施工方组织维修的情况下，径行判令B公司和A公司按照过错比例承担维修费用，与司法解释规定不符，应予改判；B公司主张不应减少工程价款的上诉理由予以采纳，但其依法依约应履行的维修义务不因此免除。

【本案小结】

本案诉讼过程中，双方对于水稳养护工作及对应款项存在争议。甲公司上诉时认为："合同是一次性包死价，该价格包含了整项工程的全部工序，自然也包括水稳养护。水稳养护是水泥稳定碎石混合料在经过摊铺、找补、碾压、成型后，必须立即用草帘覆盖，必要时进行洒水养护，目的是保证水稳层的温度，进而保证水泥水化热能正常反应，以保证水稳层强度的稳定提升。水稳养护工序是介于水稳层和沥青层施工中间的工序，没有此道工序就不能进行下一步的沥青施工。乙公司没有对此项进行施工，我方为赶工期只能自行进行水稳养护，该部分费用应当从总工程价款中扣除。"乙公司对此则辩称："目前双方的合同已履行完毕，工程也已竣工交付并已投入使用，在合同履行阶段及交付后，甲公司未就此部分费用与乙公司主张或协商过，甲公司亦无充分证据证实乙公司未进行水稳施工，因此对该主张不予认可。"

二审法院对于甲公司该上诉主张未予支持。在此有两点可以予以关注：

第一，双方协议书约定："水泥稳定层摊铺工程单价为两层每平方米7元，沥青油层摊铺工程单价为两层每平方米4.5元，该单价为一次性包死价……水稳摊铺完成后按工程量付80%，油层摊铺完成80%后按工程量付至总造价的80%"。主要是以摊铺这一工作作为计价依据和付款节点，并未明确涉及由乙公司进行养护及养护对应价格。

第二，在乙公司施工完毕后，甲公司工作人员曾出具施工量单据一张，载明了沥青面积和水稳面积，没有涉及要求进行养护或者就养护工作进行扣款的意思表示。

一般而言，水稳层摊铺的施工单位也会进行后续的养护工作，但不能以此想当然地认为其就应当无偿进行养护工作。毕竟摊铺和养护被认为属于两道工序，在合同约定只涉及摊铺工作的情况下，主张其中还包括了养护工作并以此要求扣款较难得到支持。

如果认为应由水稳层摊铺的单位负责后续养护工作，建议在双方签订合同时不仅列明具体的工作范围，还可以对相应工序的价格作出约定，以便双方更明确地履行义务和承担责任。

问题27： 前后工序承包人不同的情况下如何划分责任？

【判决出处】

法院：云南省楚雄彝族自治州中级人民法院

案号：（2013）楚中民一初字第22号

名称：甲公司、乙公司建设工程施工合同纠纷案

【案情概况】

2009年10月30日，乙公司与甲公司签订了某改道工程施工合同，合同约定，甲公司将某改道工程发包给乙公司，承包方式为包工、包料。

施工期间，甲公司向乙公司发出整改通知书，向其告知施工作业存在不规范和安全隐患，乙公司遂进行了整改，向甲公司等申请复工并得到了同意。

2010年9月21日，在设计单位、质量监督单位、业主单位、监理单位、施工

单位的参与下，就该工程进行中间验收和工程局部存在需整改的问题召开了会议，并制作了会议纪要，约定该工程未完成的部分，暂时不继续施工，施工单位负责对此中间验收的半成品进行保护。保护的方法及措施书面提供给业主单位和监理单位。

2010年10月10日，又再次召开会议，对工程局部整改后的情况，各单位代表现场进行实体查看后，对整改情况进行分析与讨论。

2011年1月18日，乙公司向甲公司的王某移交了结算资料。

2011年9月3日，乙公司向甲公司发出催收工程款的函。

2011年10月28日，乙公司再次向甲公司移交结算资料。

律师点评

承包人按照合同约定向发包人提交结算资料是双方进行结算的主要环节之一。关于承包人提交结算资料和发包人后续处理，《建设工程施工合同（示范文本）》GF—2017—0201通用合同条款第14.1条"竣工结算申请"、第14.2条"竣工结算审核"等有详细的约定。根据前述条款，发包人在约定时间内未完成审批且未提出异议的，视为认可承包人提交的竣工结算申请。

实际上，有些合同对于发包人的审批时限和不及时审批的后果均未做出明确约定，但即使在这种情况下，发包人仍应在合理时限内对承包人提交的结算资料进行审查，如有异议也应及时提出，《建设工程价款结算暂行办法》第十四条等对此有明确的规定。

就本案而言，乙公司不止一次向甲公司移交结算资料，本身就是乙公司主张自身权益的一种形式。

2012年3月1日，甲公司与乙公司签订《某改道工程施工补充协议》，协议约定由乙公司施工的工程作部分改造，合同工期约定为2012年3月2日—4月8日。

2012年4月8日，某改道工程经建设单位、监理单位、施工单位验收，认定工程质量合格。

2012年4月9日，甲公司与某拌合站签订工程承包合同，将本案涉及的路面层交付由某拌合站施工，合同约定开工后15d内完成合同内容。

由于本案的当事人为甲公司和乙公司，并不包括某搅拌站，因此甲公司与某搅拌站所签工程承包合同是否有效并不在本案的审查范围之内。

实践当中，对于作为搅拌站的承包人与发包人之间所签订包括摊铺等施工内容的合同，效力认定主要有两种情况：

第一种情况是认定为无效，以（2018）粤06民终212号案件为例，法院认为：因某骏搅拌站未能提供证据证明其具备案涉工程的施工资质，故其与某坤公司之间的《工程合同》为无效合同。

第二种情况是认定为有效，以（2022）湘1023民初761号案件为例，法院认为：某都沥青搅拌站系依法登记核准的沥青路面施工企业，某果公司与某都沥青搅拌站于2018年和2020年先后签订《沥青混凝土路面施工承包合同》，该合同未违反法律、行政法规的强制性规定，合法有效，当事人应当按照约定全面履行自己的义务。

由此可见，与搅拌站之间就施工内容所签订的合同不一定无效，这主要取决于搅拌站是否具备相应的资质。

2012年11月7日，乙公司的法定代表人陈某与甲公司的法定代表人谢某等达成还款决议，约定若决算结果建设方尚欠施工方的工程款，其未付款部分款项，从2012年7月1日起，建设方按3％的标准每月计算支付施工方的资金占用费。

后乙公司向法院起诉，请求判令甲公司向乙公司支付工程欠款及利息、甲公司承担本案诉讼费用。

甲公司则提起反诉，请求判令乙公司偿付甲公司因工程质量不合格而造成的返工费用及利息、乙公司承担本案诉讼费。

【鉴定情况】

甲公司向法院申请，请求对乙公司施工的工程总造价及工程是否存在质量问题进行鉴定，如若工程存在质量问题，工程质量问题由谁的行为造成，返工的费用是多少的问题进行鉴定，经法院委托某中心对上述三项进行鉴定。

鉴定意见书载明，乙公司承建的甲公司开发的工程总造价为9319501元，并根据司法鉴定意见书中的检测数据结果分析，按照国家公路工程质量相关法规及有关工程合同，工程承包方即乙公司的施工行为是该路段公路工程质量问题产生的主要原因，甲公司在2012年4月9日才与另一承包方签订沥青路面工程承包合同，进而实施沥青路面施工，远远超出国家公路工程施工规范规定30天的要求，也是间接造成工程质量问题的原因之一。

法院认为，某中心出具的司法鉴定意见书及质量原因分析说明，因在该鉴定意见中署名的鉴定人员只有一人具有建筑工程质量鉴定资质，违反了司法部《司法鉴定程序通则》（司法部令第107号）第十九条的规定："司法鉴定机构对同一鉴定事项，应当指定或者选择2名司法鉴定人共同进行鉴定"，故对该鉴定意见书中涉及工程质量鉴定及返工费的鉴定意见及原因分析说明不予采信。

律师点评

《司法鉴定程序通则》第十八条第一款规定："司法鉴定机构受理鉴定委托后，应当指定本机构具有该鉴定事项执业资格的司法鉴定人进行鉴定。"第十九条规定："司法鉴定机构对同一鉴定事项，应当指定或者选择2名司法鉴定人进行鉴定；对复杂、疑难或者特殊鉴定事项，可以指定或者选择多名司法鉴定人进行鉴定。"因此，对于鉴定人员的资格和人数均有明确的规定，如不符合要求，则可依法重新鉴定或补充鉴定。

除了本案鉴定过程之外，再列举其他案件。比如在（2019）最高法民再363号案件中，法院认为：一审法院委托某所对案涉工程造价及停工损失进行鉴定，某所具有建设工程司法鉴定资质。二审法院以该鉴定机构不具备建设行政主管部门颁发的工程造价咨询企业资质、鉴定人员未取得国家注册造价工程师资质，认定鉴定意见无效。该认定是否妥当，应进一步查明。二审法院若认为鉴定机构及人员不具有鉴定资质，应询问各方当事人是否重新申请鉴定。但二审法院审理中，未询问各方当事人是否重新鉴定，直接认定鉴定意见无效，采信某公司单方证据认定工程款，依据是否充分，应进一步查明。

以此而言，在鉴定人员人数或资格不满足要求的情况下，一般不宜直接转而采信其他单方证据，如果鉴定机构另有其他具备资格的人员，可在符合规定的前提下进行补充鉴定；如果鉴定机构本身的资质亦不满足要求，也需先行询问当事人的意向，是否同意另择有资质的鉴定机构重新鉴定。

随后，法院向某中心函告其出具的某司法鉴定意见书及质量原因分析说明因程序违法，不予采信，要求该中心对工程是否存在质量问题按照相关规定向法院作出合法的鉴定意见书，另外，如若工程存在质量问题，请在鉴定意见书中明确存在质量问题的原因及由谁的行为造成、是否需要返修、返修的费用是多少。该中心于2015年8月25日又出具了工程质量司法鉴定意见书。

法院认为,该中心出具的工程质量司法鉴定意见书系甲公司申请,经法院委托的合法的鉴定机构出具,鉴定人员具有合法的鉴定资质,鉴定程序未违反法律的禁止性规定,对该鉴定意见书予以采信。

【一审阶段法院观点】

甲公司主张乙公司施工的工程存在质量问题,经过委托鉴定,能够确认乙公司施工的工程存在工程质量问题,工程质量问题主要在于路基,东段一期建设工程压实度不符合相关要求,不满足正常通行及使用要求,需全部修复处理。从鉴定时勘察取点来看,乙公司未完全按图施工,两个点均未做设计为12cm级配碎石,三个点土质都是耕植土,土质不好,没有换土,所以造成路基质量问题,工程质量产生的主要原因为乙公司的不当施工行为,甲公司是该路段公路工程质量问题产生的次要原因,按照国家公路工程施工相关规范,水稳层养护期结束后,如其上为沥青面层,在清扫干净的基层上,可先做下封层,以防止基层干燥开裂,同时保护基层免遭施工车辆破坏,宜在铺放下封层后10~30d内开始铺筑沥青面层的底面层,甲公司在2012年4月9日才与另一承包方签订沥青路面工程承包合同,进而实施沥青路面施工,已超过30d内的要求,也是间接造成工程质量问题的原因之一。甲公司虽辩称该工程在2012年4月8日仍有交工的事实,但从双方签订的《某改道工程施工补充协议》的工程承包范围来看,2012年4月8日交工的工程已超过《某改道工程施工合同》的合同范围,补充协议的施工范围何时发包取决于甲公司。乙公司与甲公司在中间验收后,双方约定施工方负责对此中间验收的半成品进行保护,保护的方法及措施书面提供给建设方和监理方,但双方对半成品的保护期限未进行约定,甲公司应明知铺筑沥青层面的时间,其于2012年4月9日才与另一承包方签订沥青路面工程承包合同,由此产生的后果应由其承担。故乙公司及甲公司均应根据双方的行为原因承担相应的返修责任,根据本案的具体情况,乙公司应承担60%的返修费用为宜,甲公司应承担40%的返修费用为宜。

【本案小结】

公路或城市道路建设过程中,存在发包人(总包人)将水稳层和沥青面层等分包给不同的承包人(分包人)的情况,此类情况下一旦出现工程质量问题,认定事实和划分责任时就常常会面临较为复杂的局面,特别是前后工序的各个承包人(分包人）是否应就质量问题承担责任、承担多少责任，发包人（总包人）是否也应承担相应责任等焦点问题，需要重点关注和解决。

就本案一审判决书而言，可以认为工程质量问题主要是两个原因所引起：第一个原因是乙公司未完全按图施工等行为；第二个原因是承包沥青路面工程的另一承包人进场施工已超过了适宜的时间。第一个原因显然乙公司存在过错；第二个原因则不是由另一承包人担责，一审法院指出甲公司应明知铺筑沥青面层的时间，但于2012年4月9日才与另一承包人签订沥青路面工程承包合同，由此产生的后果应由甲公司承担。

在此我们认为还有一种因素也可能影响到本案案涉工程的质量情况。案涉工程于2010年9月21日进行了中间验收，结合2012年4月8日工程验收以及2012年4月9日路面层交由案外的另一承包人实施沥青路面施工的事实，可以认为案涉工程自2012年4月已经移交。而司法鉴定发生在工程移交较长的一段时间之后，因此可能不应直接认定鉴定机构实地勘验的结果即是移交时工程的现状。除非有特殊的情况发生，2012年4月移交后至一审阶段鉴定工作启动期间所发生的影响工程质量的因素也应与乙公司无关。当然，截至目前我们并没有检索到本案的二审裁判文书，如果有读者了解相关情况，可以与我们联系和交流。

从发包人（总包人）的角度而言，在出现工程质量问题后，可能会想当然地认为应当由承包人（分包人）承担责任，如果有数个承包人（分包人），则应分别承担责任或承担连带责任。但实际上却并非如此，本案即是一例。因此，在有多个承包人（分包人）的情况下，发包人（总包人）应更加注意各工序之间的衔接管理，尽可能明确各方职责，以避免争议纠纷。

2.7　水稳层不凝结

【名词解释】

水稳层不凝结一般是指由于原材料问题等原因导致水稳层凝结慢或不凝结的情况。

【规范条文】

《公路路面基层施工技术细则》JTG/T F20—2015

3.2.2　所用水泥初凝时间应大于3h，终凝时间应大于6h且小于10h。

3.2.3　在水泥稳定材料中掺加缓凝剂或早强剂时，应对混合料进行试验验证。缓凝剂和早强剂的技术要求应符合现行《公路水泥混凝土路面施工技术细则》（JTG/T F30）的规定。

《城镇道路工程施工与质量验收规范》CJJ 1—2008

7.5.1　原材料应符合下列规定：1　水泥应符合下列要求：1）应选用初凝时间大于3h、终凝时间不小于6h的32.5级、42.5级普通硅酸盐水泥、矿渣硅酸盐、火山灰硅酸盐水泥。水泥应有出厂合格证与生产日期，复验合格方可使用……

 问题28：能通过录音明确水稳层不凝结的质量责任吗？

【判决出处】

法院：四川省成都市中级人民法院

案号：（2013）成民终字第4415号

名称：贾某、甲公司等买卖合同纠纷案

【案情概况】

甲公司与贾某之间长期有业务往来，由贾某向甲公司出售水泥，双方系口头约定，交易习惯为先货后款，滚动支付。贾某曾向甲公司出售水泥，甲公司付款450003.1元，其中有497t由乙公司生产的水泥用于甲公司施工的某路段，价格为330元/t。

2011年12月5日，某路施工路面出现水稳层不凝结现象，当天甲公司通知了生产方、销售方，三方就某路水稳层出现大面积断裂推移，水稳层松散，不凝结，水稳无强度的现象进行协商处理，讨论原因及处理措施，施工单位对出现问题的水稳层进行返工处理。

2012年1月21日，贾某向甲公司催款，甲公司要求贾某就水泥问题书写情况说明，双方就此进行协商。期间，甲公司未经贾某同意对贾某进行录音，主要内容为贾某说："写这个工作函是想向水泥厂证明，损失问题没有解决好，甲公司不同意付款，贾某也没有钱付给水泥厂，不作为其他任何证据使用，水泥生产厂方认为要证明水泥质量不合格须有一个书面的证明材料，贾某认可肉眼看见不凝结，有问题，并同意作证。贾某认可有问题，但要水泥厂承认才行。关键是水泥厂现在不认可。贾某认可98万元的损失，是想向水泥厂证明，为什么不付货款"。后贾某、甲公司双方对损失的数额进行确认为98万元，双方同意在春节后解决这个问题。

在甲公司为贾某录音当天即2012年1月21日，甲公司向贾某发出《关于处理水泥质量造成损失的工作联系函》（以下简称《工作联系函》），贾某在函上签字"属实收到贾某"。该函的主要内容为：由贾某供应的乙公司生产的某牌某型号水泥，在甲公司用于水稳层施工过程中，出现无法粘接、凝固等质量问题，损失98万余元，双方对此进行确认。请于2012年3月1日之前与甲公司协商损失承担问题，否则甲公司有权拒付货款，并追究损失。

律师点评 贾某在《工作联系函》上签字"属实收到贾某"，该段文字的意思是贾某确认《工作联系函》的内容，还是仅仅表示收到了《工作联系函》，亦或其他意思，其实并不能直接进行明确。在后续的诉讼过程中，甲公司将《工作联系函》作为主要证据之一进行提交，意图证明贾某已自认水泥存在质量问题，但法院综合本案具体情况，对甲公司的观点并未予以支持。

后贾某诉至法院，诉讼请求包括请求判令甲公司给付货款等。

甲公司反诉称，由于贾某的水泥质量有问题，在某路施工过程中出现水稳层不凝结的现象后，三方到施工现场对事故的原因予以确认，均认为是水泥质量问题，并签字同意返工。并且，贾某在协商处理损害赔偿事宜时是认可水泥质量问题的，也认可造成的损失。甲公司请求法院依法判决：①贾某赔偿甲公司损失982363.7元；②本案反诉费由贾某承担。

诉讼过程中，经甲公司申请对其返工损失进行了司法鉴定，丙公司于2013年4月18日出具《建设工程鉴定报告》，鉴定意见为：返工损失费1217694.83元。

律师点评 甲公司在本案中提起反诉，主张贾某供应的水泥存在质量问题，用于道路施工后出现了水稳层不凝结等情况，要求贾某赔偿因水泥问题造成的损失。甲公司在诉讼过程中申请对返工损失进行司法鉴定，鉴定单位出具的鉴定意见亦列出了返工损失费用的具体金额。但是，鉴定意见列出具体金额并不能代表相关费用即应由贾某向甲公司做出赔偿，贾某是否应进行赔偿以及具体金额须在明确各方是否应承担责任以及具体承担多少责任后方能进行明确。

当事人申请进行损失鉴定并开展鉴定工作、出具鉴定意见后，当事人的损失赔偿主张未能得到支持的情况在其他案件中也存在。比如在（2022）皖12民终8682号案件中，一审阶段当事人曾申请对楼房整改加固产生的损失金额进行鉴定，鉴定单位亦出具鉴定意见明确了相应金额，但最终因未能证明损失与对方当事人行为之间存在因果关系，关于损失金额的相应诉请未能得到支持。以此而言，在涉及水泥、混凝土等买卖合同纠纷当中，如使用方主张销售方、生产方承担因产品质量问题而产生的损失赔偿责任，证明产品质量问题在于销售方、生产方相较于证明损失的具体金额可能更为关键。

【一审阶段法院观点】

（1）没有当事三方（施工方、销售方、生产方）一致认可的直接证据，证明生产方和销售商自认水泥有质量问题。甲公司提交的《证明》不足以证明三方一致认可水泥质量有问题。甲公司提交的《证明》，就《证明》的内容来看，该证据仅证明：三方就某路施工中出现水稳层不凝结的现象进行协商处理，对事情经过进行记载，并无文字记载三方一致认可水泥质量有问题。出现事故后，生产厂家和经销商前往施工现场进行实地查看的行为，不能直接推定系生产方和销售商的自认。

（2）甲公司提交的录音材料及《工作联系函》不能证明贾某自认水泥存在质量问题。虽贾某曾一度说："水泥质量有问题"，但其当事的环境和语境说明，此自认不是其真实意思表示。首先，贾某在谈话之初就提到几个问题：①今天是应甲公司要求来收钱的；②要求甲公司出具的《工作联系函》只是为了给生产商看，不作为其他证据使用，只是以此证明，贾某无钱给生产商；③"我承认有问题，但要水泥厂承认才行"，也就是说其自认是附条件的，即必须要生产方认可水泥有质量问题。其次，贾某作为一般公民，通过肉眼是不能判断水泥是否存在质量问题的，水泥系粉状水硬性无机胶凝材料，是人工加工而成，是否有质量问题应当依照相关国家标准进行检测来确定。因此贾某在谈话过程中一度承认有质量问题的说法是不负责，也不科学。再次，《工作联系函》所记载的内容包含了对水泥质量的确认及对损失的确认，贾某签字属实收到，该行为不应当认定为贾某是对联系函内容的认可。同样结合甲公司提交的录音材料可以看出，贾某当时仅想将该《工作联系函》交给生产方，以此作为无钱付货款的理由，并无自认水泥存在质量问题以及对损失额确定的意思表示。最后，公路施工过程中，水泥稳定土在施工前应当进行材料检测和配合比试验，试验结果符合要求后方能施工，甲公司在使用水泥进行施工过程中没有按照要求首先进行材料的检测和配合比试验，匆忙施工，致使能够证明是否系水泥质量问题的直接证据缺失，甲公司应承担举证不力的法律后果。

综上所述，甲公司所提交的证据不足以证明水泥质量存在问题，因此甲公司要求贾某赔偿损失的诉讼请求不予支持。买受人应当依照合同的约定支付货款，双方对货款数额无争议，对贾某要求甲公司支付货款794778元的诉讼请求，予以支持。

据此，依照《合同法》第六十二条第（四）项、第一百五十九条、第一百六十一条之规定，判决：①甲公司在判决生效后十日内支付贾某货款794778元；②驳回甲公司的反诉请求。

【二审阶段法院观点】

公路施工过程中，水泥稳定土在施工前应当进行材料检测和配合比试验，试验结果符合要求后方能施工。但根据本案查明的事实：①甲公司在施工中，如果使用乙公司的水泥却以其他水泥试验、送检，此举严重不合常理，故甲公司应当对施工中系使用乙公司的水泥承担证明责任；②2011年12月5日某路施工路面出现水稳层不凝结现象时，甲公司当天虽及时通知了乙公司、贾某，乙公司也带上取样工具赶到现场，但因现场已无乙公司生产的水泥，导致无法取样、送检。以上两个方面的事实证明，甲公司对于是否因使用乙公司的水泥而造成损失，缺失关键证据负有重大责任。即使假设甲公司使用了乙公司的水泥，且存在质量问题，如果按照国家相关规定操作，其损失也可以避免或最大限度的减少，故甲公司认为本案为买卖合同纠纷，不应适用《公路路面基层施工技术规范》JTJ 034—2000及《公路工程无机结合料稳定材料试验规程》JTJ 057—1994相关规定的上诉理由不能成立。

综上所述，甲公司提交的证据不足以证明贾某销售的乙公司生产的水泥质量存在问题及给其造成了损失，甲公司应承担举证不能的法律后果。原审认定事实清楚，适用法律正确，应予维持。

律师点评 在本案一审、二审阶段，甲公司要求贾某承担损失责任的诉请均未得到支持，相应理由亦作了阐明。在此，我们认为从水泥、混凝土等建材的使用方角度而言，如需主张销售方、生产方的产品质量责任，可以关注以下两点：

第一，须证明所使用的水泥、混凝土等建材系由作为当事人的销售方、生产方所销售、生产。这一问题常常被忽视，但却是主张产品质量责任的前提之一，如果不能证明是由作为当事人的销售方、生产方所销售、生产，则后续的举证可能都难以启动。

第二，水泥、混凝土等建材是否存在质量问题、存在哪些质量问题属于专业技术事项，并且对于质量检测流程和技术指标有严格的规范要求。因此，即使有录音、《工作联系函》等证据材料，仍然较难直接证明产品质量问题。这就要求使用方遵循进场、施工、验收等阶段的检测流程，保留过程资料，以便保留证据、明晰责任。

【本案小结】

本案当中涉及录音这一证据形式，由于电子产品的普及，将录音作为证据提交的情况在涉及建设工程质量纠纷、产品质量责任纠纷等案件中也较为常见。《民事诉讼法》第六十六条第一款规定："证据包括：（一）当事人的陈述；（二）书证；（三）物证；（四）视听资料；（五）电子数据；（六）证人证言；（七）鉴定意见；（八）勘验笔录。"关于录音所属的证据种类，有观点认为根据载体差异可分为两种证据类型：存储在胶片、磁带等传统介质中的录音，属于视听资料；存储在电子介质中的录音，属于电子数据。

关于录音作为证据的证明效力，《最高人民法院关于民事诉讼证据的若干规定》第九十条规定："下列证据不能单独作为认定案件事实的根据：……（四）存有疑点的视听资料、电子数据……"。以此而言，在涉及建设工程质量纠纷、产品质量责任纠纷等案件中，由于所涉争议焦点的复杂性和专业性，较难仅以录音作为主要证据认定事实和划分责任。以本案为例，法院即认为甲公司所提交的录音并不能证明贾某自认水泥存在质量问题。又以（2022）皖12民终8682号案件为例，法院认为：关于某工程公司主张的朱某的电话录音，仅凭录音陈述亦不足以认定某建材公司供应的案涉混凝土存在质量问题。

并且，提交录音作为证据时还应关注是否留有原始载体。《最高人民法院关于民事诉讼证据的若干规定》第十五条即规定："当事人以视听资料作为证据的，应当提供存储该视听资料的原始载体。当事人以电子数据作为证据的，应当提供原件。电子数据的制作者制作的与原件一致的副本，或者直接来源于电子数据的打印件或其他可以显示、识别的输出介质，视为电子数据的原件。"如果未能在质证过程中就录音出示原始载体或原件，则录音本身的真实性都有可能得不到确认，更遑论证明目的得到全部支持。

2.8　路面沥青含量不符合要求

【名词解释】

路面沥青含量不符合要求一般是指路面沥青含量不符合规范或设计要求，可能影响沥青混合料性能的情况。

【规范条文】

《公路沥青路面施工技术规范》JTG F40—2004

4.1.1　沥青路面使用的各种材料运至现场后必须取样进行质量检验，经评定合格后方可使用，不得以供应商提供的检测报告或商检报告代替现场检测。

5.3.1　沥青混合料必须在对同类公路配合比设计和使用情况调查研究的基础上，充分借鉴成功的经验，选用符合要求的材料，进行配合比设计。

《城镇道路工程施工与质量验收规范》CJJ 1—2008

参见第8.1.7条，由于篇幅所限，在此不进行引用，读者可自行查阅。

问题29：以质保金抵扣维修费用能否得到支持？

【判决出处】

法院：广东省佛山市中级人民法院

案号：（2021）粤06民终18743号

名称：甲公司、乙公司建设工程施工合同纠纷案

【案情概况】

2019年7月26日，甲公司中标某公路项目。

2019年8月19日，甲公司与某公路站就该项目签订了《施工合同》，约定：项目中标合同价为2970.7454万元，合同工期150日历天。

2019年11月1日，甲公司（甲方，发包方）与乙公司（乙方，承包方）签订《沥青混凝土路面承包施工合同》，约定：工程名称为某段路面恢复重建工程；乙方对沥青混凝土部分按包工、包料、包机械、包检测资料、包施工质量的方式承包；乙方必须严格按照甲方提供的施工设计图纸要求和国家有关规范进行施工并接受甲方派驻现场的代表监督；属乙方工程质量问题而造成返工的，返工费用由乙方承担；因甲方基础质量问题而造成沥青混凝土出现问题的乙方不承担责任（如路基下沉、开裂及裂缝反射至沥青面层导致沥青路面开裂、基层平整度达不到要求造成沥青混凝土厚度局部不够设计厚度、弯沉值达不到设计要求等）。

> **律师点评**   由于乙方承包的范围是路面恢复重建工程，道路基础部分的质量问题以及因基础导致的沥青混凝土问题并不由其承担责任。甲乙双方在合同当中对此进行了约定，可供参考。

2020年6月28日，案涉工程路面进行了通车。

2020年8月3日，案涉工程监理单位发出《监理指令单》，称在2020年7月30日现场察看时，发现沥青混凝土路面出现大面积泛油、局部路段有车辙等质量问题，通知甲公司制定切实可行的整改措施。

2020年8月18日，监理单位发出《工作联系单》，载明其于8月11日委托丙公司对出现泛油及车辙路面取样进行沥青混合料中沥青含量及矿料级配试验检测，根据检测报告反映，认为沥青混凝土集料偏细、孔隙率过小、沥青含量偏高，且近期连续高温天气等因素影响，沥青受热膨胀，建议进行返工处理并全面排查。

2020年8月13日，丁公司出具《检测报告》，载明：现场检测完成后，对相关检测数据进行分类统计，汇总如下：①压实度合格率为100%；②激光平整度合格率为76.4%；③渗水系数合格率为100%；④横向力系数合格率为77.2%；⑤厚度合格率为100%；⑥车辙合格率为75.9%；⑦弯沉实测弯沉代表值为14.3（0.01mm）。

2020年10月17日，根据某公路站委托，戊公司出具《检测报告》，结论为：沥青路面泛油、车辙与拥包问题的原因可归纳为：①重载渠化交通；②上面层改性沥青指标不稳定，碎石质量稳定性差，性能及规格变异性大；③级配分析问题；④施工管理问题。

> **律师点评**　监理单位的《工作联系单》以及丙公司、丁公司、戊公司对案涉工程的检测情况是判断乙公司承揽部分是否存在质量问题、存在哪些质量问题以及质量问题原因的重要依据。

甲公司向法院起诉，诉讼请求包括要求乙公司支付因案涉工程施工质量不合格而返工的直接经济损失费用并承担诉讼费、财产保全费。诉讼过程中，甲公司提交的证据反映，其于案涉工程通车之后支付了相应的返工修复工程款、材料款、检测服务款等，结算金额计为3688798.96元，要求乙公司予以赔偿。

【一审阶段法院观点】

本案为建设工程施工合同纠纷。甲公司与乙公司所签《沥青混凝土路面承包施工合同》合法有效，双方均应依约履行。乙公司作为施工方，应确保其施工交付的工程成果符合施工设计图纸要求和国家有关规范要求。现有证据反映，案涉工程通车之后，确实存在沥青混凝土路面泛油、局部路段有车辙、拥包等质量问题，而乙公司提交的《检测报告》亦反映案涉工程施工过程中存在颗粒级配不合格的情况，故甲公司主张乙公司交付的工程存在瑕疵有事实依据，法院予以采纳。

根据甲公司提交的由丁公司于2020年8月13日出具的《检测报告》、由戊公司于2020年10月17日出具的《检测报告》可见，案涉工程出现的质量问题系多方面的原因所致，部分原因与乙公司并无直接关联性，因此，甲公司主张乙公司承担其于案涉工程通车之后支付的全部返工修复工程款、材料款、检测服务款理据不足，法院不予采纳。

鉴于乙公司并未提交证据证明其在案涉工程通车之后有到场履行完毕返修义务，而甲公司已提交证据证明其已自行完成案涉工程的返修工作，故法院综合本案的实际情况，根据公平原则，酌情确定乙公司应承担返修费用的金额为1106639.69元（甲公司主张结算金额的30%计付）。根据本案及另案查明的事实，因甲公司尚有质保金497412.41元（9948248.22元×5%）未支付予乙公司，在本案庭审辩论终结之时，该款项支付期限已经届满，故到期的质保金应用于抵扣返修费用欠款，即乙公司还应向甲公司支付609227.28元（1106639.69元-497412.41元）。甲公司诉请金额超以上核定的，法院不予支持。

一审法院认为，案涉工程路面出现的质量问题是由多方面的原因所引起的，其中部分原因与乙公司之间并没有直接的关联性，因此酌定乙公司作为路面分包单位承担了30%的责任。

实践当中，包括路面工程在内的道路工程在投入使用后发现质量问题的情况并不罕见。如果质量问题已经整改维修完毕，已经发生的费用应如何在发包人、总包人、分包人等之间进行划分呢。除了查明引发质量问题的技术原因，比如材料不符合要求、施工问题、使用不当等因素并进行归责外，还可以从以下方面进行考虑：

第一，如果存在多个施工方，相互之间有无明确的工作范围或施工界面。例如在（2020）赣07民终567号案件中，法院认为：由于路面施工方、路基施工方均为水稳层的施工方，没有充分证据证实各自施工行为在质量问题中所占比例，宜由双方平均分担；路面施工方主张合同约定其不承担水稳层及以下部位的质量责任，与其负责水稳基层的摊铺碾压并承担相应的施工责任并不冲突，不能作为免除其责任的理由。

第二，施工方是否具备相应的资质条件。例如在（2020）新40民终37号案件中，法院认为：根据某交通运输局出具的招标公告、交工验收报告、竣工验收鉴定书可以认定案涉工程系二级公路，施工需具备公路工程施工总承包二级以上资质；某亚公司中标工程后转包给无施工资质的某汇公司施工，某汇公司无相应资质便承揽工程，故双方对工程质量缺陷均存在过错……某汇公司作为实际施工人，其主张工程款的前提系工程质量合格；前述已认定某亚公司对工程质量缺陷亦存在过错……酌定返修费用的40%由某亚公司承担，60%由某汇公司承担。

第三，施工过程中是否进行了变更，比如提高设计等级、增加工作量等情况。例如在（2015）扬民终字第00466号案件中，法院认为：承包人应承担工程质量问题的主要责任，发包人亦负有一定的责任，加之在维修过程中发包人确实也采取相关措施提高了设计等级，实际增加了工程量，且在初次发现质量问题后，发包人未能及时准确分析出原因，造成了前后四次的维修，客观上也扩大了损失，故对整改、维修费用，由发包人承担40%、承包人承担60%较为适宜。

【二审阶段法院观点】

首先，甲公司提起本案诉讼，要求乙公司赔偿因违约所导致的返修损失。根据法律规定，甲公司对此主张负有法定举证义务。其次，双方当事人均确认案涉工程在2020年6月份试通车运行。可见，此时的案涉工程已进行使用。双方当事人在使用时并没有即时为案涉工程办理验收手续，由此产生的工程质量不确定的风险应当由双方当事人各自承担。再次，双方当事人签订的施工合同约定因乙公司施工问题而造成返工的，返工费用由乙公司承担；因甲公司的原因造成沥青混凝土出现问题的，乙公司不承担责任。上述合同约定是对案涉工程质量不符合合同约定的责任区分，应予尊重。在本案中，甲公司所提供的检测报告未经乙公司同意或参与，甲公司在本案中也没有申请对案涉工程出现的质量问题是否因乙公司施工所致进行司法鉴定佐证其主张。根据本案相关证据显示案涉工程通车之后确实存在沥青混凝土泛油、车辙、拥包、坑槽等严重质量问题，甲公司提供的检测报告反映乙公司对案涉工程出现的质量问题有一定参与度，且甲公司提交的证据不足以证明其已有效通知乙公司进行返修及甲公司主张的返修费用的合理性等因素，一审法院酌定乙公司承担30%的赔偿责任并无不妥，本院予以维持。

律师点评

本案当中，甲公司虽然并未就质量问题本身及是否因乙公司原因所产生等事项申请进行司法鉴定，但提交了多家单位出具的检测材料以佐证自己的主张。一审法院根据检测材料，结合所查明的其他基本事实情况，依法酌定乙公司承担30%的责任，二审法院亦予以维持。以此而言，即使未申请鉴定，如果能提供较为充分的证据，关于质量问题责任的主张仍有可能得到支持或部分支持。

至于抵扣质保金的问题，甲公司上诉主张质保金不能抵扣返工费用。首先，质保金与返工费用均属于施工合同项下的当事人约定之内容，是案涉工程质量担保、质量维持的费用，性质上均为金钱债务，并非不可抵销。其次，甲公司上诉主张应当从业主交工验收的时间来起算案涉工程的质保期。经审查，案涉工程施工合同约定从沥青工程通过验收、乙公司交齐检测合格资料的第21天开始自动进入保修期，但合同当事人均未按照上述约定执行，案涉工程并未办理竣工验收手续即进行使用，工程的质保期应当从使用之日起算，由此产生的不利后果应当由甲公司承担。最后，案涉工程从2020年6月28日开始投入使用，质保期至2021年6月27日届满。在一审法院公开开庭审理本案时，案涉工程的质保期已届满。甲公司留存的质保金可抵扣乙公司负担的返修费用。为减少诉累，一审法院在本案中将质保金与返修费用直接抵扣并无不妥，本院予以维持。

【本案小结】

《建设工程质量保证金管理办法》第九条第一款规定："缺陷责任期内，由承包人原因造成的缺陷，承包人应负责维修，并承担鉴定及维修费用。如承包人不维修也不承担费用，发包人可按合同约定从保证金或银行保函中扣除，费用超出保证金额的，发包人可按合同约定向承包人进行索赔。承包人维修并承担相应费用后，不免除对工程的损失赔偿责任。"以本案为例，法院即支持了以甲公司留存的质保金抵扣应由乙公司承担的维修费用。虽然实践当中以质保金抵扣维修费用的情况较为常见，但并不代表质保金当然可以抵消维修费用，还应满足相应的前提条件。一般而言，是否能以质保金抵扣维修费用，需要考虑以下前提条件：

第一，关于质保金的约定：如果当事人在合同中事先约定了质保金的处理规则，且没有违反强制性的规定或存在无效等其他情况，应当将当事人的约定考虑在内。

第二，是否在质保期内出现了质量问题：承包人应根据《建筑法》《建设工程质量条例》所规定及双方合同约定质保期履行质保义务；即使质保期届满，如果发包人能证明存在此前质保期内承包人未进行整改的情况，还是可以就相应款项在质保金内予以扣除。

第三，质量问题系承包人原因所导致：《建设工程质量保证金管理办法》第九条第二款规定："由他人原因造成的缺陷，发包人负责组织维修，承包人不承担费用，且发包人不得从保证金中扣除费用。"很显然，如果质量问题与承包人无关，则不能从质保金中扣除费用。

第四，发包人是否履行通知义务：发现质量问题后发包人应及时通知承包人，如果承包人拒绝或怠于履行维修义务，则可依法进行扣减，反之则较难成立。以（2021）川01民终5489号案件为例，法院认为：因发包人在审理中提供的保修义务通知函等证据，不能一一对应每项维修事项履行了通知义务，通知维修函载明的维修事宜与具体扣款事项、金额亦不能一一对应等原因，对于发包人要求扣除承包人质保金不予支持。

第五，维修费用是否已实际发生：如果维修费用并未实际发生，则质保金抵扣维修费用的主张有可能暂时不予处理甚至于不予支持。以（2023）京02民终4400号案件为例，法院认为：业主与承包方之间并未进行最终结算，结算时维修费用是否扣除及具体扣除金额尚未确定；因款项尚未实际发生，具体损失尚不能确定，故对抵扣主张不予处理。

第六，是否存在重复抵扣或扣减的情况：如果此前已扣除过存在问题的工程价款，则不能再主张以质保金重复抵扣维修费用。

2.9　路面沥青混合料压实度不符合要求

【名词解释】

路面沥青混合料压实度不符合要求一般是指沥青混合料经过摊铺、碾压后压实度达不到要求的情况。

【规范条文】

《公路沥青路面施工技术规范》JTG F40—2004

5.7.1　压实成型的沥青路面应符合压实度及平整度的要求。

《城镇道路工程施工与质量验收规范》CJJ 1—2008

8.5.1　热拌沥青混合料面层质量检验应符合下列规定：……沥青混合料面层压实度，对城市快速路、主干路不应小于96%；对次干路及以下道路不应小于95%……

8.5.2　冷拌沥青混合料面层质量检验应符合下列规定：主控项目……2 冷拌沥青混合料的压实度不应小于95%……

 问题30：高于规范标准低于设计要求的情况怎么处理？

【判决出处】

法院：安徽省寿县人民法院

案号：（2021）皖0422民初1018号

名称：甲公司、乙公司买卖合同纠纷案

【案情概况】

2019年9月19日，某中心（发包方）与甲公司（承包方）签订了《某支路二某段建设工程》合同。合同载明：工程名称为某支路二某段建设工程，道路等级为支路；工程质量符合合格标准。丙公司为该工程的监理单位。

2020年5月3日，甲公司与乙公司就某支路二某段沥青混凝土材的供需料签订了《沥青混凝土购销合同》（合同编号：×××03），甲公司将该工程沥青混凝土交由乙公司供应。合同就沥青混凝土规格、数量、单价、金额等作出约定，乙公司在交货时，需同时向甲公司提供沥青检测报告、合格证及相关证件等；沥青质保期内如发现质量问题，乙公司应无条件予以维修；乙公司沥青的质保期为一年，自沥青混凝土面层摊铺结束验收合格后计算，质保期内出现质量问题的，乙公司必须在甲公司指定期限内负责免费维修或更换。

2020年5月3日，甲公司与乙公司签订了《沥青混凝土施工合同补充协议》，协议约定甲公司将某支路二某段交由乙公司施工。协议具体内容为：……沥青路面底层摊铺结束后，摊铺面层之前甲公司付清底层工程款的95%，面层摊铺结束后，经业主、监理等验收合格后，甲公司付乙公司总工程款的97%，尾款3%作为质保金，缺陷修复责任期满后一次性付清……因甲公司施工的道路路基、道路基层（非乙公司施工）质量问题造成的沥青面层质量缺陷，责任方为甲公司，乙公司不承担因此造成的质量缺陷及其引起的经济责任和相关连带责任……本协议与原合同具有同等法律效力。

律师点评　　甲公司与乙公司之间既就沥青混凝土买卖签订了《沥青混凝土购销合同》，又就沥青摊铺签订了《沥青混凝土施工合同补充协议》。法院认为前述两份合同未违反法律、法规的强制性规定，应属合法有效。本案案由为买卖合同纠纷，以此而言，法院在一定程度上可能更倾向于甲公司和乙公司属于买卖合同关系。庭审过程中，甲公司和乙公司均表示《沥青混凝土购销合同》《沥青混凝土施工合同补充协议》为两份独立的合同，两份合同的计价方式不同，但最终的价款一致。因此，本案案由无论是买卖合同纠纷，还是建设工程施工合同纠纷，对于价款计算和支付而言并不存在根本性的影响。

实践当中，混凝土供应单位既供货又摊铺路面的情况是确实存在的，对于如何判断此类情况下当事人之间的法律关系有不同的裁判思路：

有与本案类似认定为买卖合同关系的，比如（2020）皖02民终3335号案件，法院认为：《沥青混凝土销售合同》及《工程施工协议书》，系双方当事人真实意思表示，且内容与法不悖，应为有效合同，双方应依约履行各自的合同义务……某公司上诉称，本案不应认定为买卖合同纠纷，而应为建设工程施工合同纠纷；由于双方签订的《沥青混凝土销售合同》明确约定了产品名称、规格、计量单位、单价、预计数量、预计总金额等，符合买卖合同的特征；双方虽然同时约定了由供货方摊铺沥青混凝土，并作出涉及质量要求的约定，但因沥青混凝土所具有的特殊性质要求，供货方履行交付义务时根据合同约定进行摊铺，属其合同约定的附随义务，不能据此认定本案为建设工程施工合同纠纷，故对某公司的该上诉理由，不予采纳。

以此而言，在认定为买卖合同关系的案件中，摊铺沥青混凝土可能被认为是合同约定的随附义务。

有认定为建设工程施工合同关系的，比如（2023）青25民终203号案件，法院认为：《购销合同》仅从合同名称、产品名称看，双方之间为交易沥青混凝土、透层油撒布、沥青碎石的施工材料买卖合同……某公司通过人工、材料、机械的投入，将双方交易的建筑施工材料物化于某公路标段的工程中，双方之间在本案中系建设工程施工合同产生的纠纷。

以此而言，在认定为建设工程施工合同纠纷的案件中，主要着眼于是仅仅供货还是投入了人工、材料、机械。

当然，在混凝土供应单位既供货又摊铺路面的情况下，不管被认定为何种法律关系，如果供货或施工质量存在问题，混凝土供应单位仍应依法依约承担相应责任。

某支路二某段面层施工结束后，2020年9月8日，某中心委托丁公司对上述道路进行质量检测，检测结果为，沥青面层压实度评定代表值为95.24%，不符合设计要求97%，压实度判定为不合格；软化点、针入度、延度满足设计要求；孔隙率、流值、饱和度、车辙试验检测不合格。

检测结论出具后，业主方某中心与监理方丙公司均召集会议，形成会议纪要。某中心会议纪要要求甲公司于2020年10月1日前完成沥青面层返工事宜。丙公司会议纪要要求重新选定沥青单位，与原沥青单位结束合同关系，对全路段沥青进行铣刨，重新进行面层摊铺，于2020年10月1日前整改完成。

甲公司为了铣刨道路面层，于2020年10月22日与戊公司签订了《沥青路面铣刨合同》，由戊公司对道路面层进行铣刨并对沥青混凝土废料收购。甲公司废料抵扣戊公司铣刨费用后，戊公司还需支付甲公司8140元，甲公司已收到8140元。

2020年10月26日，甲公司签订了《沥青混凝土合同》，约定由己公司施工某支路二某段路面沥青摊铺。经双方结算后，甲公司向己公司实际支付了373215元。

乙公司向法院起诉，诉讼请求包括判令甲公司向乙公司支付工程款及违约金等。

甲公司亦向法院起诉，诉讼请求包括判令解除甲公司与乙公司于2020年5月3日签订的《沥青混凝土购销合同》及《沥青混凝土施工合同补充协议》、判令乙公司赔偿甲公司因沥青混凝土施工质量不合格造成的返工费用及其他损失等。

乙公司诉甲公司买卖合同纠纷一案，法院于2021年3月8日立案。甲公司诉乙公司买卖合同纠纷一案，法院于2021年3月10日立案。后法院裁定将后一案并入前一案审理。

律师点评

　　甲公司、乙公司均将对方诉至法院，法院裁定将其中一案并入另一案审理。《最高人民法院关于适用〈中华人民共和国民事诉讼法〉的解释》第二百二十一条规定："基于同一事实发生的纠纷，当事人分别向同一人民法院起诉的，人民法院可以合并审理。"就本案而言，双方向法院起诉均是基于乙公司向甲公司提供沥青混凝土并进行摊铺所发生的纠纷，符合合并审理的条件。

【一审阶段法院观点】

甲公司与乙公司对于施工面层的沥青压实度并未作出明确的要求，质量要求不明确的，按照国家标准、行业标准履行，住房和城乡建设部曾发布城镇道路工程施工与质量验收规范，规范指出，沥青混合料面层压实度，对于城市快速路、主干路不应小于96%；对次干路及以下道路不应小于95%，案涉道路等级为支路，对应为次干路及以下道路，压实度不应小于95%，而案涉道路压实度评定代表值为95.24%，显然满足了规范要求。对于沥青混凝土面层存在孔隙率、流值、饱和度、车辙试验检测不合格问题，该问题是否必然导致合同目的不能实现，案涉《沥青混凝土购销合同》《沥青混凝土施工合同补充协议》均约定沥青混凝土质量或施工质量存在问题，由乙公司负责修复，甲公司与己公司签订合同，由己公司进行了面层重新施工。可以看出乙公司施工面层存在的问题并不必然导致合同目的不明实现，能够通过一定的返工、维修予以解决。

> **律师点评** 据某中心委托丁公司进行质量检测所出具的检测结果，案涉工程沥青面层压实度评定代表值为95.24%，不符合设计要求97%。而甲公司和乙公司对于沥青压实度并未作出明确要求，根据城市快速路和主干路不应小于96%、次干路及以下道路不应小于95%的标准，案涉工程的压实度满足了规范要求。为什么会出现这一情况呢？有可能是某中心与甲公司所签订的《某支路二某段建设工程》或某中心所提供的图纸对于沥青面层压实度有不低于97%的要求。而甲公司和乙公司之间的《沥青混凝土购销合同》《沥青混凝土施工合同补充协议》则对此没有约定。从合同相对性的角度而言，如果仅仅是某中心和甲公司之间约定了压实度不低于97%，这较难对乙公司产生约束力。

乙公司施工的面层存在一定的质量问题，乙公司存在违约，其有义务负责返工、维修，并承担返工、维修的费用。甲公司单方面解除上述合同，与己公司签订合同，由己公司进行了面层重新施工，虽然甲公司的此举并不妥当，但并不能免除乙公司因违约而需承担的责任，甲公司的返工损失应由乙公司负担，己公司对案涉道路的面层施工应视为乙公司承担返工、维修义务的替代行为，甲公司向己公司支付的施工费用由乙公司承担应视为乙公司承担了违约责任，沥青混凝土废料收购8140元应当在损失中扣除。故乙公司应向甲公司支付返工损失365075元（373215元–8140元）。

【本案小结】

工程质量低于设计要求，但是又高于国家或行业规范要求，这种情况下如果发包人主张存在质量问题，并要求承包人承担责任，应当如何处理呢。

《最高人民法院关于审理建设工程施工合同纠纷案件适用法律问题的解释（一）》第十二条规定："因承包人的原因造成建设工程质量不符合约定，承包人拒绝修理、返工或者改建，发包人请求减少支付工程价款的，人民法院应予支持。"第十六条规定："发包人在承包人提起的建设工程施工合同纠纷案件中，以建设工程质量不符合合同约定或者法律规定为由，就承包人支付违约金或者赔偿修理、返工、改建的合理费用等损失提出反诉的，人民法院可以合并审理。"前述两条虽然适用的情况有所区别，但都涉及了建设工程质量不符合（合同）约定。由此可见，发包人要求承包人承担质量责任不仅包括了不符合规范要求的情形，还包括了不符合合同约定的情形。考虑到设计要求一般都是合同约定的一部分，如果工程质量低于设计要求，即使高于国家或行业规范要求，发包人仍可就此主张承包人承担相应的违约责任。

就本案而言，虽然双方对施工面层的沥青压实度并未作出明确要求，且压实度显然满足了规范要求，但法院综合考虑基本事实情况和相关法律规定，仍然认定乙公司施工的面层存在一定的质量问题，应依法承担责任。如果是某中心与甲公司之间发生纠纷，由于双方之间对压实度有高于规范的要求，某中心也可就此主张甲公司承担违约等责任。

2.10　路面裂缝、坑槽

【名词解释】

路面裂缝一般是指路面受降雨、行车、冷热作用等影响所产生的一种破坏现象，可分为横向裂缝、纵向裂缝和网状裂缝等具体类型。

路面坑槽一般是指路面发生龟裂、网裂等情况后扩大形变的现象。

【规范条文】

《公路技术状况评定标准》JTG 5210—2018

5.2.11　修补应为裂缝、坑槽、松散、沉陷、车辙等损坏的修复。块状修补应按面积计算，条状修补应按长度（m）乘以0.2m影响宽度计算。长度大于5m的整车道修复不计为路面修补损坏。修补范围内再次发生的损坏，应按新的损坏类型计算。

《城镇道路养护技术规范》CJJ 36—2016

5.3.1　裂缝的维修应符合下列规定：

1　缝宽在10mm及以内的，应采用专用灌缝（封缝）材料或热沥青灌缝，缝内潮湿时应采用乳化沥青灌缝；

2　缝宽在10mm以上时，应按本规范第5.3.7条要求进行修补。

5.3.7　坑槽的维修应符合下列规定：

1　坑槽深度已达基层，应先处治基层，再修复面层。

2 修补的坑槽应为顺路方向切割成矩形，坑槽四壁不得松动，加热坑槽四壁，涂刷粘层油，铺筑混合料，压实成型，封缝，开放交通。槽深大于50mm时应分层摊铺压实。

3 在应急情况下，可采用沥青冷补材料处治。

4 当采用就地热再生修补方法时，应先沿加热边线退回100mm，翻松被加热面层，喷洒乳化沥青，加入新的沥青混合料，整平压实。

❓ 问题31：以使用多年作为抗辩理由能否成立？

【判决出处】

法院：北京市大兴区人民法院

案号：（2017）京0115民初2464号

名称：甲院、乙公司建设工程合同纠纷案

【案情概况】

2011年5月13日，甲院（发包人）与乙公司（承包人）签订《施工总承包合同》，约定工程名称为甲院某道路及管网工程，承包范围为施工图纸范围内的道路工程、给水消防工程、雨污水工程、路灯工程、室外弱电预留预埋工程等。

2012年12月28日，案涉工程办理竣工验收手续。

律师点评 案涉工程已办理竣工验收手续，这成为乙公司主张工程质量合格的重要依据之一。但一般认为，即使工程竣工验收合格，如后续发现了质量问题，施工单位并不能以此当然免责，视具体情况仍然可能需要承担质量问题并非自身原因、质量问题发生在保修期外等举证责任。

2013年9月10日，甲院向乙公司发送《关于工程质量问题整改通知》。

2013年11月5日，甲院向乙公司发送《关于提交结算资料的通知》。

2013年11月11日，甲院再次向乙公司发送《关于工程质量问题整改通知》。

后乙公司将甲院诉至法院，要求甲院支付拖欠工程款、工期延误赔偿金、逾期付款利息并承担诉讼费。甲院则提起反诉，反诉请求包括要求乙公司赔偿维修费、工期延误违约金等。

【鉴定情况】

案件审理过程中，甲院申请对乙公司施工的案涉工程是否符合约定进行鉴定；对乙公司实际施工是否与其交付的竣工图纸一致进行评估。经双方当事人协商确定由丙建筑研究院开展该项工作。

2019年3月18日，丙建筑研究院出具司法鉴定意见书，鉴定意见指出案涉工程有路面多处裂缝、积水现象等多项工程质量问题。

> **律师点评**
>
> 根据鉴定意见书，除了路面裂缝、积水现象，发现质量问题的部位还包括了沥青混凝土面层、石灰粉煤灰层等道路构造层次，路灯灯杆内PE（保护）线和漏电开关、外景观配电柜位置主电缆进线相线与PE线之间绝缘电阻、地埋雨水管线等。由于本篇主旨原因及篇幅所限，在此不再赘述。

之后，甲院申请对司法鉴定意见书所确认的工程质量问题维修方案进行评估。2019年11月27日，丙建筑研究院出具了修复方案。其中，针对该工程道路构造层次多处不符合设计要求、道路路面存在多处裂缝和积水现象、多段地埋雨水管线存在破损、变形、堵塞现象的质量问题，修复方案综合考虑建议将该厂区内所有道路剔凿至基土层，对存在破损、变形、堵塞现象的地埋雨水管线进行整段更换，并按原设计要求重新施工铺设道路至原路面。

> **律师点评**
>
> 针对道路层次和路面出现的质量问题，鉴定单位出具的修复方案建议将道路剔凿至基土层后按原设计要求重新施工铺设，这主要是从技术角度，按照图纸、规范等依据作出的建议。而在具体划分双方责任时，则不仅需要从技术角度进行考虑，还要根据具体案情，结合双方过错程度、验收和使用情况、社会经济效益、公平原则等因素依法进行裁判。

之后，甲院申请对案涉工程质量问题进行维修、返工、改建的维修费用（包括甲院已实际支出的以及未来需要支付的全部费用）等事项进行评估。经双方当事人协商确定由丁公司开展该项工作。2019年12月18日，丁公司出具鉴定意见书，鉴定意见分为两个部分：①道路及管网工程质量问题进行维修、返工、改建的维修费用：经鉴定，该部分涉及费用参考金额为14404965.14元；②对乙公司实际施工情况重新绘制竣工图纸所需费用：经鉴定，此部分涉及费用参考金额为42814.27元。

乙公司就甲院申请的案涉工程质量、维修方案及维修费用的鉴定意见持有异议，具体意见如下：①案涉工程已经发包方、监理方、施工方、设计方共同验收合格并交付甲院使用六年至今，工程质量合格证据确凿、法律依据充足。②合同约定的保修期已经届满，乙公司已经没有保修义务，保修期外的质量责任乙公司不应承担。③本次鉴定仅是对工程现状、现场情况的鉴定，鉴定结论也仅是针对现场情况作出，故本次鉴定并不能反映施工当时的真实情况，与工程质量不具有关联性。根据现场勘验的情况，目前存在的问题也是甲院自身原因导致。④在法律规定明确、验收合格、质保期届满等条件下，质量鉴定已无必要，本次鉴定纯属甲院恶意干扰诉讼的行为。

【一审阶段法院观点】

本案中，案涉工程已经于2012年12月28日竣工验收，乙公司应在不低于法定保修期限内就施工内容承担保修责任。虽甲院申请的质量鉴定系对工程现状鉴定，存在不能还原实际竣工时及质保期内的真实质量情况的可能，但根据鉴定意见可知乙公司施工的道路构造层次、沥青混凝土面层厚度、石灰粉煤灰层厚度存在未按照设计要求施工以及路灯灯杆根部线路存在接头、路灯灯杆内PE（保护）线均未与灯杆接地连接等不符合国家标准规范施工，导致案涉工程存在多处质量问题的情形，即相关质量问题在案涉工程竣工验收及保修期内均已实际存在，乙公司应就该部分质量问题承担责任。因建设工程已经竣工验收合格且甲院实际使用多年，乙公司应按照工程质量保修规定及合同约定承担责任，考虑到乙公司在保修期内亦实际履行过部分保修义务，本着公平合理、节约成本的原则，酌情确定乙公司承担维修费用500000元。

律师点评　　法院指出了乙公司应在不低于保修期限内就施工内容承担保修责任。针对保修期限，《建设工程质量管理条例》第四十条第一款规定："在正常使用条件下，建设工程的最低保修期限为：（一）基础设施工程、房屋建筑的地基基础工程和主体结构工程，为设计文件规定的该工程的合理使用年限；（二）屋面防水工程、有防水要求的卫生间、房间和外墙面的防渗漏，为5年；（三）供热与供冷系统，为2个采暖期、供冷期；（四）电气管线、给水排水管道、设备安装和装修工程，为2年。"其中并没有明文涉及道路工程。而关于道路工程的保修期，国家各级管理部门有专门的规定：

第一，城市道路。《城市道路管理条例》第十八条规定："城市道路实行工程质量保修制度。城市道路的保修期为1年，自交付使用之日起计算。保修期内出现工程质量问题，由有关责任单位负责保修。"针对城市道路大修工程的保修期也有相应规定，以《哈尔滨市城市道路管理条例》为例，其第二十六条规定："城市道路大修工程实行保修期制度，保修期为一年，自交付使用之日起计算。在保修期内出现的质量问题，由责任单位负责维修。"

第二，公路。《公路工程标准施工招标文件（2018年版）》第149页备注⑧规定："保修期一般应为自实际交工日期起计算5年。"各地对公路保修期有相应规定，以《上海市公路管理条例》为例，其第二十四条第一款规定："公路建设项目实行质量保修制度。保修期由合同约定，但不得少于一年。"对属于公路当中特定类型的农村公路，法律法规同样有关于保修期的专门条款，《农村公路建设管理办法》第三十五条规定："……重要农村公路建设项目保修期限在2至3年，一般农村公路建设项目保修期限在1至2年，具体期限由项目业主和施工单位在合同中约定，自项目交工验收之日起计算……"。

通过以上条款可以发现，关于公路保修期的规定不仅列明了时限，还指出了可以由双方通过合同进行具体约定，这就要求在拟制对应合同条款和处理相关纠纷争议时注意到保修期时限的具体情况。

【本案小结】

建设工程使用一段时间后，建设单位主张工程存在质量问题，在经过诉讼过程的鉴定程序后也确实发现存在问题，施工单位对此则抗辩称：工程已验收合格并使用多年，即使鉴定存在问题，也不是当时验收合格的状态。无论是建设单位的主张，还是施工单位的抗辩，实践当中均较为常见，本案即是一个较为典型的情况。对于这一情况，法院既考虑到了工程确实存在质量问题，也考虑到了工程已使用多年且乙公司曾履行了部分保修义务等情况，秉持公平合理、节约成本的原则，酌定乙公司承担了部分责任。

司法实践当中，对于施工单位所提出的工程已验收合格、使用多年等质量问题抗辩理由，根据案件事实情况，按照相关法律规定，会有不同的裁判思路：

第一，支持的案例。比如在（2019）渝民终81号案件中，法院认为：隐蔽工程全部经过监理、勘察、设计、建设单位检查验收合格，基坑验槽及主体结构隐蔽工程验收合格，应认定本案工程质量合格；虽然一审法院进行了鉴定，但关于渗水原因的分析亦不能证明工程质量不合格；且该鉴定结论是在案涉工程实际移交使用达7年之后作出，此时的现场无法真实反映工程移交时的状态；故一审法院对发包人请求承包人承担质量违约金的请求不予支持并无不当。

第二，部分支持的案例。比如在（2022）京03民终4026号案件中，一审法院认为［一审案号：（2019）京0117民初7094号］：工程竣工验收并投入使用至今已有数年，某公司的具体损失是未来正常使用年限内无法继续使用的损失，按照鉴定方案修复后将延长使用年限，故参照石材幕墙的通常使用年限、自然环境影响及鉴定结论等因素，工程经历数年受到的正常损耗应作为本案考量因素之一，在计算损失数额时应酌情予以扣除。

第三，不支持的案例。比如在（2023）新01民终5263号案件中，法院认为：工程虽经竣工验收合格，但在此之后陆续出现问题，承包人亦多次进行维修，经一审法院现场勘察，存在有地砖及墙砖脱落、房屋渗漏等多处问题，竣工验收合格证明不能对该客观事实形成有效对抗；专业机构鉴定认为出现的质量问题系施工工艺、材料等原因所致，不属于验收时合格而使用中出现的问题，而是在施工过程中就不符合相关规范，在交付验收时就存在质量问题，只是因故而未被发现；本案中，经鉴定，明显属于承包人原因致使案涉工程存在质量问题，其理应承担违约责任。

以此而言，无论是路面裂缝亦或其他工程质量问题，施工单位所提出的已竣工验收合格、使用多年等抗辩理由能否成立、能否得到法院支持，主要可以从以下角度进行考虑：①质量问题是否由于施工单位的原因所产生，比如是否按图施工、施工工艺是否符合要求、所用材料是否符合国家标准和双方约定；②建设单位在施工、验收、使用等阶段是否曾提出过质量问题的异议，施工单位是否已按要求进行整改、返修或保修；③建设单位或其他单位（个人）是否存在过错，比如变更不规范、擅自使用、超出设计标准使用等；④鉴定意见能否明确质量问题产生原因和责任方，维修方案是否切实可行、是否符合公平合理、节约成本等原则。

问题32：能否通过聊天记录证明工程质量问题？

【判决出处】

    法院：四川省威远县人民法院

    案号：（2021）川1024民初2049号

    名称：陈某、甲公司、乙公司、丙公司等建设工程施工合同纠纷案

【案情概况】

    2017年12月19日，甲公司（发包人）与乙公司（承包人）签订了《某道路改造工程合同文件》，约定双方就某道路改造工程施工及有关事项协商一致，共同达成协议：……双方在修复通知中约定，承包人应在接到保修通知48h内派人维修处理，若未在规定时间内维修或同一部位维修两次仍未解决问题，甲方有权委托其他有资质的单位进行维修，维修费用从质保金中扣除。

> 合同约定承包人应在接到保修通知48h内派人维修处理。以此而言，承包人履行保修义务的前提在于其已接收到关于保修的通知，如果发包人未能按合同约定或采取合理方式发出通知，在发生争议时承包人可以此作为抗辩的理由。本案的特殊之处则在于案涉工程实际由陈某进行了施工，即使发包人甲公司向承包人乙公司发出了保修通知，陈某仍有可能在主张工程款时抗辩称其未收到通知，未及时进行保修、承担保修费用等责任与其无关。

    2018年3月31日，某项目部（甲方）与陈某（乙方）签订了《沥青混凝土路面专业分包合同》，约定：工程名称为某道路改造工程；乙方按甲方提供依据，具体承包内容为沥青混凝土的材料供应、摊铺及碾压（含粘油层、稀浆封层）；乙方责任约定，在质量保修期内，因乙方质量原因造成的路面缺陷由乙方自行维修并承担相关费用；如乙方不按时维修，甲方有权另行找人维修，其费用由乙方全部承担。该合同尾部"甲方"栏处由何某以负责人的身份签名，"乙方"栏处由陈某以负责人的身份签名并捺印。

从形式角度而言，《沥青混凝土路面专业分包合同》由某项目部与陈某签订，而不是由丙公司与陈某签订，这在转分包等关系中较为常见，实际施工人与项目部而不是某公司签订合同。陈某如欲证明其与丙公司之间有施工合同关系，可能还需从某项目部与丙公司之间关系、丙公司支付工程款情况等角度进行举证，本案当中陈某即提交了《合同审批表》等证据材料。

后陈某诉至法院，主要诉讼请求包括：判令乙公司、丙公司连带向陈某支付工程欠款及利息，甲公司在欠付乙公司、丙公司工程款范围内对工程欠款及利息向陈某承担连带支付责任等。

诉讼过程中，当事人提交了证据，发表了意见，具体情况包括：

陈某提供了新闻报道，拟证明案涉工程已于2019年6月底交付使用，该新闻报道具体情况为：2019年7月24日，某广播电视台在某融媒发布"截至今年6月底，某镇8条道路的改造工程，已经全面竣工，改造内容包括沥青路面铺设、雨污水管沟、照明工程、交通工程……"。

陈某提供了项目名称为某路面改造工程的《合同审批表》，该合同审批表记载：审批合同名称为沥青混凝土路面专业分包合同，签约单位甲方为某项目部，签约单位乙方为陈某，"意见会签栏"中的"丙公司总经理"栏手签"同意 李某3.30"，该合同审批表尾部"发起部门"栏手签"合约部"，"经办人"栏手签"符某"，"送审时间"栏手签"2018.3.30"。丙公司对该合同审批表的三性不持异议，并称该表系丙公司内部合同审批表。

陈某称：其要求乙公司承担连带给付责任的理由是，根据《建筑法》第十八条的规定，乙公司系案涉工程的总承包人，从业主甲公司收取工程款，应当承担向分包人支付工程款的义务，且乙公司在没有丙公司的委托付款的情况下向实际施工人陈某直接给付工程款，其行为表明乙公司自愿加入对陈某的工程合同履行中，符合债务加入的显著特征。

陈某在主张乙公司承担连带给付责任时提及了债务加入。关于债务加入，《民法典》第五百五十二条规定："第三人与债务人约定加入债务并通知债权人，或者第三人向债权人表示愿意加入债务，债权人未在合理期限内明确拒绝的,债权人可以请求第三人在其愿意承担的债务范围内和债务人承担连带债务。"

债务加入有两点可以予以关注:第一,是否存在债务加入的合意,表现形式为第三人与债务人约定加入债务并通知债权人,或者是第三人向债权人表示愿意加入债务,债权人未在合理期限内明确拒绝的;第二,债务加入的具体范围,第三人债务加入的范围具有一定的自主性,即第三人可以选择加入部分债务或者全部债务,债权人可以请求第三人在其愿意承担的债务范围内和债务人承担连带债务。

就本案而言,法院认为乙公司有向陈某直接支付工程款的行为,但乙公司在支付款项过程中,并没有对债务加入作出明确的意思表示,陈某以乙公司向其直接支付工程款项为由主张乙公司有债务加入的意思表示,不予采纳。

丙公司所提供《工程竣工验收报告》的"工程概况"记载:工程开工日期为2017年12月1日,竣工验收日期为2020年1月20日。该验收报告"工程验收结论"栏载明"单位工程质量验收结论:本工程质量验收合格"。该验收报告由甲公司等在"建设单位"栏处加盖印章,由某设计研究院有限公司在"设计单位"栏处加盖印章,由乙公司在"施工单位"栏处加盖印章,由某建设集团有限公司在"监理单位"栏处加盖印章。

律师点评

本案当中,原被告之间对于案涉工程时间节点存在争议。陈某提供了新闻报道等材料,欲证明案涉工程已于2019年6月底即交付使用。丙公司则提供了《工程竣工验收报告》等材料,欲证明案涉工程竣工验收日期为2020年1月20日。

在建设工程施工合同纠纷当中,当事人对于竣工验收或交付使用时间等存在争议较为常见,之所以存在争议,可以从以下角度考虑:第一,是否存在工期延误,是否会涉及工期违约及相应的违约金或赔偿;第二,保修期或缺陷责任期是否已到期,是否还存在保修(维修)义务未履行或履行不到位的情况;第三,质保金退还的时间节点是否已届满。

丙公司提供的即时通信软件聊天记录截屏显示：2021年9月1日15时28分，"××"通过即时通信软件向"×××"发出《关于"某道路改造工程"质量缺陷责任期满移交前沥青路面修复的通知单》，载明"陈某：你好，你于2018年3月签订了某道路改造工程的沥青混凝土路面专业分包合同。工程于2020年1月20日完工投入使用，……准备移交。在移交前，质检站要进行道路的观感评定，进行竣工验收备案，请你安排对路面缺陷进行维修。达到观感评定要求。缺陷维修完成期限：请于2021年9月15日前完成沥青路面缺陷维修，若不及时维修，我公司将另行安排队伍维修，发生工程费在质保金中扣除，质保金不够在工程余款中扣除。谢谢！某项目部2021.8.27"。"×××"于2021年9月1日16时20分回复称"项目2020年1月20日完工时质量完好，贵方投入使用后道路出现质量问题包括超载罐车、路基施工原因等非我方原因导致的，不属于我施工方的责任，我施工方不承担维修责任，也不应该被扣除质保金。"丙公司称，该聊天记录中的"××"系丙公司总经理李某，聊天记录中的"×××"系陈某；陈某称，对聊天记录截屏的三性不予认可，且聊天记录及修复通知的时间均已超过实际通车时间（即2019年6月底）后两年，已超过合同约定的质保期限。

【一审阶段法院观点】

乙公司、丙公司辩称，案涉工程验收后，因沥青路面出现坑槽等损坏而进行多次维修产生了维修费737554元，该费用应由陈某负担。丙公司提供的证据能证明，案涉工程验收合格后，某镇政府向乙公司发出函件，要求对案涉工程道路进行维修，嗣后，某镇政府因案涉工程道路维修支付案外人维修费用705554元。根据陈某与丙公司签订的《沥青混凝土路面专业分包合同》"在质量保修期内，因乙方质量原因造成的路面缺陷由乙方自行维修并承担相关费用，如乙方不按时维修，甲方有权另行找人维修，其费用由乙方全部承担"的约定，该737554元维修费用的发生虽仍在双方约定的质量保修期内，但陈某对该维修费用自行负担的前提条件之一系该维修费用的发生是陈某质量原因所致，乙公司、丙公司抗辩称该737554元的维修费用应当由陈某自行负担，但未提供证据证明该部分维修费用系因陈某质量原因导致，其辩称的该737554元维修费用应由陈某自行负担，缺乏事实依据，对该抗辩意见，本院不予采纳。

　　虽然某镇政府曾向乙公司发出函件，但主要内容为要求对道路进行维修，没有明确指出路面坑槽等现象是因陈某施工质量存在问题，并且陈某认为道路完工时质量完好，出现路面坑槽等现象是由于超载罐车、路基施工原因等所导致。由于丙公司未能举证证明路面坑槽等现象与陈某施工质量之间的因果关系，法院对丙公司等主张应由陈某承担维修费用的抗辩未予采纳。

【本案小结】

　　本案当中，丙公司提供了聊天记录截屏，以此证明曾向陈某告知要求对路面缺陷进行维修、若陈某不及时维修将在质保金中扣除维修费用等事项。在涉及建设工程质量纠纷的案件中，将聊天记录截屏作为证据材料提交的情况已较为常见。《最高人民法院关于适用〈中华人民共和国民事诉讼法〉的解释》第一百一十六条第二款规定："电子数据是指通过电子邮件、电子数据交换、网上聊天记录、博客、微博客、手机短信、电子签名、域名等形成或者存储在电子介质中的信息。"因此，聊天记录作为证据，一般属于证据类别中的电子数据。

　　聊天记录如果能反映相关事实情况，当然可以作为建设工程质量纠纷案件的证据材料，同时有以下事项可以予以关注：

　　第一，关于主体的明确。通过即时通信软件进行沟通的主体往往并不使用真实姓名，也不会说明工作单位。这种情况下如以聊天记录截屏作为证据材料，首先需要说明的就是交流各方的身份信息、工作单位、具体职务、资质资格等情况，在明确了主体的情况下，才有利于进一步判断是否作为认定案件基本事实的依据。

　　第二，关于内容的完整性。内容的完整性可具体分为两方面：一方面是意思表达的完整性，相较于公函、会议纪要等文件，通过即时通信软件沟通时可能较为随意，缺乏对质量问题等情况的完整表述，而是仅反映了部分情况、部分问题和部分观点；有鉴于此，在针对质量问题等进行沟通时建议避免有歧义的表述，尽可能完整地表达意见。另一方面是往来记录的完整性，由于聊天记录保存于电子工具载体当中，有可能因程序错误、更换载体、载体丢失等原因导致记录不全或缺失，为了避免因记录不全或缺失导致举证不能，必要时可通过公证的方式保留聊天记录。

　　第三，关于内容的专业性。建设工程质量问题涉及诸多专业知识。一般而言，查明质量问题的产生原因可以是通过专业机构及工作人员以合法、规范的程序进行鉴定（检测），也可以是法庭（仲裁庭）在查明基本事实情况后通过常识、逻辑等方式依法进行判断，又或者是在鉴定（检测）完成后再由法庭（仲裁庭）依法处理。就当前的实践而言，除非有自认的情况，否则仅依靠聊天记录截图较难主张由其他当事人承担建设工程质量问题的责任，还是需要申请启动鉴定程序或通过其他证据材料一并证明自身主张。

问题33：出现质量问题后能酌情扣留质保金吗？

【判决出处】

法院：贵州省遵义市中级人民法院

案号：（2018）黔03民终1152号

名称：某交通运输局、乙公司建设工程施工合同纠纷案

【案情概况】

某交通运输局、乙公司于2014年4月12日签订《施工合同》，由乙公司承包实施某道路工程，其中合同第一条约定：A路段建设里程为8.92km，公路等级为省颁四级公路，设计速度为15km/h；B路段建设里程为2.7km，公路等级为省颁四级公路，设计速度为15km/h。合同第二条约定建设内容：挖土方、挖石方、石方填筑、浆砌片石边沟、路肩墙、护肩墙、钢筋混凝土盖板涵、钢筋混凝土圆管涵、手摆片石补强层、路肩加固、软基处理、级配碎石基层、沥青混凝土面层、警示墩、公里碑等图纸（工程量清单）内容；合同第七条约定工程款的拨付：工程进度完成20%拨付合同价20%的工程进度款，完成级配碎石层、经某市交通工程质量监督处检测弯沉值合格后拨付合同价50%的进度款，完成油面铺装，某市交通工程质量监督处检测验收合格后拨付至合同价80%的进度款，工程交工验收合格、审计报告出来后支付到审定金额的95%，预留5%的质量保证金，待质量缺陷期满后，施工企业完成缺陷修复，经有关部门验收合格，甲方支付乙方5%的质量保证金，质量缺陷期为一年，从交工验收之日起计算。

合同签订后，乙公司于2014年5月开工进场按照合同约定进行了施工。其中：A路段于2015年5月20日经某市公路工程质量检测中心《路基路面弯沉试验检测报告》确定合格，B路段于2016年1月26日经某市公路工程质量检测中心《路基路面弯沉试验检测报告》确定合格。

某交通运输局按照合同约定拨付了80%的工程进度款6374201.95元。

该项目于2017年5月5日经某会计师事务所审计，A路段审计结算金额为5890042.23元、B路段审计金额为2077710.21元，两路段审计金额合计为7967752.44元。

律师点评

双方约定了以审计报告出具作为付款节点，并由某会计师事务所对案涉工程进行了审计、明确了审计金额。有的建设工程施工合同当中会出现以审计结果作为付款依据或将审计完毕作为付款节点的条款，这类条款常被称为"审计条款"。在发承包双方因工程款发生争议时，发包人可能会主张审计工作未完成、不满足"审计条款"，以此作为拒绝或延迟付款的理由，"审计条款"也就为各方所关注。

对于"审计条款"的性质存在不同的观点：一般会认为"审计条款"属于附条件的民事法律行为，如未能作出审计结论的，则付款条件不成就；如果确有证据证明发包人未积极履行送审或审计义务，视为以消极行为阻却条件成就，推定付款条件已成就，可以据此判决发包人支付剩余工程款。也有观点认为即使双方当事人明确约定了工程款支付须依据审计结论，但如果没有明确约定时限，应视为付款期限约定不明，权利人可以随时要求履行，然后根据公平和诚实信用等原则，依法判决发包人在合理期限内支付剩余工程款。

实践中还有当事人明确约定了"审计条款"，但又签署了结算协议的情况，这应当如何处理呢？以（2023）新31民终1073号案件为例，法院认为：2019年10月15日李某与郭某以及某公司等在自愿、平等的基础上，根据郭某所施工的事实和实际情况，经三方协商一致，对郭某所施工的案涉项目相应工程款进行了确认，同时确认剩余工程款及给付时间、给付主体……即便认定案涉工程以审计结果作为结算依据，但本案双方签订上述协议，李某根据协议内容已向郭某实际履行协议书约定的绝大部分义务，且李某在本案诉讼启动前一直未对该份协议提出任何质疑，故认定双方通过该份协议已将结算方式进行了变更，该协议对双方具有拘束力。

后乙公司以某交通运输局未按合同约定支付工程款余额159.7万元等事由向法院起诉，诉讼请求包括：①判决某交通运输局立即支付工程款159.7万元，及前期工程款利息4.48万元，并于2017年10月起以159.7万元为本金按人民银行同期同类贷款利息计付至该款清偿之日止。②本案诉讼费用由某交通运输局承担。

某交通运输局答辩称乙公司工程完工后未经验收合格准许社会车辆行驶，导致该工程现在多段出现翻砂、网裂等工程质量问题，乙公司至今未整改，案涉工程至今未验收合格，并提起反诉，反诉请求包括：①判决乙公司修复工程存在的翻砂、网裂、坑槽、超包、安保设施等质量问题；②诉讼费用由乙公司承担。

【一审阶段法院观点】

因某交通运输局作为公路的发包方和管理部门，对乙公司修建完毕的公路应当在合理期限内提请双方合同约定的部门进行验收，乙公司承建的工程在2015年9月完工后，某交通运输局在合理期限内未提请相关部门进行验收，滞于履行义务导致争议路段修建完成后至今未提请验收，其责任在某交通运输局一方，属于某交通运输局违约，应当依法承担相应的违约责任。

> **律师点评**
>
> 根据《公路工程竣（交）工验收办法》第四条、《公路工程竣（交）工验收办法实施细则》第二条等规定，公路工程验收分为交工验收和竣工验收两个阶段，其中交工验收阶段的主要工作包括了检查施工合同执行情况，评价工程质量，对各参建单位工作进行初步评价等；竣工验收阶段的主要工作包括了对工程质量、参建单位和建设项目进行综合评价，并对工程建设项目作出整体性综合评价等。
>
> 《公路工程竣（交）工验收办法》第十一条规定："项目法人负责组织公路工程各合同段的设计、监理、施工等单位参加交工验收。"第十七条规定："公路工程符合竣工验收条件后，项目法人应按照项目管理权限及时向交通主管部门申请验收。"以此而言，项目法人有组织各单位参加交工验收和申请竣工验收的职责，如怠于开展验收工作，则须依法依约承担责任。

根据双方签订的《施工合同》第七条"工程交工验收合格、审计报告出来后支付到审定金额的95%"的约定，现乙公司承建的工程经某交通运输局委托于2017年5月5日由某会计师事务所审计完毕，某交通运输局即应当按照合同约定支付审定金额的95%。

某交通运输局方滞于组织验收，双方约定的质保期限已过，故乙公司要求支付质保金的请求，予以支持。因乙公司所做工程事实上存在一定的质量问题，考虑到合同约定的质量保证期限已过，故对其约定的审定金额5%的质量保证金本院酌定支付50%。因某交通运输局滞于履行义务，导致工程保质期已过，故乙公司不应当按照合同约定承担相应的修复责任，对某交通运输局要求乙公司修复工程存在的翻砂、网裂、坑槽、超包、安保设施等质量问题以及诉讼费用由乙公司承担的反诉请求，不以支持。

【二审阶段法院观点】

乙公司承建的工程已于2015年9月完工并实际投入使用，但某交通运输局作为发包人至今仍未对案涉工程进行交工验收，应视为某交通运输局作为项目法人怠于履行交工验收的义务。现某会计师事务所经某交通运输局委托，已于2017年5月5日对案涉工程造价进行审计，根据《施工合同》第7条之约定，应视为乙公司要求某交通运输局支付95%工程款的条件已成就。

虽然某交通运输局未对案涉工程进行交工验收，但因案涉工程已于2015年9月完工并实际投入使用，应将2015年9月作为交工验收之日，根据合同中双方关于缺陷责任期一年的约定，某交通运输局向乙公司退还5%质量保证金的时间应为2016年9月，现该缺陷责任期已届满，某交通运输局应退还质量保证金。但因在缺陷责任期满前，案涉工程已出现质量缺陷并通知乙公司进行整改，乙公司经三次整改后仍未验收合格，且根据某交通运输局提供的照片，能够反映案涉工程现仍存在部分质量问题，因双方在《施工合同》中未约定乙公司对案涉工程的保修期，某交通运输局要求乙公司对质量问题进行修复没有合同依据。一审法院结合本案事实，在某交通运输局应退还的5%质量保证金中酌情扣除50%符合公平原则。

至于乙公司要求某交通运输局承担逾期支付工程进度款利息4.48万元的上诉请求。根据双方签订的《施工合同》第9条的约定，案涉工程的工期为210天，乙公司在合同履行过程中亦存在逾期完工的违约行为，故本院对该上诉请求不予支持。

律师点评　乙公司在上诉时称：根据合同约定，某交通运输局应支付80%的工程进度款5587200元，从2014年11月至2015年8月支付款项累计为4091200元，尚欠1496000元，乙公司以1496000元为基数，计算至2016年2月利息为44800元符合合同和法律的规定，请求二审法院予以支持。对此二审法院认为，因乙公司在合同履行过程中亦存在逾期完工的情况，因此对该上诉请

求未予支持。

承包人在主张工程款时一般都会要求发包人一并承担欠付工程款的相应利息，实践当中有支持工程款但不支持全部或部分利息的情况，本案即是一例。除了本案所涉逾期完工的违约行为，还有以下情况当中工程款利息有可能得不到支持：

第一，承包人未按合同约定开具发票。比如在（2020）宁民终435号案件中，法院认为：根据一审认定的事实，某公司已收到77267708.75元工程款，交付了22833698.96元发票，未按照承包协议约定按工程款拨付情况按时足额提供发票，一审认定某公司应依约开具发票和不支持逾期付款利息，具有合同依据，并无不当。

第二，因承包人本身的原因导致结算和审计工作延迟。比如在（2019）黔民终172号案件中，法院认为：2014年11月开始启动审计后，某公司多次、反复提交鉴定资料，造成2017年6月21日才出具最终审计意见，因此，对于某公司主张……工程进度款的利息不予支持。

第三，承包人同时主张违约金和逾期利息。比如在（2018）黑民终185号案件中，法院认为：首先，案涉合同明确约定逾期付款的违约金及违约金的上限，但并未同时约定利息条款，一审法院未支持利息部分，符合意思自治原则；其次，工程款利息虽是法定孳息，但其实质旨在恢复或补偿受损害的合同利益，在约定的违约金已弥补合同损失的情况下，不支持利息部分亦符合公平原则。综上，一审法院对某公司同时主张利息与违约金的诉请不予支持，并无不当，予以维持。

【本案小结】

本案当中，虽然法院对于某交通运输局要求乙公司修复案涉公路质量问题以及承担诉讼费用等反诉请求未予支持，但鉴于案涉公路确实存在部分质量问题，在某交通运输局应退还的5%质量保证金中酌情扣除了50%。

之所以本案采取了酌情扣减质量保证金而不是通过鉴定确认维修费用的方式，法院主要阐述了以下理由：第一，案涉工程的缺陷责任期已满；第二，在缺陷责任期满前，乙公司已对质量问题进行过整改，但未验收合格；第三，公平原则。除此之外，还可以从以下角度进行考虑：第一，案涉公路在未完成验收的情况下已经投入使用，投入使用前具体的质量情况难以全部还原；第二，路面翻砂、网裂等问题是否能排除过度使用、管理不当等原因引起也较难确定；第三，如开展鉴定工作，可能会历经质量问题鉴定、维修方案鉴定、维修费用鉴定等阶段，增加当事人的讼累。因此，本案并未采取通过鉴定确认维修费用的方式，而是酌情对质量保证金进行了扣除。

因工程存在质量问题酌情扣除质保金的情况并非孤例。除了本案之外，再以（2023）宁0181民初1926号案件为例，该案中法院认为：从某林场出具的报修清单来看，报修开始于2016年、2017年，而距今已六年左右，某林场作为发包人并未委托他人修理，而是依然等待维修，某公司也在诉讼前、诉讼中进行了部分维修，某林场也存在一定过错，故酌情扣留质保金80万元。

当然，在此需要指出的是，酌情扣除质量保证金一般出现在案件不具备鉴定条件或不适合进行鉴定等情况，如果能够通过鉴定工作查明原因、确定费用并据此划分责任，那么开展鉴定工作是有较高可能性的。

2.11 路面沉陷、沉降

【名词解释】

路面沉陷、沉降一般是指路面在路基沉降、行车荷载等作用下产生变形或垂直落差的情况。

【规范条文】

《公路技术状况评定标准》JTG 5210—2018

5.2.11 修补应为裂缝、坑槽、松散、沉陷、车辙等损坏的修复。块状修补应按面积计算，条状修补应按长度（m）乘以0.2m影响宽度计算。长度大于5m的整车道修复不计为路面修补损坏。修补范围内再次发生的损坏，应按新的损坏类型计算。

《城镇道路养护技术规范》CJJ 36—2016

5.3.4 沉陷的维修应符合下列规定：

1 当土基和基层已经密实稳定后，可只修补面层；

2 当土基或基层被破坏时，应先处理土基，再修补基层，重铺面层；

3 当桥涵台背填土沉降时，应先处理台背填土后再修补面层。当正常沉降时，可直接加铺面层。

问题 34：工地周边出现路面沉降一定由施工单位担责吗？

【判决出处】

　　法院：江苏省徐州市中级人民法院

　　案号：（2019）苏 03 民终 7300 号

　　名称：甲公司与乙公司、丙研究院建设工程施工合同纠纷案

【案情概况】

　　2017 年，甲公司（甲方）与乙公司（乙方）签订了某基坑防水堵漏注浆加固工程施工合同，约定由乙公司对甲公司开发的某工程基坑防水堵漏加固工程进行施工，工程内容为基坑止水帷幕缺陷范围内打孔、双液注浆、高压旋喷、双液加密注浆、降水井及后续基坑维护至基坑施工出正负零，承包方式为包工包料，施工期限自 2017 年 8 月 10 日至 2017 年 9 月 20 日。

　　合同签订后，乙公司进场施工，并于 2017 年 9 月 22 日施工完毕。后乙公司按照承诺对其施工范围内的基坑加固进行维护。

　　　　乙公司完成了施工工作，并且按照承诺对施工范围内的基坑加固进行了维护，这是后续判断其是否须对周边道路沉降承担责任的基本事实情况之一。

　　2017 年 10 月 17 日和 2017 年 10 月 25 日在乙公司加固区域之外的部位出现基坑漏水，乙公司根据甲方指令进行了基坑维护堵漏。

　　2017 年 11 月 1 日的监理日志载明基坑东南角某道路突降 30 多厘米。

　　2017 年 11 月 3 日的施工技术核定单载明：根据 11 月 1 日专家论证意见及区建设局提醒，基坑东侧沙层区域有地下暗河，水压过大，造成基坑北侧东段、东侧、南侧东段沙层区域在注浆加固完成后发生多次透水情况，反复渗漏，进而引起基坑东南角某路地面严重沉降以及基坑东侧某围墙严重开裂。后甲公司对某路地面沉降部位进行了物探和修复。

此外，丙研究院系乙公司的唯一股东。

后甲公司将乙公司、丙研究院诉至法院，主要诉讼请求包括：①依法判令乙公司赔偿甲公司经济损失（经济损失分三部分，第一部分是抢险的有关费用，包括某路拆除、外运、修复及路面恢复等费用；第二部分是物探费用，包括基坑东南侧某路面塌陷物探费用和基坑东侧道路物探费用；第三部分是基坑东侧东段南侧东段砂层加固板补强费用）；②判令丙研究院对上述赔偿义务承担连带责任；③本案的诉讼费由乙公司和丙研究院承担。

律师点评

新修订后的《公司法》已于2023年12月29日发布，于2024年7月1日生效，该法第二十三条第三款规定："只有一个股东的公司，股东不能证明公司财产独立于股东自己的财产的，应当对公司债务承担连带责任。"《公司法》在本次新修订前，则在第六十三条规定："一人有限责任公司的股东不能证明公司财产独立于股东自己的财产的，应当对公司债务承担连带责任。"鉴于丙研究院系乙公司的唯一股东，甲公司亦将丙研究院列为被告，要求其承担连带责任。

【一审阶段法院观点】

本案中，甲公司与乙公司在建设工程施工合同中对维保内容约定："乙方应确保施工范围内不出现渗漏，如发现渗漏，应立即修补，所有费用由乙方承担，如未能及时抢修而造成甲方经济损失的，乙方应负责赔偿。乙方应确保施工范围内不出现渗漏，如发现渗漏，应立即修补，所有费用由乙方承担，如未能及时抢修而造成甲方经济损失的，乙方应负责赔偿。"甲公司认为乙公司违反该约定，给其造成损失，故要求乙公司承担赔偿责任。

依据该双方合同的约定，被告乙公司仅负有保证施工范围内不出现渗漏及如出现渗漏应立即修补的义务，在庭审过程中，甲公司明确乙公司在施工过程中对施工范围内出现的渗漏及时进行了抢修，其要求乙公司承担的费用并非乙公司对施工范围内出现的渗漏进行修复所产生的费用，且甲公司未能提供充分证据证明，上述费用的产生系因乙公司在施工范围内违规施工或未按施工方案施工导致了甲公司所主张的乙公司施工范围之外出现渗漏，并导致了费用的产生。

依照法律规定，当事人对其主张应当提供证据证明，对举证不能的法律后果应由甲公司承担。本案中，甲公司要求乙公司赔偿损失，甲公司应提供证据证明乙公司存在违约行为，以及乙公司的违约行为导致甲公司所主张的损失的产生，因此，甲公司要求乙公司赔偿损失的事实和法律依据不足，对甲公司该诉讼请求，不予支持；同理，对甲公司要求丙研究院承担连带责任的诉讼请求亦不予支持。

律师点评　在本案一审阶段，甲公司既没有提供足以证明路面沉降等情况与乙公司施工行为存在因果关系的材料，也没有在一审阶段对此申请鉴定。在诉讼请求被一审法院驳回后，甲公司又上诉提出，即使一审法院认为其提供的证据不足以证实主张，亦应释明后，由其进一步补强证据或申请对事故原因进行鉴定，该观点同样未能得到二审法院的采纳。

对于乙公司申请对抢险、恢复工程的工程量造价进行鉴定的请求，因对裁判结果无异议，对其鉴定申请，不予准许。

律师点评　因甲公司未能证明所发生的抢险、恢复工程量是由于乙公司违规施工或其他违约行为所产生，甲公司的诉讼请求本身不能成立，因此法院认为无须对抢险、恢复工程量所对应的造价进行查明，乙公司的造价鉴定申请也未得到准许。

【二审阶段法院观点】

二审中甲公司陈述，乙公司是按照施工方案施工的。乙公司陈述，其制作的施工方案系根据甲公司提供的地质图制作，并经四方共同确定的。甲公司陈述其在制作地质图时未发现地下暗河。双方均认可乙公司加固施工依据的施工方案是基坑局部分段加固方案，不是基坑侧面全封闭施工。

律师点评　《建设工程质量管理条例》第九条规定："建设单位必须向有关的勘察、设计、施工、工程监理等单位提供与建设工程有关的原始资料。

原始资料必须真实、准确、齐全。"因此，建设单位提供的原始资料是否真实、准确、齐全，在出现工程质量问题或事故后，是划分各方责任的基础事实之一。就本案而言，甲公司表示其在制作地质图时未发现地下暗河，成为法院驳回其诉讼请求的重要考虑因素。

现实当中，除了提供的原始资料与实际情况不符外，还有未提供原始资料的情况，这种情况下如出现质量问题，也有可能认定为施工单位无须担责。以（2020）京01民终6168号案件为例，法院认为：发包人虽非建设单位，但其可自建设单位取得地下管线资料并应向承包人提供地下管线资料，但发包人并未向承包人提供施工现场相关的地下管线资料，且在勘察报告中亦未明确地下管线的具体情况；发包人提交的《施工组织设计》亦不能证明承包人在发包人未提供施工现场相关地下管线资料的情况下已充分了解施工现场地下管线的具体情况，发包人据此提出的上诉主张不能成立，不予支持。

当然，一方面，建设单位提供的原始资料必须真实、准确、齐全；另一方面，施工单位也应对资料履行审慎审查的义务。本案和上述（2020）京01民终6168号案件当中，施工单位并不可能预见到现场存在地下暗河、地下管线等情况，但如果是通过原始资料能够发现或预见，但实际上却出现遗漏等疏失，则施工单位仍有可能须依法承担相应责任。

以（2017）最高法民申948号案件为例，该案中施工单位即未能尽到审慎审查的义务，被认定为须承担主要责任，具体理由为：施工单位在建设单位未能提交针对性的勘察报告的情况下即设计具有严重缺陷的地基处理方案，且施工质量明显未达到地基处理方案的要求，其亦应承担责任；比较而言，施工单位过错程度更大，因此应当认定其承担主要责任。

根据诉辩双方的诉辩意见，经双方当事人确认，本案二审期间的争议焦点是：①甲公司主张的某路面沉降与乙公司的施工行为之间是否存在因果关系。②乙公司应否对甲公司主张的各项费用承担赔偿责任。

本院认为，关于甲公司主张的某路面沉降与乙公司的施工行为之间是否存在因果关系的问题。甲公司二审中认可乙公司是按照双方共同确认的施工方案进行的施工，甲公司没有举证证明乙公司施工过程中存在不当之处。2017年11月3日的施工技术核定单载明，系因基坑东侧沙层区域有地下暗河，水压过大，造成基坑北侧东段、东侧、南侧东段沙层区域在注浆加固完成后发生多次透水情况，反复渗漏，进而引起基坑东南角某路地面严重沉降。故可以认定路面沉降系因地下暗河水压过大所致。在双方确定施工方案时，对于地下暗河的存在均不知情，故该情形不在乙公司施工时的注意范围之内。综上，根据现有证据，不能认定甲公司主张的路面沉降与乙公司的施工行为之间存在因果关系。

> **律师点评** 本案二审阶段，法院仍然认为甲公司未能就工地周边路面沉降与乙公司施工行为之间的因果关系提供足以采信的证据。此类案件当中对因果关系未能举证到位的情况不乏其例，比如在（2022）粤01民终3968号案件中，法院认为：关于广场修复费用和道路修复费用的赔付问题，原审法院已经审理查明，专家分析会等均无法认定工程项目周边广场、道路出现沉降的具体成因和责任主体，发包人亦未有其他确切证据证明工程项目周边路面沉降系由于承包人施工的工程存在质量问题，因此发包人上诉主张要求承包人承担相关修复费用，理据不足，不予支持。

关于乙公司应否对甲公司主张的各项费用承担赔偿责任。双方签订的施工合同约定：人为破坏及外来因素、甲方指定或提供材料的质量、自然灾害和人力不可抗拒的因素等造成的损失不在保修范围。根据该条约定，乙公司在施工完毕后虽有维保义务，但外来因素造成的损失不在保修范围内。甲公司主张的因抢险产生的损失系因地下暗河水压过大所致，属于外来因素造成，与乙公司的施工行为无关，亦不在乙公司保修范围之内，故其要求乙公司承担赔偿责任，不应予以支持。

【本案小结】

工地是一个开放的系统，既受周边影响，也影响到周边。周边受到影响后即有可能产生诉讼，比如发生路面沉降、房屋裂缝、房屋塌陷后相对方所提起的财产损害赔偿之诉，又比如建设单位在支付损害赔偿费用后向施工单位所提起的追偿之诉，本案即是一个较为典型的情况。在此类诉讼当中，较为关键的事项是证明施工行为和损害结果之间的因果关系，如不能证明，则诉请较难得到支持，就如本案当中的甲公司。

本案当中甲公司在一审阶段对于施工行为和损害结果之间的因果关系没有申请鉴定，二审阶段的上诉理由虽提及鉴定，但没有被采纳，最终被驳回诉讼请求。实践当中，除了未申请鉴定的情况，还有申请后无法开展鉴定工作的可能性，比如在

（2023）辽10民终728号案件中，对案涉房屋已组织三次司法鉴定程序，但因当事人李某无法提供施工单位进场施工前后房屋影像记录，导致司法鉴定程序退检，无法通过鉴定程序确认施工行为是否与房屋损坏有因果关系。

相比较而言，如果能够对施工行为和损害结果之间的因果关系进行实质性的鉴定，不仅有利于查明案件的基本事实情况，而且对主张权利的一方而言可能将会有更加充分的证据以证明自身主张。

比如在（2016）闽民申296号案件中，当事人关于财产损害赔偿的主张即得到了部分支持，鉴定意见则在归责时起到了较为关键的作用。法院的具体观点为：根据《检查鉴定报告》的内容，案涉房屋的裂损多数由于管桩施工的锤击振动所致，少数不排除自身施工质量及构造状况等因素所致；案涉房屋部分面板裂缝可判定在施工前已出现，但不排除受锤击振动出现一定发展；原审根据上述鉴定报告的内容，综合考虑案涉房屋受损的原因力、房屋本身的质量、施工地点与案涉房屋距离等因素，酌定施工单位应承担80%的责任，已臻合理。

以上（2023）辽10民终728号案件和（2016）闽民申296号案件，虽然都是房屋损害赔偿的案例，并不直接涉及路面沉降，但与本案一样，其实质都是主张工地影响周边建（构）筑物所引发的赔偿之诉，并且凸显了鉴定工作对于查明事实、划分责任的重要性。以此而言，鉴于建设工程类案件的复杂性和专业性，主张损害赔偿或行使追偿权的当事人不应对施工行为和损害结果之间的因果关系"想当然"，而是应在现场情况发生后尽可能固定证据，在一审阶段即对专门性的问题提出鉴定申请并随附相关材料，以期更有力地证明自身主张。

 问题35：如何举证证明路面沉降与承包人的行为有因果关系？

【判决出处】

法院：广东省佛山市中级人民法院

案号：（2022）粤06民终14162号

名称：甲公司、乙搅拌站建设工程施工合同纠纷案

【案情概况】

2019年11月8日，甲公司、乙搅拌站双方签订《某路建设工程（一期）沥青材料采购合同》，约定由乙搅拌站（乙方）包工包料方式承包甲公司（甲方）某路建设

工程（一期）的沥青项目。合同对承包单价作了约定，完成后按实际数量和厚度结算。承包单价均为不含税价，开发票时在前述基础上增加8%。乙方收取工程款时按承包工程实际核算总金额开具发票给甲方。承包范围按甲方提供的施工图纸、工程量清单及与沥青项目相关全部内容按图施工。由于基层的弯沉、标高及基础松散等不合格所致沥青面层的质量问题与乙方无关。对工程竣工后保修期内发现的施工质量问题乙方负责免费返修。但基层问题和使用不当造成的沥青路面破损的情况乙方负责返修，机械进场等一切费用由甲方负责。

律师点评　本案当中，虽然双方所签合同名称为采购合同，但所约定的乙方工作具体内容不仅包括了提供材料，还包括了现场施工，并且强调了按施工图纸、工程量清单及与沥青项目相关全部内容施工。因此，本案在一审阶段被认定为是建设工程施工合同纠纷，二审阶段对此亦予以维持。

合同签订后，乙搅拌站根据约定对案涉路面完成了沥青铺设工程。由于在施工过程中，部分路面出现沉降，且沉降幅度超过施工规范要求，乙搅拌站就该部分路面进行了修补。在合同履行期间，甲公司已向乙搅拌站支付工程款2300000元。

后乙搅拌站向法院起诉，诉讼请求主要包括：①甲公司向乙搅拌站支付工程款；②甲公司向乙搅拌站支付自2020年6月1日起至付清全部工程款之日止期间的欠付工程价款利息；③甲公司承担本案的全部诉讼费用。

庭审中，甲公司确认案涉工程范围只涉及沥青铺设。

律师点评　对于建设工程施工合同纠纷的处理，明确工程范围是一个较为关键的步骤。就本案而言，甲公司确认了案涉工程范围只涉及了沥青摊铺的部分，这既有利于计算对应的工程款和修补费用，也有利于通过划分施工界面厘清各方之间的责任。

【一审阶段法院观点】

甲公司、乙搅拌站均确认由于部分路面沉降，导致部分路面已完成的沥青铺设需要进行修补。由于本案案涉工程范围仅为路面沥青铺设，而路面沉降的原因一般为路基下沉所致，甲公司也未能举证此次所涉路面下沉是因为沥青铺设存在质量问题导致，应承担举证不能的责任。

根据合同约定，由于基层的弯沉、标高及基础松散等不合格所致沥青面层的质量问题与乙搅拌站无关，造成的沥青路面破损的情况乙搅拌站负责返修，机械进场等一切费用由甲公司负责。故对修补部分工程价款也应由甲公司承担，即案涉工程价款共8618855.44元，扣除甲公司已经支付的2300000元，甲公司尚需向乙搅拌站支付工程款6318855.44元。

律师点评

　　根据双方所签订的合同，将后续可能的质量问题及处理方式作了区分：如果是由于乙搅拌站的施工质量问题，在保修期内发现的则由乙搅拌站负责免费返修；如果是由于基层弯沉、标高及基础松散等不合格导致沥青面层出现问题，则与乙搅拌站无关，乙搅拌站可以对因基层问题、使用不当等原因造成的沥青路面破损进行返修，但费用由甲公司承担。

　　在本案一审阶段，甲公司未能举证证明路面沉降与乙搅拌站的施工质量等有关，其主要答辩理由未被采纳。

【二审阶段法院观点】

经审查，双方确认乙搅拌站对路面沉降导致沥青路面出现的问题进行了修复，且对修补部分工程价款202674.80元无异议，双方分歧在于该修补部分工程价款应否由甲公司承担。根据《某路建设工程（一期）沥青材料采购合同》的约定，对于沥青路面出现的问题，有些情形下与乙搅拌站无关，由甲公司向乙搅拌站支付修复费用，有些情形下则属于乙搅拌站的责任范围，由乙搅拌站免费返工维修。由于案涉工程范围仅为路面沥青铺设，导致沥青路面出现问题的原因系路面沉降，一般为路基下沉所致，甲公司主张系乙搅拌站提供的沥青材料质量问题或施工工艺问题造成，应承担举证责任。甲公司未能举证证明，应承担举证不能的不利后果。乙搅拌站诉请甲公司支付修补部分工程价款202674.80元及利息，有事实和法律依据，应予支持。一审对此处理正确，本院予以维持。

在本案二审阶段，甲公司仍未能举证证明路面沉降与乙搅拌站所提供的材料或施工工艺等有关，承担了举证不能的不利后果，一审判决被予以维持。通过裁判文书可以发现，甲公司在一审阶段并未就路面沉降原因申请鉴定，在二审阶段也没有提出申请。如果甲公司在二审阶段向法院提出了鉴定申请，后续是否有可能启动鉴定程序并查明导致路面沉降产生的原因呢。

实践当中对于建设工程施工合同纠纷的当事人在二审阶段所提出的鉴定申请，主要有不予准许和发回重审等处理方式：

不予准许的法律依据包括《最高人民法院关于民事诉讼证据的若干规定》第三十一条："当事人申请鉴定，应当在人民法院指定期间内提出，并预交鉴定费用。逾期不提出申请或者不预交鉴定费用的，视为放弃申请。对需要鉴定的待证事实负有举证责任的当事人，在人民法院指定期间内无正当理由不提出鉴定申请或者不预交鉴定费用，或者拒不提供相关材料，致使待证事实无法查明的，应当承担举证不能的法律后果。"比如在（2021）鲁17民终3169号案件中，法院认为：具体到本案，被上诉人杨某为上诉人王某建房，房屋已经交付；上诉人王某主张被上诉人杨某所建造的房屋存在质量问题，要求修好房屋后支付剩余工程款，但在一审规定期间内未提交鉴定申请……上诉人王某提交鉴定申请，不再准许。

不予准许的法律依据还包括《最高人民法院关于适用〈中华人民共和国民事诉讼法〉的解释》第一百二十一条第一款："当事人申请鉴定，可以在举证期限届满前提出。申请鉴定的事项与待证事实无关联，或者对证明待证事实无意义的，人民法院不予准许。"比如在（2018）琼96民终22号案件中，法院认为：按双方《施工合同》第七条第3、4项的约定，应视为所用的木材符合双方的约定；根据《最高人民法院关于适用〈中华人民共和国民事诉讼法〉的解释》第一百二十一条的规定，当事人申请鉴定，可以在举证期限届满前提出；申请鉴定的事项与待证事实无关联，或者对证明待证事实无意义的，人民法院不予准许；现其申请对案涉工程所用木材是否为合同中约定的金刚木进行鉴定，对待证事实已无意义；因此，对于上诉人某公司提起的鉴定申请不予准许。

发回重审的依据则主要是《最高人民法院关于审理建设工程施工合同纠纷案件适用法律问题的解释（一）》第三十二条第二款："一审诉讼中负有举证责任的当事人未申请鉴定，虽申请鉴定但未支付鉴定费用或者拒不提供相关材料，二审诉讼中申请鉴定，人民法院认为确有必要的，应当依照民事诉讼法第一百七十条第一款第三项的规定处理。"比如在（2023）辽02民终3428号案件中，法院认为：一审法院曾向上诉人释明为证明其诉请需对案涉房屋装修工程整体质量进行司法鉴定，上诉人表示不对整个工程质量鉴定、仅申请对室内线路安装是否存在质量问题进行鉴定，现二审期间上诉人提出对案涉房屋装修工程质量及工程造价鉴定的申请，为保障当事人诉讼权利，依照规定将本案发回重审；重审期间，一审法院应组织对案涉房屋装修工程质量及工程造价进行司法鉴定，对鉴定结论进行审查及认定后据实下判。

就本案而言，如果甲公司在二审阶段对路面沉降等质量问题提出鉴定申请，且二审法院认为确有必要，则应根据《最高人民法院关于审理建设工程施工合同纠纷案件适用法律问题的解释（一）》第三十二条第二款等规定进行处理。当然，由于道路工程本身的特点，在投入使用后可能现场情况会因使用产生较大的变化，也不排除即使开展鉴定工作后也较难完全查明具体原因的可能性。

【本案小结】

导致公路或城市道路等道路工程路面沉降的因素可能有很多，包括了基层沉降、材料质量、施工工艺、使用不当等。诉讼当中，发包人一般会主张是负责路面施工的承包人导致了相应的质量问题，并要求减少工程价款或由承包人承担赔偿的责任。根据民事诉讼的举证责任分配原则，发包人须对此承担举证责任，举证主要分为两个层面：第一个层面是举证证明确实存在路面沉降的情况，相对而言较为简单；第二个层面是举证证明路面沉降与承包人的行为之间存在因果关系，这往往是案件的争议焦点，但又较难证明。

就本案而言，甲公司即未能证明路面沉降与乙搅拌站的行为之间存在明确的因果关系。这种举证不能的情况其实并不罕见，以（2020）豫10民终1117号案件为例，法院认为：虽然徐某提供证据证明某道路在质量保修期内出现表面石材压烂较多、混凝土水泥路面多处积水及部分路面沉降裂缝等现象，但其未提供证据证明该现象系工程质量缺陷造成，因此徐某应承担不利的后果，一审判决驳回其要求某中心支付其工程维修费及利息的诉讼请求并无不当。与本案类似，徐某作为发包人只举证证明了第一个层面，即现场确实存在路面沉降等情况，而未能证明第二个层面，确定质量问题与承包人的行为之间存在因果关系，所以同样承担了举证不能的不利后果。

虽然举证可能存在困难，但并不代表完全不能进行举证。除了及时申请对路面沉降原因进行鉴定外，我们认为还可以从以下角度搜集和固定相应证据：

第一，关于路基和道路基层的证据材料。本案当中一审法院即指出，路面沉降可能是路基下沉所致，甲公司和乙搅拌站之间亦约定基层问题造成沥青路面破损所产生的返修费用由甲公司负责。以此而言，如果能够提供路基和道路基层并未下沉、工程质量符合要求的证据材料，则更有可能证明路面沉降是因为其本身的质量问题。

第二，关于路面施工过程的证据材料。发包人如果在承包人施工过程中发现有材料不符合要求、施工工艺不规范等情况，当时即可以出具整改通知、索赔通知等材料给现场施工单位，相关通知在后续的诉讼过程中也可以作为证明路面沉降与承包人行为有因果关系的证据材料。

第三，关于竣工验收和保修阶段的证据材料。在竣工验收阶段对路面情况进行检测，在保修阶段对出现的路面沉降情况及时通知承包人进行保修，必要时邀请专业检测机构进行检测或监控，避免因道路长期使用导致难以查明原因的情况。

通过以上方式，发包人可以在双方就路面沉降等质量问题发生讼争时更好地进行举证证明，即使不能直接证明路面沉降与承包人行为有因果关系，但仍可以为开展鉴定工作的必要性提供一定程度的支持。

第3章 桥梁工程

3.1 桥梁桩身破损、麻面、露筋

【名词解释】

桥梁桩身破损一般是指桥梁桩身出现混凝土开裂、破损等现象。

桥梁桩身麻面一般是指桥梁桩身表面出现凹陷小坑或表面不光滑、不平整等现象。

桥梁桩身露筋一般是指桥梁桩身钢筋未被混凝土包裹而外露及有锈蚀痕迹的现象。

【规范条文】

《公路工程质量检验评定标准 第一册 土建工程》JTG F80/1—2017

第8.5.2条～第8.5.4条对钻孔灌注桩、挖孔桩、沉入桩的外观质量进行了规定，其应符合该标准附录P（结构混凝土外观质量限制缺陷）中的相关要求。

P.0.1 为全面准确了解外观质量，并通过外观检查发现其他可能存在的质量缺陷对混凝土构件或结构应进行全面检查。

P.0.2 对结构混凝土的表面进行涂装或其他装饰后，将改变其外观状况，外观缺陷可能被覆盖，缺陷的大小范围、轻重程度等难以判定，故检查前要求不得进行此类施工。

P.0.3 本条规定限制缺陷。结构混凝土出现外观缺陷是难以避免的，不允许有任何外观缺陷存在经济上并不合理。同时，不同结构、构件，外观缺陷对其性能、使用功能、耐久性和景观的影响不同，只要其影响程度在一定范围内，应允许存在。

（1）缺陷现象描述参照现行《混凝土结构施工质量验收规范》（GB 50204）编制。

（2）限制的预应力混凝土构件非受力裂缝和受力裂缝仅限于在施加预应力区域且与预应力方向垂直的裂缝，其他区域和方向的裂缝限制与普通钢筋混凝土构件的规定相同。

（3）由露筋造成的危害不仅是钢筋的锈蚀、截面削弱，还有因锈胀引起的混凝土剥落，引发更大面积的锈蚀，应严格限制出现露筋现象。

（4）蜂窝、疏松的深度超过10mm时，其范围一般也较大，对保护层厚度削弱较多，应加以限制。

（5）棱线不直、翘曲不平等外形缺陷虽然不影响结构性能，但对结构功能、安装及景观效果有影响，应加以限制。

（6）混凝土颜色受水泥品种影响大，使用不同厂家的水泥产品会使混凝土颜色产生差异，模板表面、养护因素也有影响。另一方面，混凝土颜色随时间逐渐发生变化，颜色差异虽会影响景观效果，但并不一定表示其性能存在差异。故本次修订取消了原标准外观质量中对混凝土颜色的要求。

《城市桥梁工程施工与质量验收规范》CJJ 2—2008

10.7.3　沉入桩质量检验应符合下列规定：1 预制桩质量检验应符合本规范第10.7.1条规定，且应符合下列要求：主控项目1）桩表面不得出现孔洞、露筋和受力裂缝。检查数量：全数检查。检验方法：观察。

问题36：施工单位是否一定要对桥梁桩身露筋承担责任？

【判决出处】

法院：江苏省高级人民法院

案号：（2017）苏民终1855号

名称：某交通运输局、乙公司建设工程施工合同纠纷案

【案情概况】

2009年10月23日，乙公司与某交通运输局经招标投标程序签订《合同书》，合同约定工程任务为：某段路面基层、路基工程及桥涵工程，全长15.4km，一级公路标准，设计速度80km/h。当工程量发生变更或原工程量清单提供数量与实际不符时，工程量数量按业主代表和监理工程师签证的数量执行，价格应执行中标人工

程量清单中所报单价。如果中标人工程量清单中没有对应项目的单价，则根据投标人在投标期间采用的材料单价和费率执行，最终决算以审计部门审计结论为准。

律师点评

　　某局和乙公司在合同中约定最终决算以审计部门审计结论为准，某局根据该条款，在诉讼过程中主张按照合同约定，剩余工程款在工程没有审计的情况下，暂不满足相应款项支付条件，而审计无法完成，是因乙公司拒不配合导致，应由其承担责任。对此，法院认为：虽然双方所签订的合同有"最终决算以审计部门审计结论为准"的表述，但并未明确该处的审计部门为某审计局；案涉工程已于2011年10月建成通车，某审计局因种种原因在本案一审中仍未能出具审计报告，为及时解决纠纷，根据乙公司申请启动工程造价司法鉴定并无不当。

　　本案中，法院指出了合同条款并未明确审计部门即为某审计局，其他案件中也有较为类似的情况。比如在（2020）最高法民申2193号案件中，法院认为：虽然案涉施工合同第26条约定"最终工程造价以相关部门的审计结果为准，审计结果产生后15日内，发包人支付至审定总造价的95%，剩余5%作为质量保修金"，第33.1条约定"竣工结算以最终审计单位的审定结果为准"，但案涉施工合同并未约定"最终审计单位"如何确定，亦未约定某社另行委托跟踪审计单位以外的审计机构进行最终审计……故采信某公司出具的《工程结算书》，以此作为案涉工程款结算依据并无不当。

　　当然，也不能机械地认为审计条款只要没有对审计单位进行明确约定就缺乏约束力。在判断是否以审计结果作为结算依据时，除了审计条款外，还要综合考虑审计结果能否在审判期间出具、是否已经有其他结算材料、是否还具备审计条件等因素，本案和上述（2020）最高法民申2193号案件在论述理由时也综合考虑到了这些情况。

　　2010年3月16日，丙公司开具开工令。2010年4月29日，乙公司签收开工令。

　　2011年11月9日，乙公司向某交通运输局等提交《工程交工验收申请报告》，载明"本公司承建的某公路工程某路段已完成全部的施工任务，并于2011年10月9日开放交通。工程经自检达到合格要求，具备交工验收条件，申请交工"。

　　2012年9月20日，某公路建设管理办公室向某交通工程质量监督站出具《关于某公路工程交工验收的申请报告》，载明"该工程于2011年10月建成通车""目前施工单位自检合格，竣工文件已编制完成，现开具报告，申请组织交工验收"。

2013年1月19日，该工程交工验收合格。

2013年5月17日，某交通运输局签收了乙公司编制的《某公路工程（某段）结算书》。

2013年11月7日、12月8日，某审计局收取工程审计资料。

后乙公司诉至法院，主要诉请包括要求某交通运输局支付工程款等。

某交通运输局则在本案中提起反诉，主要反诉请求包括判令乙公司履行工程缺陷返修义务或承担返修费用、承担工程延期违约金等。

【鉴定情况】

一审法院根据某交通运输局的申请，委托丁公司对案涉工程中的某桥工程主体结构质量是否存在问题、产生原因进行司法鉴定。丁公司出具鉴定意见书，鉴定意见为：通过对某桥缺损状况检查、桥梁材质状况与状态参数检测、静力荷载试验以及动力荷载试验，结果表明：某桥主体结构质量无严重缺陷，桥梁结构的正常使用状态承载能力满足设计荷载等级要求。为确保结构耐久性和桥梁长期安全运营，应对本次检测中发现的桥梁病害（特别是桩身露筋）及时进行维修。并载明，经过对某桥病害的全面检查和分析，我方认为该桥出现的诸如板梁底板纵向裂缝等病害均为常见的桥梁质量通病，其病害的出现往往非单一因素造成，成因较为复杂。应从施工、运营等方面综合考虑，具体病害的可能成因分析如下：桩身表面破损、麻面及露筋锈蚀，钻孔灌注桩水中部分出现表面破损、麻面等一般与钻孔灌注桩的施工工艺有直接关系。钻孔灌注桩水中部分通常采用钢护筒护壁，水下混凝土从底部向上灌注的过程中其泥浆块、砂石等杂物有可能与钢护筒出现粘连，混凝土浇筑完成后在水流长期作用下会将泥浆块、砂石等杂物冲刷掉，从而水中桩身出现表面破损、麻面等病害。而桩身露筋多由施工造成，放置钢筋笼时的泥浆浮力、灌注水下混凝土时的钢筋笼固定不牢等均可出现露筋现象。

律师点评 鉴定意见关于桥梁病害的可能成因分析涵盖了预应力空心板梁底板纵向裂缝，盖梁表面竖向、斜向及网状裂缝，混凝土局部破损、露筋锈蚀（钢绞线处混凝土破损外露锈蚀），支座脱空、剪切变形、老化开裂以及桩身表面破损、麻面及露筋锈蚀等。因本书篇幅所限，因此仅节选了桩身表面破损、麻面及露筋锈蚀的可能成因分析。

可以发现，鉴定意见在具体分析时采用了"一般""通常""多由"等词语，这也体现了桥梁病害往往是由多个因素所引起，成因比较复杂。特别是在桥梁使用多年后，病害究竟是施工工艺、使用不当、人为破坏、自然损耗还是其他原因，抑或多种因素共同作用的结果，已经难以量化，也较难直接认定为应由施工单位对此承担全部责任。

经质证，乙公司认为，该鉴定意见书反映出某桥无主体结构质量问题，所存在的问题也并非因施工所造成，某桥使用五年多时间，早已超出了缺陷责任期。

经质证，某交通运输局认为：①钢筋是否合格直接影响桥梁安全，鉴定中对钢筋未作抽检，检测项目不全；②鉴定意见书所鉴定出的质量问题均属于主体结构问题，鉴定意见书对此质量问题影响桥梁安全的严重性分析不足；③鉴定意见书对于所存在的质量问题是否属于主体结构问题、是否应予维修、谁负有维修责任，未作明确回应；④对于质量问题的病害成因分析不足，要求进行补充鉴定。

【一审阶段法院观点】

一审法院根据某交通运输局的申请，委托丁公司对案涉工程中的某桥工程主体结构质量是否存在问题、产生原因进行司法鉴定，该司出具鉴定意见书，鉴定意见为："通过对某桥缺损状况检查、桥梁材质状况与状态参数检测、静力荷载试验以及动力荷载试验，结果表明：某桥主体结构质量无严重缺陷，桥梁结构的正常使用状态承载能力满足设计荷载等级要求。为确保结构耐久性和桥梁长期安全运营，应对本次检测中发现的桥梁病害（特别是桩身露筋）及时进行维修。"《合同书》约定"全部工程完工后，自工程交工验收合格之日起算，工程缺陷责任期两年"，案涉工程于2011年10月建成通车，2011年11月9日乙公司提交了《工程交工验收申请报告》，某交通运输局未提供有效证据证明工程仍存在不符合交工验收条件的情况下，于2013年1月19日组织交工验收，故工程缺陷责任期应从建成通车时起算，至2014年4月29日某交通运输局提出某桥存在质量问题的抗辩，已超过两年的工程缺陷责任期，且经工程质量鉴定"某桥主体结构质量无严重缺陷，桥梁结构的正常使用状态承载能力满足设计荷载等级要求"，故一审法院对某交通运输局反诉要求乙公司承担工程缺陷返修义务或承担返修费用的诉讼请求不予支持。

【二审阶段法院观点】

关于乙公司是否应当承担缺陷返修义务的问题。本院认为，案涉《合同书》约定，全部工程完成后自工程交工验收合格之日起算，工程缺陷责任期为两年。根据《公路工程竣（交）工验收办法》的相关规定，公路工程验收分为交工验收和竣工验收两个阶段，未按该办法进行竣（交）工验收或验收不合格的，不得交付使用。虽然案涉工程于2013年1月19日交工验收合格，但实际已于2011年10月开放通车，且乙公司施工的是路基工程、路面基层、桥涵工程，其后的路面摊铺工程系由其他施工单位完成。一审法院认定自通车之日起计算缺陷责任期，符合缺陷责任期的设立目的。某交通运输局自2014年4月29日提出某桥质量问题的抗辩已经超过了两年的工程缺陷责任期，一审法院未支持其要求乙公司承担工程缺陷返修义务或返修费用的反诉请求并无不当。某交通运输局上诉主张某桥存在主体结构安全问题，一审法院拒绝接受丁公司补充鉴定意见程序违法。本院二审中已通知丁公司的鉴定人员到庭接受质询，该公司鉴定人员当庭陈述意见与鉴定意见一致，即某桥主体结构质量无严重缺陷，桥梁结构的正常使用状态承载能力满足设计荷载等级要求，故某交通运输局该上诉理由，本院不予支持。

律师点评

法院对于某交通运输局的反诉请求未予支持，主要基于两点：第一，鉴定意见书表明了某桥主体结构质量无严重缺陷，桥梁结构的正常使用状态承载能力满足设计荷载等级要求；第二，某交通运输局提出质量问题抗辩时已超过了工程缺陷责任期。

上述两点其实也可以理解为法院对于某交通运输局补充鉴定申请未予准许的理由。某桥主体结构质量无严重缺陷，即使部分病害的形成可能与乙公司施工有关，但在某交通运输局的抗辩超过了工程缺陷责任期的情况下，法院已认定某交通运输局的反诉请求不成立，针对成因的补充鉴定也就没有进行的必要。更何况，丁公司所出具的鉴定意见书本身已经对具体病害的可能成因作了分析。

需要指出的是，如果此前的鉴定工作未能查清质量问题产生的具体原因，导致无法厘清各方责任，则补充鉴定或重新鉴定的可能性会提高。以（2021）鲁16民终3752号案件为例，法院认为：一审法院委托质量鉴定，对混凝土厚度、抗压强度符合合同约定进行了确认，但对于表面起砂的原因未作出鉴定，根据该鉴定报告无法确认混凝土表面起砂原因系上诉人施工或被上诉人使用造成，事实不清……因此，一审法院对工程施工是否存在质量问题及损失数额的基础事实未查清。

【本案小结】

本案当中，虽然某桥存在桩身表面破损、麻面及露筋锈蚀等病害，但由于主体结构质量无严重缺陷，正常使用状态的承载能力满足设计荷载等级要求，且已超过了工程缺陷责任期，某交通运输局关于要求乙公司履行工程缺陷返修义务或承担返修费用的反诉请求并未得到支持。

以此而言，并非涉及地基基础和主体结构的质量问题都会直接影响到工程的正常使用。在不影响工程正常使用的情况下，这些质量问题可以从一定程度上理解为行业内俗称的"通病""病害"或"瑕疵"。发包人较难仅以这些"通病""病害"或"瑕疵"主张拒付工程款，如果是在质量保修期或缺陷责任期内，则可以依法依约要求承包人进行维修或承担相应费用。比如在（2020）渝民终313号案件中，法院认为：至于某科技公司提出已完工程中经质量鉴定存在问题的部分，应在总造价中对该部分工程造价予以全部扣减的问题。根据司法鉴定意见，案涉工程地基基础工程和主体结构工程并未存在重大质量问题，故不影响某建筑公司向某科技公司主张工程款。某科技公司提出工程存在质量瑕疵，对此可要求某建筑公司予以修复。

在此需要指出的是，判断地基基础和主体结构质量问题是严重问题还是一般问题，除了从专业结论进行判断外，还可以从文字表述方面进行理解。以本案鉴定意见书为例，对于桩身露筋等质量问题，提出的意见为"应对本次检测中发现的桥梁病害（特别是桩身露筋）及时进行维修"，采用的是"及时"而不是"立即"，可以在一定程度上作为理解病害严重程度的依据。

3.2　桥梁基础桩强度不符合要求

【名词解释】

桥梁基础桩强度不符合要求一般是指桥梁基础桩由于原材料质量、配合比、施工工艺、养护方式等原因导致强度不符合规范要求的情况。

【规范条文】

《公路桥涵地基与基础设计规范》JTG 3363—2019

6.1.1　桩基础除应根据有关规范规定进行结构本身设计外，还应按下列规定进行设计：1　根据使用功能和受力特征分别进行桩基整体或单桩的竖向承载能力和水平承载能力的验算……

《城市桥梁工程施工与质量验收规范》CJJ 2—2008

10.7.4　混凝土灌注桩质量检验应符合下列规定：主控项目……3　混凝土抗压强度应符合设计要求……

问题37：桥梁基础桩强度不足的责任如何划分？

【判决出处】

法院：内蒙古自治区呼和浩特市中级人民法院

案号：（2014）呼商终字第00116号

名称：甲公司与乙公司等买卖合同纠纷案

【案情概况】

甲公司承建某道路桥梁工程施工时，于2012年12月4日从乙公司处购买预拌混凝土64m³，乙公司收取货款后为甲公司出具了收款收据。乙公司出具了预拌混凝土开盘鉴定表、预拌混凝土出厂质量证明书、预拌混凝土配合比通知单。开盘鉴定表记载：施工单位为甲公司，工程名称为某道路桥梁工程，浇筑部位7-3、6-4桩基，鉴定结论：符合要求，同意开盘。出厂质量证明书记载：供应数量64m³，供应日期为2012年12月4日。配合比通知单记载了材料配合比。

律师点评

本案当中，甲公司和乙公司之间系买卖合同法律关系，双方虽然没有签订书面的买卖合同，但乙公司提供了货物，甲公司支付了价款，过程当中形成了收款收据，双方已然有事实上的买卖合同关系。

关于买卖合同关系，《民法典》第五百九十五条规定："买卖合同是出卖人转移标的物的所有权于买受人，买受人支付价款的合同。"《最高人民法院关于审理买卖合同纠纷案件适用法律问题的解释》第一条第一款规定："当事人之间没有书面合同，一方以送货单、收货单、结算单、发票等主张存在买卖合同关系的，人民法院应当结合当事人之间的交易方式、交易习惯以及其他相关证据，对买卖合同是否成立作出认定。"因此，在双方并未签订书面合同的情况下，确定是否存在买卖合同关系，可以根据买卖合同的定义，通过送货单、收货单、结算单、发票等过程资料进行判断。以（2023）浙02民终971号案件为例，法院认为：虽然双方当事人未就某项目（二标段）签订合同，但出卖人向二标段项目供应了混凝土，买受人予以接收并进行对账，在出卖人开具相应增值税发票后买受人支付了二标段的部分货款，故认定双方就二标段构成事实上的买卖合同关系。

甲公司使用该混凝土对其承建的道路桥梁7-3、6-4桩基进行了灌注。之后甲公司委托丙中心对试块进行检测。2013年4月3日，丙中心出具四份混凝土试块抗压强度试验报告，第一份报告记载：委托单位为甲公司，工程名称为某道路桥梁工程，工程部位为桩基7-3，见证单位为丁公司，见证人为谢某，水泥品种为普通水泥42.5，试验温度、湿度符合规范要求，养护条件为标准养护，检验依据为普通混凝土力学性能试验方法标准，设计强度等级为C30，收样日期为2012年12月25日，成型日期为2012年12月4日，要求龄期28天，试验日期2013年1月1日，样品状态完好，试验结果：抗压强度平均值为20.4MPa，达到设计强度68%，结论：该试样28天达到设计强度68%。第二份报告记载：工程部位为桩基7-3，试验结果：抗压强度平均值为22.7MPa，达到设计强度76%，结论：该试样28天达到设计强度76%，其他事项与第一份报告记载相同。第三份报告记载：工程部位为桩基6-4，试验结果：抗压强度平均值为21.5MPa，达到设计强度72%，结论：该试样28天达到设计强度72%，其他事项与第一份报告记载相同。第四份报告记载：工程部位为桩基6-4，试验结果无，结论：结果无效。

2013年6月4日，戊中心出具一份某道路桥梁工程检测报告，报告记载：委托单位为甲公司，工程名称为某道路桥梁工程，监理单位为丁公司，……委托时间2013年5月21日，检测时间2013年5月21日，测区总数：芯样4个，……检测结果：7-3基础桩强度代表值为16.1MPa，6-4基础桩强度代表值为14.5MPa。后甲公司对已浇筑的桩基拆除并重新冲击灌注。

甲公司认为乙公司出售质量不合格的混凝土，请求乙公司等进行赔偿。

【一审阶段法院观点】

甲公司主张乙公司所供预拌混凝土质量不合格，但乙公司出具的预拌混凝土开盘鉴定表、混凝土出厂质量证明书、混凝土配比通知单已证明其所供混凝土出厂为合格产品。至于评定预拌混凝土质量是否合格，还应对混凝土试块进行抗压强度试验，而试块的取样、制作和养护是否符合规范要求，是影响试块抗压试验结论的重要因素。

本案中，丙中心出具的混凝土试块抗压强度试验报告所记载的试验均为标准养护，而标准养护是指将试块置于标准养护室里养护，按规范标准对试块养护直到设计要求的龄期，作为评定预拌混凝土质量的依据。对于试块的取样，应由生产供货方、施工方、监理方三方以现场卸料见证取样制作的试块送交有资质的检验单位进行检验。由于本案中送检试块系由施工单位即甲公司、监理取样制作，而生产供货单位即乙公司未曾参与，故试块在取样过程中存在重大程序上的瑕疵，对于试块取样、制作是否规范，乙公司无法确认，故对于丙中心出具的混凝土试块抗压强度试验报告结论不予采信。

律师点评

在本案一审阶段，法院指出桥梁基础桩的混凝土送检试块系由甲公司、监理单位取样制作，作为供货单位的乙公司未参与，基于取样过程存在重大瑕疵等理由，对相应的试验报告结论不予采信。

对于试块的取样参与方各地亦有相应的规定，例如《深圳市预拌混凝土质量管理办法》第十五条规定："预拌混凝土进入施工现场时，施工单位应当在监理单位的监督下，会同生产单位对进场的每一车预拌混凝土进行联合验收。验收合格后，施工、监理及生产单位应当在《预拌混凝土交接单》上会签。验收内容包括：……（四）目测预拌混凝土拌合物的性能。验收完毕后，施工单位应当在监理（建设）单位和生产单位见证下，根据技术标准的要求对进场预拌混凝土进行有见证取样送检，检验预拌混凝土的强度。取样记录由三方共同会签。混凝土拌合物的含气量、氯化物总含量和特殊要求项目的取样检验按合同约定进行。"又例如《衡水市建设局预拌混凝土质量管理办法》第十四条规定：

"预拌混凝土进入施工现场，必须进行交货验收。（一）交货验收由建设（监理）单位组织，施工单位、预拌混凝土生产企业三方共同进行……"。

因此，由各方对进入施工现场的混凝土进行验收确认既可以从技术角度确定混凝土是否符合要求，也可以视为混凝土买卖双方对于产品质量的核验，而如果缺少验收环节或者验收环节缺少相对方参与，则在后续发生争议时较难主张质量责任。

对于戊中心出具的某道路桥梁工程检测报告，该试验是对基础桩取芯进行质量检测。而预拌混凝土经浇捣后，经过水泥水化作用逐渐凝结硬化形成结构混凝土。而水化过程需要对混凝土进行规范的施工措施，即必须对混凝土进行养护，才能使其形成强度达标的结构混凝土。因此，混凝土芯样的质量是否达标不仅取决于预拌混凝土的质量，还取决于施工措施、养护措施是否规范，如果预拌混凝土质量合格，而在浇筑过程中若施工措施不规范，亦会引起最后的混凝土抗压强度不达标。另外，对于基础桩取芯采样，乙公司亦未参与，检材未能得到乙公司确认，桩基浇筑过程中是否使用的为乙公司提供的预拌混凝土，未能得到乙公司确认。因此以上检测报告的结论不足以证明乙公司提供的预拌混凝土存在质量问题。

综上，甲公司未能提供充分、有效证据证明乙公司提供的混凝土存在质量瑕疵，应当承担不利的法律后果。

【二审阶段法院观点】

本院认为，结构混凝土是施工单位向建设方交付工作成果的重要内容，一旦结构混凝土强度出现问题，会给施工单位造成较大损失，并且这种损失往往是连环叠加损失。影响结构混凝土强度的因素包括预拌混凝土配合比强度和使用预拌混凝土是否规范两个缺一不可的方面。因此，为杜绝损失和分清责任，施工单位不但要严格规范使用预拌混凝土，而且要对进场的预拌混凝土务必实行三方取样、制作和养护试块，只有这样才能防范预拌混凝土买卖合同履行中的风险。本案甲公司因未按规范要求对进场的预拌混凝土实行三方取样、制作和养护试块，故当出现结构混凝土强度不达标时，仅凭单方取样制作的试块抗压试验报告，归责于预拌混凝土的供方，证据不足，因此所产生损失由其自担。

在本案二审阶段，法院再次强调了对进场的预拌混凝土务必实行供货单位、施工单位及监理单位等取样、制作和养护试块，并维持了一审判决。

司法实践当中，对此类案件采取类似裁判思路的并非个例：

比如在（2019）粤01民终22806号案件中，法院认为：本案中，买受人提交的《混凝土抗压强度检测报告》，记载委托单位为某镇人民政府，《检测抽样、送样、实检见证确认记录》上无出卖人参与，《委托协议书》无委托单位签章，《标养室试块登记表》无任何单位、人员签章；检测报告的样品取样和送检过程都没有出卖人的参与及确认……综上，买受人提交的证据尚不足以证明出卖人向其交付的混凝土存在质量问题。

又比如在（2019）粤0607民初3629号案件中，法院认为：买受人声称有质量问题的混凝土主要是出卖人于2017年7—8月份所供应的批次，但买受人委托某区建筑工程质量检测站以回弹法检测混凝土抗压强度所对应的检材是否属于上述批次，根据现有证据难以确认；况且，出卖人没有出席针对案涉工程实体检测B区结构回弹不合格及钢筋保护层检测不合格处理专题会，上述检验过程亦无出卖人的参与，本案亦无充分证据显示买受人对相关试件的制作、养护、送检等关键环节均符合双方约定或《预拌混凝土》国家标准；在出卖人对混凝土检验结果持有异议的情况下，买受人提供的结构实体不合格检测结果通知书、专题会议纪要等不足以作为本案认定事实的依据。

当然，在此需要强调的是，对进场混凝土共同进行验收并开展取样、制作和养护试块等活动并非只是施工单位的责任和义务，如果供货单位怠于进行验收等工作，则亦有可能需承担相应责任。比如在（2020）鲁06民终4542号案件中，法院认为：出卖人常年经营混凝土业务，明知交货时买受人会现场取样检测混凝土强度，出卖人只安排了驾驶员送货，未配备其他工作人员一同前往，责任在于出卖人，出卖人的驾驶员应视为出卖人的代表参与取样；故出卖人辩称其工作人员未到场参与取样，主张检测程序不合法，不予采信。

【本案小结】

混凝土质量是否符合要求，直接关系到桥梁基础以及其他类型由混凝土作为主要受力部分的地基基础和主体结构的强度，一旦发现问题，则买卖双方很有可能就此产生争议纠纷，本案即是一例。

混凝土能否达到强度等指标，不仅与提供材料的混凝土供货单位有关，也与购买混凝土并进行浇筑养护的施工单位有关，如果出现强度不足等质量问题，司法实践当中如何划分出卖人和买受人之间的责任，目前看来，以下裁判思路可予以关注：

第一，如果买受人既不能举证证明在混凝土进场时已进行检验，也不能提供足以证明混凝土存在质量问题的证据材料，则买受人很可能承担举证不能的不利后果。以（2023）粤18民终3172号案件为例，法院认为：双方对于交货检验的流程和期限均进行了具体约定，买受人应在检验期限内按约定的检验方式对混凝土进行检验，并将检验结果通知出卖人；在案证据不能反映出买受人有进行检验，且检验结果不合格的事实；现买受人仅依据施工中某实验室检测的梁、柱抗压强度不够主张出卖人提供的混凝土质量不合格，显然依据并不充分。

第二，如果买受人在收货时未能履行检验义务，此种情况下即使混凝土强度不足是材料本身问题所引起，买受人也可能承担怠于检验的责任。以（2021）鲁02民终2232号案件为例，法院认为：买受人未能举证证明其已履行了试件的强度检验义务，故认定买受人在买卖合同履行过程中存在疏忽履行质量检验义务之情形，买受人疏忽于履行其质量检验义务，亦应承担相应的损失。

第三，如果出卖人主张结构混凝土强度不足并非由于混凝土质量问题，而是由买受人的施工原因所引起，出卖人应当承担举证证明责任。在此种情形下，如果出卖人能够证明混凝土强度不足"不能全部排除施工不当原因"，则买受人承担部分责任的可能性确实存在。以（2017）湘01民终5203号案件为例，法院认为：结构混凝土经多份检测报告检测，检测报告均认为大部分被检部位混凝土强度不合格，未达到设计要求；出卖人应承担混凝土不合格产生损失的80%，剩余20%由买受人自负；理由如下：某建筑工程检测有限公司出具的咨询报告中载明认为，结构混凝土强度不足的主要原因是"混凝土原材料进场检验和配合比设计不够严格"；咨询报告并未肯定结构混凝土强度不合格的"全部原因"为"混凝土原材料进场检验和配合比设计不够严格"，即不能全部排除施工不当原因。

结合本案和以上案例，对于是否由于混凝土质量问题引发桥梁基础桩或其他结构强度不足的争议纠纷，可以重点关注：出卖人是否提供了产品合格证明等材料；各方是否依法依规在进场等环节完成了检验、交接等手续；买受人的现场施工是否存在问题。在查明了前述事项后，则相应的责任划分会有更为充分的依据。

3.3　桥梁断桩

【名词解释】

桥梁断桩一般是指桥梁基础的钻孔灌注桩由于坍孔等原因导致不能灌注成型的现象。

【规范条文】

《公路桥涵施工技术规范》JTG/T 3650—2020

9.7.4　灌注桩的混凝土质量检验应符合下列规定：……3　经检验桩身质量不符合要求时应研究处理方案，报批处理。

《城市桥梁工程施工与质量验收规范》CJJ 2—2008

10.3.6　灌注水下混凝土过程中，发生断桩时，应会同设计、监理根据断桩情况研究处理措施。

问题38：桥梁断桩的责任应如何划分？

【判决出处】

法院：四川省高级人民法院

案号：（2018）川民申4044号

名称：甲公司、乙公司买卖合同纠纷案

【案情概况】

甲公司（甲方）2014年初承建某公路收费站及互通式立交改造工程项目，所需商品混凝土全部指定乙公司（乙方）为该工程项目的供应商；双方于2014年2月22日签订《混凝土购销合同》，合同约定："第五条：预拌混凝土的质量必须符合交通运输部机关技术规范、标准及有关国家、行业和地方标准。第七条第一款：甲方应在有监理人员作见证的条件下，严格按照国家有关标准及规范对混凝土进行抽样检验。试件拆模后，立即进行标准养护。养护至规定龄期后，送有法定资格的检测机构检验，费用由甲方承担。以此抽样检验的结果作为混凝土质量评定依据。第八条第一款：乙方严格按照交通运输部相关技术规范、标准组织生产，确保混凝土质量，如果商品混凝土因强度达不到合同要求，而造成一切返工损失，由乙方承担全部责任。第九条第三款：甲方应按照标准对当次浇筑的混凝土进行振捣，确保密实，浇筑后的混凝土要按照混凝土养护的基本要求进行及时养护，因振捣和养护不当而造成浇筑后混凝土构件发生的质量问题，由甲方承担责任；按《预拌混凝土》GB/T 14902—2012，现场必须实行同条件养护试件。第九条第五款：如甲、乙双方中有一方未按合同约定履行其义务，而另一方具有正当理由或能出具索赔事件发生的有关证据，可在索赔事件发生后20d内，向违约方发出索赔的通知……"。

律师点评　　双方所签订的《混凝土购销合同》对于混凝土质量、检验、浇筑、振捣、养护、索赔等事项均有约定，是后续查明事实情况和判断各方责任的重要依据之一。

合同签订后，乙公司按约向甲公司履行了提供混凝土的义务，甲公司在接收混凝土后进行了项目施工。

2014年8月12日，监理单位向施工单位甲公司出具监理指令单，载明："你部施工的某匝道某桥某桩基，在浇筑过程中由于混凝土离析、和易性差，导致混凝土导管堵塞造成断桩，现指令你部对该桩基立即返工处理。"

律师点评　　监理单位向甲公司所出具的监理指令单虽然有混凝土离析、和易性差、混凝土导管堵塞造成断桩等表述，但并未指出产生前述现象的原因在于乙公司所提供的混凝土质量不合格。

一般而言，混凝土质量是否合格应通过专业检验检测的方式来进行确认，法律法规和相关标准对此有明确的规定。以《混凝土结构工程施工质量验收规范》GB 50204—2015为例，该规范第7.4.1条规定：混凝土的强度等级必须符合设计要求。用于检验混凝土强度的试件，应在浇筑地点随机抽取。检查数量：对同一配合比混凝土，取样与试件留置应符合下列规定：①每拌制100盘且不超过100m³时，取样不得少于一次；②每工作班拌制不足100盘时，取样不得少于一次；③连续浇筑超过1000m³时，每200m³取样不得少于一次；④每一楼层取样不得少于一次；⑤每次取样应至少留置一组试件。检验方法：检查施工记录及混凝土强度试验报告。除了混凝土强度，该规范对于混凝土拌合物不应离析、混凝土中氯离子含量和碱总含量、混凝土拌合物稠度、混凝土耐久性指标等也有检验要求，在此不一一列举。

后乙公司诉至法院，要求甲公司支付货款、利息并承担本案诉讼费用。甲公司则提起反诉，要求乙公司赔偿甲公司损失并承担反诉费用等。

【一审阶段法院观点】

首先，虽然甲公司提供的证据表明案涉某匝道某桥某桩基断桩的事实客观存在，但监理单位在监理指令单上仅写明"由于混凝土离析、和易性差，导致混凝土导管堵塞造成断桩"，混凝土导管堵塞存在多种可能性，监理指令单中并未写明是由混凝土本身质量不合格而导致混凝土导管堵塞。

其次，根据合同约定，混凝土的质量评定依据应当是具有法定资质的检测机构检验结果，甲公司未提供法定资质检测机构的检验结果以支持其主张，且在本案的审理过程中未申请法院委托具备法定资质的检测机构进行司法鉴定的方法确定标的物是否存在隐蔽瑕疵，也未对案涉某匝道某桥某桩基断桩与乙公司所供混凝土是否合格存在因果关系进行鉴定。

再次，甲公司未提供证据证明已在约定时间内就案涉标的物交货检验的试验结果通知了乙公司，且监理单位于2014年8月12日就出具了"因混凝土导管堵塞造成断桩，应立即返工处理"的监理指令单，但在乙公司于2014年2月1日—2015年12月5日向甲公司提供混凝土期间，直至乙公司2017年4月28日起诉之日，甲公司都未向乙公司发出任何因混凝土不合格导致索赔事件发生的索赔通知，也未在合理的期间内发出有关乙公司提供混凝土质量不符合约定情形的通知；乙公司系经国家相关部门认证的合格生产厂家及其试验室，其所供混凝土经其出厂检验合格，应视为乙公司向甲公司提供的混凝土为合格产品，……故应视为案涉货物质量符合约定，甲公司亦未能提供充分证据证明所主张的损失赔偿系乙公司提供的货物质量不符合约定造成。

在该段论述中有两点可予以关注：

第一，甲公司未在合理期限内向乙公司发出混凝土质量不符合合同约定的通知。

《民法典》第六百二十一条第一款规定："当事人约定检验期限的，买受人应当在检验期限内将标的物的数量或者质量不符合约定的情形通知出卖人。买受人怠于通知的，视为标的物的数量或者质量符合约定。"第二款规定："当事人没有约定检验期限的，买受人应当在发现或者应当发现标的物的数量或者质量不符合约定的合理期限内通知出卖人。买受人在合理期限内未通知或者自收到标的物之日起二年内未通知出卖人的，视为标的物的数量或者质量符合约定……"，在《民法典》施行之前，原《合同法》也有相应的规定。

那么对于混凝土买卖合同的当事人而言，买受人就质量问题通知出卖人的合理期限是多久，是否可以适用收到标的物之日起两年内呢。对此，《预拌混凝土》GB/T 14902—2012第9.1.1条规定："预拌混凝土质量检验分为出厂检验和交货检验。出厂检验的取样和试验工作应由供方承担；交货检验的取样和试验工作应由需方承担，当需方不具备试验和人员的技术资质时，供需双方可协商确定并委托有检验资质的单位承担，并应在合同中予以明确。"第9.1.2条规定："交货检验的试验结果应在试验结束后10d内通知供方。"第9.1.3条规定："预拌混凝土质量验收应以交货检验结果作为依据。"因此，对于预拌混凝土的质量问题，一般而言买受人应在交货检验的试验结果确定后10日内通知出卖人。

第二，甲公司未在合同约定期限内向乙公司发出关于混凝土质量问题的索赔。

甲公司（甲方）与乙公司（乙方）所签订的《混凝土购销合同》约定："如甲、乙双方中有一方未按合同约定履行其义务，而另一方具有正当理由或能出具索赔事件发生的有关证据，可在索赔事件发生后20天内，向违约方发出索赔的通知。"但直至乙公司起诉前，甲公司均未就监理通知单所涉情况向乙公司进行索赔，乙公司在监理通知单出具后仍然继续向甲公司提供混凝土。

无论是建设工程合同纠纷，还是买卖合同纠纷，索赔都是较为常见的情况，合同当事人也往往会约定索赔的期限，要求相对方及时提出主张，以利于合同履行和争议解决。本案当中，甲公司未在合同约定的20天期限内发出索赔通知，即可能面临过期失权的风险，增加了反诉请求实现的不确定因素。

综上，关于甲公司提出的乙公司提供的货物存在质量问题的主张，因缺乏充分证据证明，不予采纳，对甲公司提出的反诉请求不予支持。

【二审阶段法院观点】

本院认为甲公司主张乙公司所供混凝土存在质量问题，缺乏事实及法律依据。

【申请再审阶段法院观点】

关于二审程序是否违法的问题。二审法院审查上诉案件可以开庭审查，也可以书面审查。本案二审中，再审申请人向二审法院递交杨某的调查笔录，二审判决对证人杨某的调查笔录的证明力以及是否采纳进行了分析说明。故再审申请人称二审法院未开庭对新出示的证据予以质证的意见不成立。且再审申请人称二审法院未开庭对其出示的新证据进行质证的意见也不符合《民事诉讼法》规定的再审情形，故再审申请人称二审程序错误进入再审的意见不成立。

律师点评

对于二审是否应开庭审理，《民事诉讼法》第一百七十六条第一款规定："第二审人民法院对上诉案件应当开庭审理。经过阅卷、调查和询问当事人，对没有提出新的事实、证据或者理由，人民法院认为不需要开庭审理的，可以不开庭审理。"《最高人民法院关于适用〈中华人民共和国民事诉讼法〉的解释》第三百三十一条规定："第二审人民法院对下列上诉案件，依照民事诉讼法第一百七十六条规定可以不开庭审理：(一)不服不予受理、管辖权异议和驳回起诉裁定的；(二)当事人提出的上诉请求明显不能成立的；(三)原判决、裁定认定事实清楚，但适用法律错误的；(四)原判决严重违反法定程序，需要发回重审的。"

就本案而言，甲公司在二审阶段曾申请案涉工程监理单位现场工程师杨某作为专家证人出庭或向其针对专门问题进行咨询，并提交了杨某的谈话笔录。对此，二审法院从利害关系、资质资格、前后说明是否一致等角度进行分析，认为杨某的说明对本案争议事实的认定并无实质意义，对其意见不予采纳，也不同意甲公司申请其作为专家证人出庭的申请。甲公司申请再审的理由包括了二审法院未根据法律规定进行庭审质证，但基于二审判决已对杨某谈话笔录的证明力以及是否采纳进行了分析说明等原因，该理由被认为不成立。

当然，如果经查证确有原判决、裁定认定事实的主要证据未经质证的情况，则可以此作为依法再审的依据。以（2021）鲁民申807号案件为例，法院认为：本案二审判决书落款时间为2020年5月27日……但二审卷宗中记载的质证日期、相关当事人的签字均证实该《某硬化工程施工合同》……及相关资料一宗的质证日期是2020年6月5日，二审本案程序违法……原判决、裁定认定事实的主要证据未经质证的。

关于混凝土质量是否合格的问题。本案中甲公司虽提交了监理指令单、监理日志，证人缪某、李某、倪某的通话录音及杨某所作的说明用以证明，但未能提供法定检测机构的检测结果予以证明，再审申请人未能证实案涉混凝土的质量不符合购销合同约定的质量评定标准。故原审判决认为甲公司主张乙公司所供混凝土存在质量问题缺乏事实及法律依据，并无不当。

【本案小结】

桥梁或其他工程出现断桩后如何在施工单位、混凝土供货单位之间划分责任，裁判思路与桩基础强度不足情况下如何划分责任有类似之处。就本案和其他类似案件而言，有两点可予以关注：

第一，关于专业检验结果。

《预拌混凝土》GB/T 14902—2012第9.4.1条规定："混凝土强度检验结果符合本标准第6.1条规定时为合格。"第9.4.2条："混凝土坍落度、扩展度和含气量的检验结果分别符合本标准第6.2、6.3和6.4条规定时为合格；若不符合要求，则应立即用试样余下部分或重新取样进行复检，当复检结果分别符合本标准第6.2、6.3和6.4条的规定时，应评定为合格。"第9.4.3条："混凝土拌合物中水溶性氯离子含量检验结果符合本标准第6.5条规定时为合格。"第9.4.4条："混凝土耐久性能检验结果符合本标准第6.6条规定时为合格。"第9.4.5条："其它的混凝土性能检验结果符合本标准第6.7条规定时为合格。"由此可见，判断混凝土质量情况涉及诸多指标，是一项较为复杂的专业活动。因此，有资质的检测机构经合法程序所出具的专业检验结果往往会对法院认定事实和划分责任起到较为关键的作用。

本案当中，甲公司虽然提交了监理指令单、监理日志，证人缪某、李某、倪某的通话录音及杨某的谈话笔录，但由于没有能够提供专业检验结果等原因，其要求乙公司承担责任的反诉请求未能得到支持。

第二，关于混凝土浇筑时间和凝固时间。

虽然在本案中没有明确出现混凝土浇筑时间、凝固时间，但在涉及断桩责任的类似案件中却有被作为归责依据的情况。

对于混凝土浇筑时间，以（2014）漯民一终字第21号案件为例，法院认为：因供货单位第五车料不合格，供货不及时，致使灌注时间长于第四车混凝土方凝结时间，形成断桩。据施工负责人陈述，2009年8月27日施工时，因第五车太稠，质量不合格，第六车太稀，经调配，不能保证90min浇筑，施工指挥已判断出断桩的可能性95%，但其仍同意将调试后的第六车进行浇筑，施工单位对断桩的损失有不可推卸的责任。

对于混凝土凝固时间，以（2021）粤01民终1001号案件为例，法院认为：鉴于断桩实际已不存在，无法组织质量鉴定，故应按照现有证据和事实判定案涉混凝土是否存在质量问题。按照国家标准中预拌混凝土的最短凝固时间，无论供货单位供应的混凝土是哪个品种，至少在65min内都不应凝固。况且施工单位与供货单位签订的《商品混凝土购销合同》第七条约定混凝土应在到达现场后90min内卸料完毕，最长不得超过120min，……但事实是案涉混凝土到达现场后15min（卸料时间）＋35min（卸料后浇筑）＝50分钟即发生凝固，明显短于国家规定的预拌混凝土的凝固时间。故供货单位提供的案涉两车混凝土很有可能存在质量问题。综上，供货单位提供的案涉两车混凝土很有可能存在质量问题，其对速凝进而导致断桩理应负责。

因此，如果案件涉及桥梁或其他工程出现断桩后的责任划分，亦可以结合案情将混凝土浇筑时间、凝固时间等作为考虑因素。

3.4 桥梁基础承载力不符合要求

【名词解释】

桥梁基础承载力不符合要求一般是指桥梁基础承担荷载的能力不符合要求，可能导致桥梁出现不稳定沉降、裂缝等情况，不排除会进而影响桥梁的安全性和使用寿命。

【规范条文】

《公路桥涵地基与基础设计规范》JTG 3363—2019

3.0.1 公路桥涵地基与基础应进行承载力和稳定性计算，必要时尚应进行沉降验算。

《城市桥梁工程施工与质量验收规范》CJJ 2—2008

10.1.8 当地基承载力不满足设计要求或出现超挖、被水浸泡现象时，应按设计要求处理，并在施工前结合现场情况，编制专项地基处理方案。

问题39：检测报告存在瑕疵的责任应如何划分？

【判决出处】

法院：福建省宁德市中级人民法院

案号：（2022）闽09民终1086号

名称：某运输局、乙公司等检验合同纠纷案

【案情概况】

2019年2月22日，某运输局与丙公司签订一份《建设工程设计合同》，约定：某运输局委托丙公司承担某大桥危桥加固工程施工图设计及预算编制工作。

2019年4月23日，某运输局（甲方）与乙公司（乙方）签订一份《技术服务合同》，约定由甲方委托乙方就某大桥桥梁荷载、桥梁实体和桥梁外观提供试验检测的专项技术服务并出具检测报告，甲方支付相应的技术服务报酬。

律师点评

本案当中，某运输局与乙公司之间所签署的合同名称为"技术服务合同"。《民法典》第八百七十八条第二款规定："技术服务合同是当事人一方以技术知识为对方解决特定技术问题所订立的合同，不包括承揽合同和建设工程合同。"但本案的案由却不是技术服务合同纠纷，而是检验合同纠纷。根据《最高人民法院关于印发修改后的〈民事案件案由规定〉的通知》，检验合同纠纷属于承揽合同纠纷的一种类型。因此，可以理解为法院认为本案当中某运输局和乙公司之间属于承揽合同关系而不是技术服务合同关系。

之所以作出这一认定，则在于乙公司的工作内容。根据双方合同约定，乙公司的工作内容为对桥梁荷载、桥梁实体和桥梁外观进行试验检测，所针对的是桥梁现状情况，而不是解决特定的技术问题，因此某运输局和乙公司之间的合同关系符合承揽合同的特征，即承揽人按照定作人的要求完成工作，交付工作成果，定作人支付报酬，本案也就被法院认定为检验合同纠纷，属于承揽合同纠纷的一种类型。

2019年5月2日，乙公司出具编号为×××34的《检测报告》，该份《检测报告》共计98页，包括工程概况、检测目的、检测依据、检测仪器设备及方法、桥梁结构编号说明、桥梁缺损状况检测（检测方法、外观检测结果汇总、外观检测结果、技术状况评定）、桥梁材质状况检测、静动载试验、承载能力评定、永久性观测、结论与建议等项目。检测报告主要内容：①外观检测结果：桥墩主要病害是墩柱杂草滋生、竖向裂缝、横向裂缝及斜向裂缝、混凝土破损、渗水，墩台基础有冲刷（表面长有青苔），4号和5号墩基础退潮时基础周围2～3m有积水。②外观检测结果：下部结构经现场勘察，锥坡、护坡主要病害为锥坡破损、护坡开裂；桥墩主要病害是墩柱杂草滋生、竖向裂缝、横向裂缝及斜向裂缝、混凝土破损、渗水，墩台基础有冲刷（表面长有青苔）；4号和5号墩基础退潮时基础周围2～3m有积水。根据现场放铅垂线简单测量水中2号和3号墩基础周围河床的深度发现，2号和3号墩基础周围2～3m范围内的河床相比较距离较远的河床更深1～2m，初步判断可能是因为基础周围泥沙被水流漩涡卷起而导致墩周形成局部冲刷坑。③结论与建议：结论——综上所述，通过对某大桥各项检测结果及试验数据的计算分析，综合考虑桥梁结构形式，按照《公路桥梁承载能力检测评定规程》判定，该桥3-1号拱肋、3-7号拱肋的跨中截面、拱脚截面和5-7号拱肋跨中强度均达到标准荷载作用下的强度值，其承载能力均满足设计荷载汽车-15级、挂车-80要求，该桥5-1号拱肋承载能力不满足设计荷载汽车-15级、挂车-80要求。建议——根据《公路桥梁技术状况评定标准》，该桥判定为5类桥，技术状况处于危险状态，部分重要构件出现严重缺损，桥梁承载能力明显降低并直接危及桥梁安全，建议封闭交通；建议请有资质的专业加固公司进行加固处理。

某运输局委托乙公司作出本案编号为×××34的《检测报告》后，某运输局与丙公司重新签订了一份《某大桥危桥加固工程施工图设计补充协议书》，约定：丙公司受某运输局委托，根据新的检测报告内容，对《某大桥危桥加固工程》重新进行施工图设计及预算编制工作，并提交施工图设计及预算。

2019年5月28日，丙公司提交某大桥危桥加固工程施工图设计文件。

2019年6月13日，某运输局组织召开某大桥危桥改造加固工程施工图设计文件审查会议，其中专家组提出意见之一即鉴于桥梁基础是加固方案成功与否的关键，设计应摸清基础现状，并根据现场病害情况，采用相对的加固方案。

丙公司最终编制的某大桥危桥加固工程一阶段施工图设计图，对案涉桥梁概况进行了概括，并对施工组织设计提出要求，施工顺序应严格按照设计图执行，施工时同孔拱桥应严格按照图示顺序进行施工，不同孔拱桥之间施工顺序互不影响，并在施工准备工作意见中提出：开工前应摸清桥墩基础的病害情况，尤其是2号和3号墩，若发现与设计图纸描述情况不符，应及时联系设计单位进行设计变更。

> **律师点评**　丙公司通过施工准备工作意见提出了开工前应摸清桥墩基础的病害情况，尤其是2号和3号墩，如果发现与设计图纸描述情况不符，应及时联系设计单位进行设计变更。可以理解为丙公司作为设计单位认为，对于现场桥墩基础的病害情况，即使在有《检测报告》的情况下，仍然不能排除现场实际情况与《检测报告》有出入的可能性，这一表述体现了设计单位的谨慎提醒义务，在后续划分各方责任时也成为法院考虑的因素之一。

丁公司中标某大桥危桥加固工程，并于2019年9月17日与某运输局签订《某大桥危桥加固工程施工合同》。

2019年9月19日，某交通工程监理咨询公司作出某大桥加固路监（2019）01号开工令，通知某大桥危桥加固工程于2019年9月20日正式开工。

丁公司施工过程中，戊公司受丁公司委托，于2019年10月9日对某大桥2号墩进行水下录像潜水作业，发现2号墩基础存在局部掏空。2019年10月13日，戊公司再次受委托对某大桥下部结构水下部分（1号桥台、2号桥墩）进行水下录像探摸检查，并作出《桥梁检测报告》（2019年10月15日），确认2号桥墩基础河床下降，且上、下游侧沉井基础底部存在部分掏空现象。2019年11月17—18日，戊公司第三次受委托对某大桥下部结构水下部分（1号桥台、2号桥墩）进行水下录像探摸检查。

2020年1月2日某大桥危桥改造工程改造方案专题论证会，与会专家听取了设计单位、检测单位对本项目目前状况的汇报，对桥梁现有状况进行审查和讨论形成意见认为，鉴于某大桥在加固施工过程中，施工单位发现2号墩基础发生变化，经对2号墩基础进行水下探摸，结果显示2号墩基底面积掏空率达38%，存在严重的安全隐患，已不具备加固条件和加固价值，建议立即封闭交通，并尽快拆除重建。

2020年1月15日，某交通工程监理咨询公司作出某大桥加固路监（2019）02号停工令，依据文件指示及专家组建议，某大桥2号墩基础底面积掏空率为38%，已不具备加固条件和加固价值，拟定某大桥拆除重建，并通知某大桥危桥加固工程于2020年1月15日正式停工，要求做好项目撤场及其他相关后续工作。后某大桥危桥拆除。

律师点评

　　在多次进行水下探摸检查并经过各方论证后，得出了某大桥已不具备加固条件和加固价值的结论，大桥最终被拆除。这与乙公司《检测报告》请有资质的专业加固公司对某大桥进行加固处理的建议并不相符。某运输局认为乙公司存在违约行为，应依法赔偿损失，并提起诉讼。

　　某运输局向一审法院起诉，请求：判令乙公司赔偿某运输局以下损失：①某大桥加固设计费用；②预算编制及工程招标费用；③丁公司诉请某运输局支付的某大桥加固施工等费用；④桥梁检测费用；⑤工程监理费用；⑥发现2号墩掏空后进行的相关勘探、检测、论证等费用。

【一审阶段法院观点】

　　第一，关于乙公司作出案涉《检测报告》是否违反合同约定，构成违约的问题。

　　乙公司在检测过程中，仅根据现场放铅垂线简单测量水中2号和3号墩基础周围河床的深度，发现2号和3号墩基础周围2～3m范围内的河床相比较距离较远的河床更深1～2m，初步判断可能是因为基础周围泥沙被水流漩涡卷起而导致墩周形成局部冲刷坑的情况下，未采取水下录像等其他相关技术手段进一步全面详细检查和确定2号和3号墩水下基础的详细情况，即出具案涉《检测报告》，并作出建议请有资质的专业加固公司进行加固处理的结论，存有明显的缺陷。乙公司未按《技术服务合同》约定及《公路桥梁技术状况评定标准》的要求进行全桥检测，不符合合同约定，已构成违约。从《公路桥梁技术状况评定标准》内容看，该标准明确规定了公路桥梁技术状况评定方法及应详细检查的具体结构构件损坏情况，故乙公司辩称《公路桥梁技术状况评定标准》只是评定标准，并非检测标准，难以采纳。

　　双方签订的《技术服务合同》约定的技术服务费是暂定价，最终以实际检测数量为准，荷载试验辅助费用根据当地经济情况另行收取。因此，乙公司若因进行水下基础检测支出额外费用，其可与某运输局另行结算确认。故乙公司以技术服务费用构成以及其没有水下探摸资质等为由，抗辩认为其没有对桥梁进行水下基础检测的义务，依据不足，难以采纳。

第二，关于某运输局主张的具体损失能否认定问题。

乙公司出具的检测结论和建议存有明显的缺陷，不符合约定，已构成违约。因此，某运输局依乙公司作出的检测结论和建议，对某大桥采取加固措施，由此产生的相关损失，与乙公司的违约行为之间存在因果关系，应属乙公司违约所造成的损失。对该损失，具体认定如下：①某大桥加固设计费损失。②预算编制及工程招标费损失。③应支付丁公司工程款项损失。④桥梁检测费用损失。⑤工程监理费损失。⑥发现2号墩掏空后进行的相关勘探、检测、论证等费用损失。

第三，关于某运输局对本案损失是否存在过错的问题。

首先，某运输局因乙公司违约造成的损失，其中设计费、工程咨询费、招标代理服务费、桥梁检测费损失，均于某大桥危桥加固工程施工前产生，某运输局对此并无过错，应由乙公司全额赔偿。

其次，针对某大桥危桥加固工程开工后产生的损失。乙公司对某大桥作出建议请有资质的专业加固公司进行加固处理的结论，虽存有明显的缺陷，不符合合同约定，已构成违约，但其出具的《检测报告》明确载明其系根据现场放铅垂线简单测量水中2号和3号墩基础周围河床的深度发现，2号和3号墩基础周围2～3m范围内的河床相比较距离较远的河床更深1～2m，初步判断可能是因为基础周围泥沙被水流漩涡卷起而导致墩周形成局部冲刷坑。丙公司根据乙公司的《检测报告》作出施工图设计方案后，某运输局组织专家进行会审，专家组提出鉴于桥梁基础是加固方案成功与否的关键，设计应摸清基础现状，并根据现场病害情况，采用相对的加固方案。丙公司设计的施工图设计方案审核通过后，丙公司基于最大的谨慎义务，也在施工准备工作的意见中明确提出开工前应摸清桥墩基础的病害情况，尤其是2号、3号墩，若发现与设计图纸描述情况不符，应及时联系设计单位进行设计变更。但某运输局仍未采纳丙公司的意见，在开工前摸清桥墩基础的病害情况，尤其是2号、3号墩的基础病害情况，故其未尽到合理谨慎注意义务，对自身损失存在一定的过错，应承担相应的责任。乙公司的检测结论是某运输局作出对某大桥采取加固措施决策以及丙公司编制加固工程施工图设计的前提和关键依据，故结合全案实际情况，酌情认定由乙公司对某大桥危桥加固工程开工后产生的损失承担80%的赔偿责任，由某运输局自行承担20%的责任。

【二审阶段法院观点】

一审认定事实清楚，适用法律正确，程序合法，应予维持。

乙公司不服一审判决提起上诉，在上诉理由中指出第一次水下探摸发现2号墩存在掏空的情况后本不应继续施工，当时工程量较少，若某运输局及时要求停工，则产生的工程款仅数万元，应由某运输局承担损失扩大的全部责任。对此，二审法院认为是由于乙公司所作出的检测报告，才导致某运输局在开工前未能摸清桥墩基础的病害情况从而产生损失，乙公司上诉主张某运输局自行承担全部责任缺乏依据。

主张对扩大损失无须承担责任是案件当事人常提出的抗辩理由之一，相应的法律依据主要是《民法典》第五百九十一条："当事人一方违约后，对方应当采取适当措施防止损失的扩大；没有采取适当措施致使损失扩大的，不得就扩大的损失请求赔偿。当事人因防止损失扩大而支出的合理费用，由违约方负担。"但是什么时候采取适当措施、采取哪些适当措施则有可能成为各方争议的焦点，也是法院查明事实情况的重点。

就本案而言，某运输局委托乙公司作为专业机构为某大桥桥梁荷载、桥梁实体和桥梁外观提供试验检测的专项技术服务，乙公司所出具的《检测报告》是后续设计、施工等工作的前提和基础。某大桥的修复工作还历经了论证、报批等程序，在第一次水下探摸后并未直接得出桥梁已不具备加固条件和加固价值的结论，能否通过补测和设计变更进行补救也在未定之数。后续又进行了水下探摸，委托其他专业机构开展墩基础周围地质钻探和河床地形测绘、墩身立面和桥墩底部空洞测绘等工作，并经历了专家组论证，最终才得出了桥梁已不具备加固条件和加固价值的结论。因此，在第一次水下探摸后即要求某运输局推翻由乙公司出具的《检测报告》及以此为基础开展的工作立即停止，当时而言于法于情均较难成立，乙公司关于某运输局对扩大损失承担全部责任的上诉理由也未得到法院支持。

【本案小结】

检测机构并非建设单位、勘察单位、设计单位、施工单位、监理单位五方主体之一，在建设工程质量纠纷领域与检测机构有关的案件也并不常见。对于涉及检测成果瑕疵的案件，关键点主要在于检测机构是否存在过错以及具体的责任应如何确定，本案即是一例。除本案之外，（2020）苏05民终10634号案件亦可供参考。

在（2020）苏05民终10634号案件中，对于检测机构是否存在过错，法院认为：某公司系建筑行业专业检测机构，该类型号命名规则在其行业内部应属于行业共识，故其显然应当理解设计要求的方桩即为《预制钢筋混凝土方桩》（苏G/T 25—2013）中"AZH-40-××"项下B组的规格，在设计有效桩长为9m、混凝土强度为C40的情况下，该方桩配筋要求为①号筋、②号筋各4根，每根最低要求直径为16mm，如果不满足该配筋要求，显然不能认定符合《预制钢筋混凝土方桩》（苏G/T 25—2013）对"AZH-40-9B，C40"规定的标准，某公司即便仅收到"桩位平面配置图"，其亦应知晓苏《预制钢筋混凝土方桩》（苏G/T 25—2013）对"AZH-40-9B，C40"型号方桩配筋的基本要求，故某公司在明知实际使用的方桩仅有4根配筋的情况下仍作出"符合设计要求"的结论，存在过错。认定某公司出具的案涉检测报告属于瑕疵履行合同义务，构成违约，应当承担违约责任，并无不当。关于具体的责任确定，法院认为：工程因现场实际使用方桩配筋与设计文件中注明的桩型（AZH-40-9B，C40）所对应的"苏G/T 25—2013"图集中配筋不符而被停工，以致后期需要补桩，并因此产生补桩费用、坑基维护延期损失、临时设施重新搭建、临时工棚使用土地延期以及工期延期多支付管理人员、监理费用和水电费用等损失；某公司虽存在未尽谨慎、合理注意义务出具的检测报告与规范要求不符之情形，但某公司出具的报告并非造成案涉项目停工以及损失的唯一原因，故主张某公司承担因案涉项目停工造成的全部损失，缺乏事实和法律依据。

通过本案及（2020）苏05民终10634号案件，对涉及检测成果瑕疵的案件，可从以下两个层面关注：

第一，关于检测机构是否存在过错，不仅需要立足于合同约定的角度，还可以从规范、标准、图集和谨慎义务等角度出发。

无论是本案还是（2020）苏05民终10634号案件，法院在论述裁判思路时都反复提及了相应规范、标准或图集，并且认为检测机构作为专业机构，应当对此熟稔并遵照执行。

并且，相较于建设单位或委托方，检测机构作为专业机构还应从专业角度尽到谨慎义务。就本案而言，乙公司以技术服务费用构成以及其没有水下探摸资质等为由，抗辩认为其没有对桥梁进行水下基础检测的义务，没有得到法院采纳。因为即使没有对应费用，也没有水下探摸资质，乙公司仍应基于谨慎义务，从专业角度提示某运输局隐患的可能性和探摸的实际需要。如果未能进行提示，在发生争议后进行抗辩较难得到采纳。

第二，关于具体责任的认定，需要确定检测机构的过错是否引发损失的唯一原因。

就本案而言，法院将损失划分为了两部分，对于大桥加固施工前产生的设计费、工程咨询费、招标代理服务费、桥梁检测费等由乙公司全额赔偿；对于大桥加固工程开工后的损失由乙公司承担80%的赔偿责任，其余20%由某运输局自行承担。这一按阶段分别判断责任归属的裁判思路可供参考。

无论是本案，还是（2020）苏05民终10634号案件，都没有将所有责任完全归结于某一方，这在一定程度上也是由于建设过程是各方进行互动的过程。在对责任难以量化的情况下，则需结合基本事实情况，根据法律酌情做出判断。

3.5 桥梁裂缝、蜂窝、露筋、麻面、空洞

【名词解释】

桥梁裂缝、蜂窝、露筋、麻面、空洞等均为混凝土桥梁的常见外在病害。

桥梁裂缝一般是指由于桥梁材料初始缺陷、细微裂纹等引起和扩展的现象。

桥梁蜂窝一般是指桥梁混凝土结构局部出现酥散、无强度状态的现象。

桥梁露筋一般是指桥梁结构钢筋裸露、锈蚀的现象。

桥梁麻面一般是指桥梁混凝土局部表面出现凹坑、麻点、粗糙面的现象。

桥梁空洞一般是指桥梁混凝土由于空气、水或其他物质长期作用（包括渗透、腐蚀等）造成洞口的现象。

【规范条文】

《公路工程质量检验评定标准 第一册 土建工程》JTG F80/1—2017

第8.7.1条和第8.7.2条对就地浇筑梁、板以及预制安装梁、板的外观质量进行了规定，其应符合该标准附录P（结构混凝土外观质量限制缺陷）中的相关要求。

P.0.1 为全面准确了解外观质量，并通过外观检查发现其他可能存在的质量缺陷，对混凝土构件或结构应进行全面检查。

P.0.2 对结构混凝土的表面进行涂装或其他装饰后，将改变其外观状况，外观缺陷可能被覆盖，缺陷的大小范围、轻重程度等难以判定，故检查前要求不得进行

此类施工。

P.0.3 本条规定限制缺陷。结构混凝土出现外观缺陷是难以避免的，不允许有任何外观缺陷存在经济上并不合理。同时，不同结构、构件，外观缺陷对其性能、使用功能、耐久性和景观的影响不同，只要其影响程度在一定范围内，应允许存在。

（1）缺陷现象描述参照现行《混凝土结构施工质量验收规范》（GB 50204）编制。

（2）限制的预应力混凝土构件非受力裂缝和受力裂缝仅限于在施加预应力区域且与预应力方向垂直的裂缝，其他区域和方向的裂缝限制与普通钢筋混凝土构件的规定相同。

（3）由露筋造成的危害不仅是钢筋的锈蚀、截面削弱，还有因锈胀引起的混凝土剥落，引发更大面积的锈蚀，应严格限制出现露筋现象。

（4）蜂窝、疏松的深度超过 10mm 时，其范围一般也较大，对保护层厚度削弱较多，应加以限制。

（5）棱线不直、翘曲不平等外形缺陷虽然不影响结构性能，但对结构功能、安装及景观效果有影响，应加以限制。

（6）混凝土颜色受水泥品种影响大，使用不同厂家的水泥产品会使混凝土颜色产生差异，模板表面、养护因素也有影响。另一方面，混凝土颜色随时间逐渐发生变化，颜色差异虽会影响景观效果，但并不一定表示其性能存在差异。故本次修订取消了原标准外观质量中对混凝土颜色的要求。

《城市桥梁工程施工与质量验收规范》CJJ 2—2008

23.0.11 ……桥梁实体外形检查应符合下列要求：1）墩台混凝土表面应平整、色泽均匀，无明显错台、蜂窝麻面，外形轮廓清晰。2）砌筑墩台表面应平整，砌缝应无明显缺陷，勾缝应密实坚固、无脱落，线角应顺直。3）桥台与挡墙、护坡或锥坡衔接应平顺，应无明显错台；沉降缝、泄水孔设置正确。4）索塔表面应平整、色泽均匀，无明显错台和蜂窝麻面，轮廓清晰，线形直顺。5）混凝土梁体（框架桥体）表面应平整、色泽均匀、轮廓清晰、无明显缺陷；全桥整体线形应平顺、梁缝基本均匀。6）钢梁安装线形应平顺，防护涂装色泽应均匀、无漏涂、无划伤、无起皮，涂膜无裂纹。7）拱桥表面平整，无明显错台；无蜂窝麻面、露筋或砌缝脱落现象，色泽均匀；拱圈（拱肋）及拱上结构轮廓线圆顺、无折弯。8）索股钢丝应顺直、无扭转、无鼓丝、无交叉，锚环与锚垫板应密贴并居中，锚环及外丝应完好、无变形，防护层应无损伤，斜拉索色泽应均匀、无污染。9）桥梁附属结构应稳固，线形应直顺，应无明显错台、无缺棱掉角。

问题40：“背靠背”条款能否作为拒付质量保证金的依据？

【判决出处】

法院：贵州省高级人民法院

案号：（2019）黔民终903号

名称：丙公司、丁公司等建设工程施工合同纠纷案

【案情概况】

甲公司作为某高速公路某标段的业主单位，将该标段工程发包给乙公司承建。

2014年2月3日，丙公司（分包人）与乙公司（总承包人）签订《某高速公路某标段土建工程施工分包合同》，其中载明：乙公司（总承包人）为实施某高速公路某段工程，与丙公司（分包人）对某标段土建工程的施工共同达成如下协议：工程范围，某标段两阶段施工图……

2014年6月23日，丙公司（甲方）与丁公司（乙方）签订《项目施工协作合同书》，其中载明：甲乙双方就协作工程事项协商达成一致，订立本合同……甲方所承包的整个工程经国家审计部门审计完毕，甲方与发包方进行了最终结算，且总承包人将全部工程款支付给甲方后，甲方与乙方进行最终结算，并与乙方订立最终结算书。

以上合同签订后，丁公司进场进行了施工。2015年12月29日，案涉某标段工程完成交工验收。2016年3月，施工单位、监理单位、设计单位以及业主单位共同在案涉某标段交工验收证书中盖章同意交工。该交工验收证书中载明：“本合同工程质量经评定全部为合格工程”“遗留的问题：建议接管养护单位加强对高边坡、高填方段检测及养护。缺陷的处理意见及相关规定：①对部分高边坡、高填方路段进行工后监测，及时发现并预测可能出现的安全问题，及时处理；②涵洞、水沟等排水设施在雨期继续观察、验证其使用功能，如发现不合格部分予以调整完善。”其后，案涉公路投入试运营。

> **律师点评**　　交工验收证书一方面载明“本合同工程质量经评定全部为合格工程”，另一方面又指出了遗留问题和缺陷处理意见。这两者之间其实并

不矛盾,《公路工程竣(交)工验收办法》第九条规定:"公路工程各合同段符合交工验收条件后,经监理工程师同意,由施工单位向项目法人提出申请,项目法人应及时组织对该合同段进行交工验收。"第十四条规定:"公路工程各合同段验收合格后,项目法人应按交通部规定的要求及时完成项目交工验收报告,并向交通主管部门备案……公路工程各合同段验收合格后,质量监督机构应向交通主管部门提交项目的检测报告。交通主管部门在15天内未对备案的项目交工验收报告提出异议,项目法人可开放交通进入试运营期。试运营期不得超过3年。"第十五条规定:"交工验收提出的工程质量缺陷等遗留问题,由施工单位限期完成。"因此,在符合验收合格、完成项目交工验收报告并向交通主管部门备案等前提条件后,公路工程即可依法投入试运营,至于工程质量缺陷等遗留问题,则可以在一定期限内予以整改、处理和完善。

2016年7月15日,乙公司与丙公司进行结算并形成工程结算报表。

2016年7月22日,总承包项目部作出通知,要求某标段项目部在3日内到某段右幅的两处问题。同月26日,总承包项目部再次作出通知,其中载明:"……现要求你部立即组织有资质单位或委托第三方单位,对边坡垮塌原因和边坡施工质量进行调查分析,并出具相关证明材料,于2016年7月31日前提交正式的调查报告到监理、项目办等有关单位……"。

2016年8月13日,总承包项目部作出通知,其中载明:"某标项目部:……该边坡位于原设计桩号……,该区域内挡墙已开裂,路面出现隆起、开裂现象,存在重大安全隐患,严重危害路上行车安全。现要求你部速派人来现场处置该边坡……"。

2017年6月10日,甲公司向总承包部发出函,载明:"我司在日常道路巡查中发现多处边坡垮塌,造成路面、路基不同程度受损,严重影响行车安全。为保证高速公路的通行安全,我司将对塌方边坡进行应急处置,发生费用由责任单位承担。请贵部尽快联系相关责任单位确定下一步的边坡加固处置方案并尽快实施,消除安全隐患,并于2017年6月17日前将处置方案及实施计划回复我司。如逾期未处理,我司将安排专业队伍进行处置,所产生的费用由责任单位承担。"

2017年9月11日,总承包项目部作出通知,其中载明:"……某坡大桥、某堰大桥……都存在破损及裂缝,……会安排有资质单位统一处理,所产生的费用各标段自行承担"。

2018年3月20日，总承包项目部作出通知，其中载明："某标项目经理部：某高速自交工以来陆续发生了一些质量缺陷问题，主要情况如下：①问题发生后由于多方面原因你部未能及时进行维修，项目公司委托养护等单位进行了修复，并从我部计量中扣除了发生的费用；②交工后我部多次到现场进行了勘察，发现部分地段边坡没有按照设计要求施工，无碎落台；天桥桥台无锥坡防护，边坡填土裸露等现象……"。

2018年4月9日，丙公司某高速某标段项目经理部向乙公司发出回复，认为丙公司某标段项目部在缺陷责任期内认真履行了合同约定的相关义务，已对发现的缺陷问题及时进行处治；对于某段下行沥青路面开裂的问题，该项目部认为责任有待于鉴定后才能确定；对于某处边坡滑坡，该项目部认为此次滑坡不是合同范围内的事，是属于红线外的滑坡；对于某处边坡部分开挖没有按设计挖到位的问题，该项目部要求各方到现场测量对比后，确实没有挖到位的可以处理并承担费用；对于绿化带填土的问题，该项目部认为已经按照图纸施工并通过验收，隔离带和边沟绿化带是绿化标单位的合同范围，与其无关。

2018年4月22日，总承包项目部向丙公司作出回复，其中载明："缺陷责任期内，贵公司某标现场宁某负责与总包对接公司，沟通比较顺利，部分整改比较及时到位，但是整改方案是否按原设计施工并报送总包和项目公司，并且整改后还出现二次垮塌现象如：某匝道边坡原设计拱形骨架护坡，整改后为台阶式护面墙基础不稳……"。

后丁公司因质量保证金等事由向法院起诉，诉讼请求主要包括判令丙公司向丁公司支付质量保证金及利息、违约金，并要求甲公司、乙公司对丙公司向丁公司支付质量保证金承担连带责任等。

> **律师点评** 丁公司的诉请当中包括了要求甲公司、乙公司就支付质量保证金承担连带责任。在案涉公路投入试运营后，各方就质量问题等事项通过书面通知、回复等形式进行了多次沟通，如果其中有丁公司与甲公司、乙公司之间直接进行沟通或甲公司、乙公司要求丁公司进行整改的书面文件，也可能会被丁公司作为要求甲公司、乙公司承担连带责任的依据之一。

对于案涉公路没有完成竣工验收的原因，一审庭审中，甲公司和乙公司认为是某标段项目部没有提交竣工资料导致，丁公司称竣工资料提交给甲公司后，丙公司又将资料拿回，现由丁公司保管，丙公司称不知情，甲公司和乙公司称从未收到竣工资料。

律师点评　《公路工程竣（交）工验收办法》第十六条规定："公路工程进行竣工验收应具备以下条件：……（四）竣工文件已按交通部规定的内容完成……"。因此，完成符合要求的竣工文件也是公路工程进行竣工验收的条件之一。

【一审阶段法院观点】

一审法院审理认为，本案争议焦点为：①丁公司与丙公司是何种法律关系以及二者签订的《项目施工协作合同书》的效力；②丁公司要求丙公司退还质量保证金的条件是否成就；③丁公司能否向乙公司、甲公司主张退还质量保证金及要求二者承担连带责任。

关于第一个焦点。一审庭审中，丁公司主张其与丙公司之间是转包关系，而丙公司主张双方之间是挂靠关系。虽然丙公司于2014年2月3日与总承包人乙公司签订分包合同后，于2014年6月23日与丁公司签订《项目施工协作合同书》，将案涉工程交给丁公司施工，但是丁公司于2014年6月23日出具的《承诺书》明确载明其挂靠丙公司承接案涉工程，而且从丁公司提供的《对账确认书》载明的内容看，丙公司、乙公司结算的工程款金额与丙公司、丁公司结算的工程款金额完全一致，不符合工程转包的法律特征，故丙公司主张双方之间是挂靠关系（即丁公司借用丙公司的资质）较为符合本案实际，予以采信。

律师点评　本案一审过程中，双方对相互之间的法律关系主张并不相同，丁公司主张其与丙公司之间为转包关系，丙公司则主张是挂靠关系。关于公路工程当中的转包和挂靠行为，行业主管部门有相应的规定。《公路工程施工分包管理办法》第十五条第二款规定："有下列情形之一的，属于转包：（一）承包人将承包的全部工程发包给他人的（包括母公司承接公路工程后将所承接全部工程交由具有独立法人资格的子公司施工的情形）……"。《关于对交通运输工程建设中挂靠借用资质投标违规出借资质问题进行专项清理的通知》第二条则指出了挂靠包括了无资质证书的企业、个人或者有资质证书的企业通过各种途径和方式，利用其他企业的资质及名义投标或承接工程等行为。

至于丙公司和丁公司为何就双方之间是转包还是挂靠关系产生争议，则在于如果认定为转包关系，丁公司有可能突破合同相对性向发包人主张权利。对此类情况，（2021）最高法民终394号民事判决书专门进行了阐述，具体内容为："在转包关系中，对发包人而言，转包人以承包合同的相对方出现，其自身承接工程后，将全部工程转给其他主体施工，但并未脱离这一合同链条关系，仍是建设工程连环合同的一部分……发包人通过转包人进行施工指示、进度款支付等工作，作为实际施工人的转承包人则通过转包人开展报送工程量、工程进展等工作。转承包人除能依据合同关系向转包人主张权利外，还能根据相关司法解释突破合同相对性规定，直接向发包人主张相应权利。"

而如果丙公司与丁公司之间的关系被认定为挂靠关系，则丁公司主张突破合同相对性向发包人主张权利可能会缺乏相应的法律依据。对此（2021）最高法民终394号民事判决书也进行了阐述，具体内容为："一般而言，在施工挂靠关系中，出借资质的一方即被挂靠人并不实际参与工程的施工，由借用资质的一方即挂靠人和发包人直接进行接触，全程参与投标、订立合同、进行施工。实践中，挂靠又可分为发包人明知和不明知两种情形。前一种挂靠情形，尽管建设工程施工合同名义上还是被挂靠人，但实质上挂靠人已和发包人之间建立事实上的合同关系。根据合同相对性原则，被挂靠人对挂靠人的施工行为无法产生实质性影响，施工过程中的具体工作也往往由挂靠人越过被挂靠人，和发包人直接进行联系。而在后一种挂靠情形下，法律、司法解释并未赋予挂靠人可突破合同相对性原则。根据案件的具体情况，挂靠人一般无权直接向发包人主张权利，这与转包关系中的转承包人权利不同。"

对于转包和挂靠之间的区别以及挂靠关系中发包人明知和不明知两种情形，上述（2021）最高法民终394号民事判决书的阐述已相当明晰、详细。就本案而言，一审法院将丙公司和丁公司的关系认定为挂靠关系，如果丁公司不能举证证明甲公司、乙公司明知其为现场的实际施工人，则其要求甲公司、乙公司对支付质量保证金承担连带责任可能较难得到支持。

关于第二个焦点。案涉工程已经完成交工验收，丁公司可以主张工程款，但是对于退还质量保证金的条件是否成就，应参照双方签订的《项目施工协作合同书》的约定处理。从丁公司提供的《对账确认书》可以看出，除扣留的工程质量保证金，丙公司已将乙公司支付的全部工程款支付给丁公司。而且，根据丁公司向丙公司出具的《承诺书》，丁公司借用丙公司的资质承接工程，在丙公司没有收到工程款的情况下，丙公司不负有先行向丁公司支付工程款的义务，故在丙公司未收到乙公司退还的该部分质量保证金的情况下，丁公司要求丙公司退还质量保证金的条件不成就。

关于第三个焦点。本案中，乙公司与丙公司签订分包合同后，丁公司与丙公司签订《项目施工协作合同书》，本案并无证据显示乙公司知晓丁公司借用资质承接工程，故乙公司与丁公司之间没有直接的施工合同关系，也不存在事实上的施工合同关系，丁公司无权依据合同向乙公司要求返还质量保证金。至于丁公司能否以实际施工人名义要求乙公司和甲公司返还质量保证金的问题，丁公司作为借用资质的实际施工人，无权直接向没有合同关系的分包人乙公司及发包人甲公司主张权利。丁公司主张乙公司及甲公司对质量保证金承担连带责任的请求没有法律依据，不予支持。

此外，丁公司在乙公司不知晓的情况下以丙公司的名义与乙公司签订分包合同，丁公司不能以此免除缺陷责任期内的修复责任，分包合同中有关缺陷责任的约定对丁公司具有约束力。根据甲公司提供的《检测报告》，可以证明某试验检测有限公司受甲公司委托于2017年4月对案涉路段进行了检测，丁公司施工的部分桥梁不同程度存在相应病害，并需要进行修补处理。虽然丁公司对《检测报告》不予认可，但经法院释明后，明确表示不申请鉴定，故对《检测报告》予以采信。根据《某高速公路某标段土建工程施工分包合同》所附"项目专用合同条款"第19.2款以及"分包合同通用条款"第19.6款的约定，即便丁公司可以实际施工人身份向乙公司主张退还质量保证金，但在丁公司未按约定提交完整的竣工资料，以及不能举证证明其已完成缺陷修复责任的情况下，也不符合退还质量保证金的条件。

判决如下：驳回丁公司的诉讼请求。

【二审阶段法院观点】

丁公司不服一审民事判决，提起上诉。二审法院判决驳回上诉，维持原判。

【本案小结】

本案当中，法院驳回了丁公司关于要求丙公司向其支付质量保证金以及甲公司、乙公司对此承担连带责任等诉讼请求，具体的理由包括：根据《项目施工协作合同书》《承诺书》等材料，丙公司退还质量保证金的条件不成就；丁公司既未按约定提交完整的竣工资料，也未能举证证明完成了缺陷修复责任，不符合退还质量保证金的条件；以及主张甲公司、乙公司对质量保证金承担连带责任没有法律依据等。

法院在阐述上述裁判理由时所提及的《项目施工协作合同书》《承诺书》等材料，其中丙公司（甲方）与丁公司（乙方）所签订的《项目施工协作合同书》载明："甲方所承包的整个工程经国家审计部门审计完毕，甲方与发包方进行了最终结算，且总承包人将全部工程款支付给甲方后，甲方与乙方进行最终结算，并与乙方订立最终结算书"；丁公司向丙公司出具的《承诺书》则有丁公司借用丙公司的资质承接工程，在丙公司没有收到工程款的情况下，丙公司不负有先行向丁公司支付工程款的义务等内容。由此可见，丙公司和丁公司就工程款支付约定了以上游单位支付情况为前提的"背靠背"条款，这在法院判断丙公司是否应向丁公司支付质量保证金时也作为了需要考虑的因素之一。

"背靠背"条款是否能作为拒付质量保证金的理由和依据呢？从此前的实践情况而言并不能一概而论：

以（2023）京02民终2813号案件为例，法院认为：承包人作为前后两个合同的签约人，将其与业主之间合同的履行风险，转由其后签订的案涉合同相对人分包人承担，虽有相关合同条款约定，但因质保期届满已三年有余，即使存在业主尚未付清余款的情况，因存在已经超过合理期间的事实，故分包人要求承包人支付质保金的请求应予支持。

又以（2023）陕07民终1510号案件为例，法院认为：合同约定前后存在不相符的情况，且截至本案二审庭审结束，某公司未向一、二审法院提交证据证明自己积极向业主主张相应权利，或业主对相应款项的具体支付情况，故仅以合同第七条中的约定抗辩不应支付质保金的理由不能成立。

2024年8月27日，《最高人民法院关于大型企业与中小企业约定以第三方支付款项为付款前提条款效力问题的批复》发布，根据该批复："大型企业在建设工程施工、采购货物或者服务过程中，与中小企业约定以收到第三方向其支付的款项为付款前提的，因其内容违反《保障中小企业款项支付条例》第六条、第八条的规定，人民法院应当根据民法典第一百五十三条第一款的规定，认定该约定条款无效"以及"在认定合同约定条款无效后，人民法院应当根据案件具体情况，结合行业规范、双方交易习惯等，合理确定大型企业的付款期限及相应的违约责任。双方对欠付款项利息计付标准有约定的，按约定处理；约定违法或者没有约定的，按照全国银行间同业拆借中心公布的一年期贷款市场报价利率计息。大型企业以合同价款已包含对逾期付款补偿为由要求减轻违约责任，经审查抗辩理由成立的，人民法院可予支持"，对于涉及工程质量保证金"背靠背"条款的案件中如何适用该批复，我们也将继续关注。

3.6 桥梁垮塌

【名词解释】

桥梁垮塌一般是指桥梁由于设计或施工错误、人为破坏、自然灾害等原因而发生结构破坏的现象。

【规范条文】

《公路钢筋混凝土及预应力混凝土桥涵设计规范》JTG 3362—2018

5.1.1 公路桥涵的持久状况设计应按承载能力极限状态的要求，对构件进行承载力及稳定计算，必要时尚应对结构进行倾覆和滑移的验算。

《城市桥梁工程施工与质量验收规范》CJJ 2—2008

13.2.6 桥墩两侧梁段悬臂施工应对称、平衡。平衡偏差不得大于设计要求。

13.4.4 桥墩两侧应对称拼装，保持平衡。平衡偏差应满足设计要求。

（这两条于2022年1月1日被《城市道路交通工程项目规范》GB 55011—2021废止）

问题41：桥梁垮塌后如何划分责任？

【判决出处】

法院：重庆市第三中级人民法院

案号：（2020）渝03民终603号

名称：乙公司与丙公司等建设工程合同纠纷案

【案情概况】

2016年11月，作为发包人的某镇政府与作为设计人的乙公司签订了《建设工程设计合同》，某镇政府委托乙公司承担某人行便桥工程设计。

合同签订后，乙公司对某人行便桥进行设计，并于2016年11月出具了《某人行便桥建设工程施工图设计》。

2016年12月20日，某居委会作为发包方（甲方）与丙公司作为承包方（乙方）签订了《某人行便桥建设工程承包合同》，合同第二条约定承包范围为某人行便桥建设工程，项目设计施工图中包含新建人行便桥的基础部分、框架部分及钢结构桥体部分工程，护栏安装；承包方式为包工包料包安全，按设计施工图所示所有原材料。

2016年12月27日，某居委会、丙公司和监理公司的工作人员张某在《工程开工报告》上盖章或签名，同意开工。丙公司开始进场施工。

2017年4月24日，某建筑工程质量检测有限公司根据丙公司的委托对其施工的4根基桩的完整性进行检测后出具了《检测报告》，检测结论为本次检测的4根基桩，均为Ⅰ类基桩，桩身完整性合格。

律师点评

桩的完整性检测属于建设工程地基基础质量检测的项目之一。以《重庆市建设工程质量检测管理规定》为例，根据该规定附件二，除了桩的完整性检测，地基基础工程检测还包括了地基承载力检测、桩的承载力检测、锚杆锁定力检测等类型。

丙公司委托某建筑工程质量检测有限公司对其施工的4根基桩的完整性作了检测并出具了《检测报告》，结论为受检桩桩身完整性合格，这成了后续裁判时划分各方责任的考虑因素之一。

2017年5月8日，丙公司、某居委会、乙公司的黄某、赵某和监理公司的张某进行了设计图纸交底和图纸会审。

随后丙公司按照设计图纸进行钢结构施工。钢结构部分完工后，丙公司于2017年6月20日开始在该钢结构桥面上进行混凝土浇筑，该主跨钢结构部分在浇筑施工过程中于中午约12时发生突然垮塌，墩柱倾斜、引发桥面板塌落。

2017年6月20日下午，某镇政府组织了丙公司、某居委会、乙公司的黄某和监理公司召开了事故专题会，并形成了会议纪要。

某人行便桥事故发生后，丙公司组织人员于2017年6月21日至23日期间清理了垮塌现场。

某居委会委托了某市建设工程质量检验测试中心对人行便桥事故进行检测、鉴定。某市建设工程质量检验测试中心于2017年7月19日出具了《检测报告》，其检测鉴定结论及建议为：①某人行便桥垮塌主要原因为桥梁主跨自振频率较小，不满足规范要求；主跨浇筑桥面混凝土阶段为稳定性最不利阶段，浇筑桥面板30m状态下结构稳定系数低、稳定性差、腹杆变形、主跨钢构件变形失稳，墩柱开裂、倾斜，主跨钢结构垮塌、引桥梁体落梁，桥梁垮塌破坏。②该桥钢结构件变形严重，混凝土墩柱从根部开裂、倾斜，考虑到该桥结构适修性差，维修加固费用较高，建议对该桥拆除重建。

2017年7月27日，某镇政府组织了丙公司、某居委会、乙公司的黄某和监理公司召开了人行便桥责任事故情况通报会，由某市建设工程质量检验测试中心通报了该检测报告，并对各方提出的相关问题进行了解释说明。

2017年8月8日，某市建设工程质量检验测试中心作出《关于某居委会对某人行便桥坍塌事故检测报告作解答的函》。

丙公司2019年5月8日向法院起诉，诉讼请求包括：①请求判决乙公司立即赔偿其因修建某人行便桥的建设成本损失（包括人工、材料、机具、税收、审核等）共计839217.11元（减去已支付的400000元，还应赔偿439217.11元）；②判决乙公司赔偿其支付的审核费用4500元和拆除费用27170元；③判决乙公司从2018年3月22日（审核结算书的第二日）按本金439217.11元为基数按年利率6%赔偿资金占用利息，直到付清时止；④该案诉讼费用由乙公司承担。

诉讼中，乙公司提出：①合同上黄某签字是因为该业务系黄某介绍的，黄某并非公司员工，并未授权黄某参与该业务；②赵某也非公司员工，其没有派人现场指导工程施工，该图纸系乙公司设计出具的，在开工前没有办理技术交底、图纸会审，属于私自开工。

律师点评

　　乙公司在诉讼过程中强调黄某并非其员工，没有取得参与案涉工程业务的授权。法院认为：根据《建设工程设计合同》，黄某作为乙公司的委托代理人在该合同进行了签字，后黄某不仅按照该合同约定收取了设计费，还参加了事故发生后的专题会和通报会等会议，而某居委会在施工过程中又一直是与黄某联系相关工作；因此确定黄某的行为构成了表见代理并无不当，对乙公司所提出的相应理由则不予支持。

关于表见代理，《民法典》第一百七十二条规定："行为人没有代理权、超越代理权或者代理权终止后，仍然实施代理行为，相对人有理由相信行为人有代理权的，代理行为有效。"《最高人民法院关于适用〈中华人民共和国民法典〉总则编若干问题的解释》第二十八条第一款规定："同时符合下列条件的，人民法院可以认定为民法典第一百七十二条规定的相对人有理由相信行为人有代理权：（一）存在代理权的外观；（二）相对人不知道行为人行为时没有代理权，且无过失。"表见代理在建设工程纠纷领域也较为常见，对设计合同关系当中的表见代理争议，除了本案之外，被认为表见代理成立的典型情况还包括：

第一，在设计合同的订立及履行过程中均由所谓无权代理人以设计单位负责人、代理人或工作人员的身份实施，具有代理权的外观，有理由相信代理人为有权代理，成立表见代理。

以（2017）鄂民申1531号案件为例，法院认为：因设计合同约定的土地标的已收回，某房地产公司据此与某建筑设计公司该设计项目负责人徐某协商签订《设计合同解除协议》，符合设计合同因不能继续履行而需解除的客观情形；加之，设计合同的订立、履行，均由徐某以工程负责人身份代表某建筑设计公司与某房地产公司接洽，故某房地产公司有理由相信徐某有权代表某建筑设计公司与之签订《设计合同解除协议》。

第二，所谓无权代理人曾为设计单位的负责人、代理人或工作人员，结合合同或设计文件加盖印章、收款单位为设计单位等情况，有理由相信代理人具有代理权，成立表见代理。

比如在（2020）云31民终405号案件中，法院认为：杨某系某院退休职工，退休后某院又返聘其从事经营管理工作，杨某向曹某等人出具加盖某院印章的《岩土工程勘察报告》及收款收据，上述行为足以让曹某等人有理由相信杨某代表的是某院，有理由相信《岩土工程勘察报告》系某院作出，杨某的行为后果应当由某院承担，其主张杨某不构成表见代理，与查明的事实不符，对其上诉主张不予支持。

【一审阶段法院观点】

对于桥梁垮塌的原因，根据某市建设工程质量检验测试中心出具《检测报告》的检测鉴定结论和《关于某居委会对某人行便桥坍塌事故检测报告作解答的函》，证明该桥的设计施工图由于存在结构体系选型不合理、结构稳定系数低、稳定性差等原因，造成丙公司进行施工时发生坍塌。由于设计施工图系乙公司出具，因此乙公司对因设计原因造成桥梁垮塌所产生的损失应当依法承担民事赔偿责任。

丙公司提交了某建筑工程质量检测有限公司的《检测报告》，证明其施工的为Ⅰ类基桩，且桩身完整性合格；同时某市建设工程质量检验测试中心出具的《关于某居委会对某人行便桥坍塌事故检测报告作解答的函》亦证明丙公司施工的墩柱被破坏系因钢桁架垮塌后导致墩柱顶部受强迫位移，墩柱变形过大，受力增加造成，未发现墩柱与垮塌存在明显因果关系；并且该案被告亦无其他证据证明丙公司在施工过程中存在因违法施工导致桥梁垮塌的行为，因此，丙公司依法对本次桥梁垮塌所产生的损失不承担民事责任。

【二审阶段法院观点】

某市建设工程质量检验测试中心出具的《检测报告》和《关于某人行便桥坍塌事故检测报告作解答的函》虽然没有明确确认施工方擅自改变设计施工图进行施工、对设计上的不足没有及时采取有效的措施进行防范和支撑等是造成本次便桥垮塌的原因之一，但该《检测报告》和《关于某居委会对某人行便桥坍塌事故检测报告作解答的函》均确认了"该桥的设计施工图由于存在结构体系选型不合理、结构稳定系数低、稳定性差等原因；该工况下主跨挠度应力未见异常，但主跨自振频率0.31Hz较小，稳定系数0.95小于1.0，上述两项设计指标均不满足规范要求，也是造成本次垮塌的主要原因"。同时，该《检测报告》中还载明了"桥面板由原立模现浇钢筋混凝土板变更为亚型板上浇钢筋混凝土板"的事实存在，且乙公司又坚持认为施工方在施工过程中已经变更了设计图纸进行施工。鉴于本案诉争的人行便桥已经不存在的实际情况，本院从该案现有的证据出发，参照某市建设工程质量检验测试中心出具的《检测报告》和《关于某人行便桥坍塌事故检测报告作解答的函》，综合确定乙公司承担本案人行便桥垮塌损失70%的民事赔偿责任；丙公司自行承担本案人行便桥垮塌损失30%的民事责任。

律师点评

本案一审阶段，法院认为应由作为设计单位的乙公司承担桥梁垮塌的民事赔偿责任；二审阶段，法院则认定应由作为设计单位的乙公司和作为施工单位的丙公司分担民事责任，认为丙公司须承担责任的主要理由则在于现场施工存在变更的情况。

需要指出的是，对于丙公司而言，其承担责任的主要原因在于未严格按图施工，一般可能会认为，未按图施工的责任应由作为施工单位的承包人自行承担，与发包人无关，但在实践当中却并不尽然。比如在（2023）最高法民申2237号案件中，法院认为：承包人未按照设计要求施工，构成违约；发包人在收到监理单位关于承包人施工的桩长偏短问题汇报后，未及时制止承包人的违约行为，未及时查明工程达不到设计要求的原因，也未要求承包人采取补救措施，以使其达到工程验收标准，又因案涉工程为隐蔽工程，上部结构已完工，错过了检测鉴定时机，无法对质量不合格的原因进行鉴定；对此，双方均有过错，应承担相应的违约责任。

因此，虽然根据《建设工程质量管理条例》第二十八条等规定，按图施工是施工单位的法定义务，但是如果建设单位在得知施工单位存在不按图施工等违法行为后却不采取制止等措施的，也可能需要依法对工程质量问题承担相应责任。

乙公司尽管在与某镇政府签订的《建设工程设计合同》第七条约定："设计人对设计资料及文件出现的遗漏或错误负责修改或补充，由于设计人员的错误造成工程质量事故损失，设计人除负责采取补救措施外，应免收直接受损失部分的设计费，根据损失的程度和设计人责任大小向发包人支付赔偿金，赔偿金最多与免收部分的设计费金额相当。"但该案人行便桥坍塌事故是乙公司的设计指标不满足规范要求，同时又经某市建设工程质量检验测试中心鉴定确认为是造成本次垮塌事故的主要原因，且本案人行便桥坍塌事故客观上又造成了整个人行便桥被拆除重建的严重后果，造成的并非是部分损失。因此，乙公司仍然应当对该案的实际损失依法承担相应的民事责任。

律师点评

在勘察设计合同和监理合同中，对于赔偿金最高额作出限制性约定的条款较为常见，在出现纠纷时，相关单位也常会以此作为抗辩理由。对这一类限制性约定，主要有两种不同的观点：

第一种观点认为限制性约定属于合同当事人对自身权利的处分，在不违反法律和行政法规强制性规定等前提下，并无不妥。

第二种观点则认为限制性约定与《民法典》第五百八十四条"当事人一方不履行合同义务或者履行合同义务不符合约定，造成对方损失的，损失赔偿额应当相当于因违约所造成的损失"相悖，不应予以支持。

就本案而言，乙公司所签署的《建设工程设计合同》对其赔偿金最高额作出了限制性约定，但法院仍然认定乙公司应以实际损失为依据承担相应的民事责任。我们认为乙公司对赔偿金最高额作出的限制性约定未被采纳，主要基于两点：首先，法院认为乙公司的设计指标不满足规范要求是造成桥梁垮塌的主要原因，乙公司应依法承担责任。其次，主张权利的丙公司并非《建设工程设计合同》的当事人，该条款并不能约束丙公司。

【本案小结】

《建设工程质量管理条例》第十九条第一款规定："勘察、设计单位必须按照工程建设强制性标准进行勘察、设计，并对其勘察、设计的质量负责。"第二十六条第一款规定："施工单位对建设工程的施工质量负责。"就本案而言，一审法院认为作为设计单位的乙公司出具的设计文件存在问题，导致桥梁垮塌，应承担责任；二审法院则认为作为设计单位的乙公司和作为施工单位的丙公司在履约过程中均存在瑕疵，因此改判两公司须依法各自承担相应的责任。

在出现工程质量问题后，厘清当事人行为与质量问题之间的因果关系是划分设计单位和施工单位等责任时需要重点关注的事项，只有排除了设计单位以外的其他单位与质量问题之间的因果关系，才有可能认定为由设计单位承担全部责任。但由于建设工程的实施是多方参与的过程，与本案类似，实践当中常见的仍然是根据各方过错各自承担责任的情况。

也有设计单位和施工单位共同承担责任的情况。比如在（2019）琼民申929号案件中，法院认为：根据鉴定报告和检验报告的内容，案涉9号楼产生裂缝，既有设计缺陷的原因，也有施工质量较差的原因，故设计院和某公司均应承担加固赔偿责任；现有证据未能评定各责任主体的责任比例，而设计院和某公司均是工程的承包人，虽然工程是设计院先行设计，随后由施工单位根据设计方案进行施工而成，但工程裂缝的产生系因设计和施工两方面共同的行为所致……二审判决对一审判决关于共同承担赔偿责任的意见予以维持，亦符合法律规定，故原判决并不存在设计院所称适用法律错误的情形。

当然，就工程质量问题对设计单位和施工单位责任进行划分的前提在于设计单位和施工单位均为同一案件的当事人，如果既没有列为当事人也未能追加，相应的责任主张就可能需要通过另案诉讼等方式来处理。

第4章 隧道工程

4.1 隧道裂缝、空洞

【名词解释】

隧道裂缝、空洞一般是指由于围岩压力、水土压力、结构自重、混凝土收缩、工艺瑕疵等原因造成的开裂、间隙等现象。

【规范条文】

《公路隧道设计规范 第一册 土建工程》JTG 3370.1—2018

8.6.10 隧道钢筋混凝土构件的表面裂缝最大宽度计算值应不大于0.2mm，腐蚀环境较严重时不应大于0.15mm，并应符合相关规范规定。

《公路隧道施工技术规范》JTG/T 3660—2020

9.6.18 条文说明

1 对拱背进行注浆回填的目的是为填充因填充衬砌背与围岩或初期支护之间后混凝土收缩、振捣、超挖、局部掉块、塌方形成的间隙或空洞，是为了改善衬砌受力条件，同时满足衬砌对围岩的支撑约束。

......

问题42：能否以支出款项作为主张维修费用的依据？

【判决出处】

法院：重庆市第二中级人民法院

案号：（2017）渝02民终第2373号

名称：甲公司与乙公司建设工程合同纠纷案

【案情概况】

某高速公路土建施工的建设单位为某高速公路公司某分公司，某高速公路公司某分公司将某合同段承包给甲公司进行施工。

2006年7月15日，以甲公司某合同段项目经理部为甲方，乙公司为乙方，签订《内部劳务承包协议》，约定承包范围：某标段中标清单隧道、部分路基、部分涵洞施工图要求的全部内容及包含的文明生产及环保工作。

律师点评

劳务分包，一般是指施工总承包企业或者专业承包企业将其承包工程中的劳务作业分给劳务企业完成的活动。在劳务分包合同关系当中，劳务分包人提供劳务，计取劳务费，具体常表现为包工不包料。但并非签署的合同名称当中涉及劳务，即会被认定为劳务合同。

本案当中，虽然甲公司和乙公司所签署的合同名称为《内部劳务承包协议》，但从合同内容以及实际履行情况而言，乙公司所进行的并非单纯的劳务工作，而是涵盖了施工图要求的全部内容以及包含的文明生产、环保工作，可以理解为承担了本应由施工单位进行的工作内容。这种情况下，《内部劳务承包协议》可能因违反《建筑法》《招标投标法》等法律和行政法规的强制性规定被认定为无效，而甲公司和乙公司之间的行为也可能构成转包或违法分包。实际上，甲公司和乙公司之间的《内部劳务承包协议》《某隧道施工补充协议》均在另案中被认定为无效合同。

实践当中，如果名为劳务合同但实际却按施工合同履行，则可能由于缺乏资质、转包或违法分包等原因而被认定为无效：

比如在（2021）最高法民申7138号案件中，法院根据缺乏施工资质等情况认定合同无效，具体论述为：《劳务承包合同》虽然名为劳务承包，但是从合同约定的内容以及当事人实际履行的情况看，某公司所提供的并非单纯的劳务，而是以单价承包方式进行的包括土石方工程、排水工程等在内的综合性施工，故二审判决认定某公司以劳务分包之名实施建设工程施工之实有事实依据；某公司不具有建设工程施工资质，故二审判决认定《劳务承包合同》无效有事实依据和法律依据。

又比如在（2019）最高法民申6797号案件中，法院根据转包等情况认定合同无效，具体论述为：某邦公司、某庆公司于2012年2月3日签订的《劳务合作协议书》，以及某庆公司、某乾公司于2012年2月4日签订的《劳务合作协议书》，除约定单价不同，协议的其余内容包括承包范围、开工日期、竣工日期等均完全相同。这既表明前者合同的性质亦为建设工程施工合同，也表明某庆公司作为项目工程的原本承包人，又将其承包的全部建设工程转包给了某乾公司。本案中某庆公司、某乾公司签订的《劳务合作协议书》，明显符合"承包人非法转包建设工程"的情形，故该合同应为无效。

2009年4月11日，以甲公司某合同段项目经理部、甲公司某分公司为甲方，与乙方乙公司签订《某隧道施工补充协议》。

乙公司于2009年5月底完工并将该工程交付甲公司。2010年9月4日，某高速公路总监办向甲公司发出《某高速公路总监办现场工作指令》，指出甲公司总承包的某高速公路土建工程某合同段某隧道二衬混凝土多处出现裂缝，且右线明洞等个别裂缝处出现渗水现象；二衬与初支间存在较多空洞，多处初支回填不密实，并要求甲公司方对二衬裂缝进行修补和防水处理，对空洞和不密实部位进行注浆。某高速公路总监办亦在《现场工作指令》中明确表示甲公司方将缺陷处理完毕后，某高速公路总监办将会同质检站进行复查，复查不合格的不予交工验收。

2010年9月7日，甲公司委托某隧道工程有限公司对某隧道左右二衬与初支间脱空、初支回填欠密实部位进行压浆处治，产生维修费717147.00元。

2010年9月16日甲公司委托某桥梁技术有限公司对某隧道裂缝封闭处置，产生维修费41879.00元。

该工程经维修后于2010年9月28日通过竣工验收。

2010年12月8日，甲公司支付某隧道工程有限公司维修费717147.00元。

2010年12月21日，甲公司支付某桥梁技术有限公司维修费41879.00元。

后甲公司将乙公司诉至法院，主要诉讼请求包括要求乙公司向其支付维修费用等。

【一审阶段法院观点】

甲公司、乙公司2006年7月15日签订的《内部劳务承包协议》，2009年4月11日签订的《某隧道施工补充协议》已经另案民事判决确认为无效合同。根据《最高人民法院关于审理建设工程施工合同纠纷案件适用法律问题的解释》第三条"建设工程施工合同无效，且建设工程经竣工验收不合格的，按照以下情形分别处理：（一）修复后的建设工程经竣工验收合格，发包人请求承包人承担修复费用的，应予支持……"之规定，乙公司应当承担甲公司因维修乙公司施工范围内的工程所支出的维修费用。

甲公司提交的《某高速公路总监办现场工作指令》证明乙公司施工的某段某隧道二衬混凝土多处出现裂缝，且右线明洞等个别裂缝处出现渗水现象；二衬与初支间存在较多空洞，多处初支回填不密实，某高速公路总监办要求甲公司方对二衬裂缝进行修补和防水处理，对空洞和不密实部位进行注浆，某高速公路总监办亦在《现场工作指令》中明确表示甲公司方将缺陷处理完毕后，某高速公路总监办将会同质检站进行复查，复查不合格的不予交工验收，表明该工程存在缺陷，须经修复方可通过竣工验收，现该工程已于2010年9月28日完成竣工验收，而乙公司未对该工程进行维修，足以证明甲公司维修该工程属实，甲公司因维修该工程所支出的维修费用应由乙公司承担。

甲公司提交的甲公司与某隧道工程有限公司签订的隧道维修工程施工合同、委托合同、隧道压浆结算单、某隧道空洞压浆数量表、借支单、电汇凭证，以及甲公司与某桥梁技术有限公司签订的隧道维修工程施工合同、委托付款承诺书、某高速公路某隧道裂缝整治工程结算单、缺陷处置报告、进账单、收据、发票、交工验收证书、另案民事判决书等证据能够与《某高速公路总监办现场工作指令》相印证，能证明2010年9月7日，甲公司与某隧道工程有限公司签订隧道维修工程施工合同对某隧道左右二衬与初支间脱空、初支回填欠密实部位进行压浆处治，产生维修费717147.00元，2010年9月16日甲公司与某桥梁技术有限公司签订隧道维修工程施工合同对某隧道裂缝封闭处置，产生维修费41879.00元的事实。该院对甲公司请求乙公司承担上述两笔维修费用的诉讼请求予以支持，对乙公司关于隧道维修工程施工合同未实际履行的辩解不予采信。

对于质量问题维修费用的确定如果开展鉴定工作，若相应的流程全部进行，则一般包括：对是否存在质量问题、存在哪些质量问题、质量问题产生的原因进行鉴定；对质量问题的维修方案进行鉴定；对维修方案所需费用进行鉴定。前述鉴定程序可能会需要较长的时间，而本案当中某高速公路总监办在《现场工作指令》中明确表示甲公司将缺陷处理完毕后，某高速公路总监办将会同质检站进行复查，复查不合格的不予交工验收。这就对缺陷处理的时间节点和时长有了较为明确和严格的要求，提起诉讼明确维修费用、再由乙公司赔付后进行维修的方式显然"远水不解近渴"，因此甲公司先行委托其他单位进行维修并支付了费用、再向乙公司主张权利，这一方式相较而言更为切实可行。

【二审阶段法院观点】

乙公司因不具备隧道工程、公路路基工程和公路交通工程专业承包资质，其与甲公司所签订的《内部劳务承包协议》和《某隧道施工补充协议》，已由生效裁判文书确定为无效协议。现乙公司已将上述合同所涉工程施工完毕，虽然该工程在建设过程中产生了质量问题，但甲公司已另行组织单位进行了修复且已经竣工验收合格。故甲公司要求乙公司承担修复费用的诉讼主张，符合《最高人民法院关于审理建设工程施工合同纠纷案件适用法律问题的解释》第三条第一款（一）项之规定。且乙公司并不具备相应工程施工资质条件，在所建设的工程产生质量问题后，甲公司另行组织其他具有相应施工资质的单位入场修复并无不当。因此乙公司应当承担相应的修复费用。

本案二审阶段，法院指出乙公司并不具备公路、隧道相应的专业承包资质。

对于公路建设资质管理，《公路建设监督管理办法》第十七条第一款规定："公路建设市场依法实行准入管理……公路工程勘察、设计、施工、监理、试验检测等从业单位应当依法取得有关部门许可的相应资质后，方可进入公路建设市场。"第二十条第一款规定："公路建设从业单位应当依法取得公路工程资质证书并按照资质管理有关规定，在其核定的业务范围内承揽工程，禁止无证或越级承揽工程。"

对于公路施工企业资质管理，交通部《关于对参与公路工程投标和施工的公路施工企业资质要求的通知》第一条明确："公路施工企业参与专业工程（指路基、路面、桥梁、隧道、公路交通工程交通安全设施、通信系统、监控系统、收费系统、综合系统工程等）投标和施工的，应具备相应的专业工程承包资质；公路施工企业参与施工总承包工程（指路基、路面、桥梁、隧道工程中任意两个及两个以上的工程一起招标的工程）投标和施工的，应具备公路工程施工总承包资质。"

各地对于公路施工资质管理也有相应的规定，以《四川省公路工程施工分包和劳务合作管理实施细则》为例，该细则对于公路工程分包人的资质有明确要求，第十五条规定："综合工程和专业工程的分包人应具备与承担内容相适应的建筑业企业施工资质"，第十七条规定："分包工程中涉及爆破作业、钢结构制作安装、斜拉索制作安装以及其他具有特殊要求的专项工程时，还应当同时符合相应资质等规定要求。"

在本案所涉及工程经竣工验收合格后，甲公司与实际参与修复工程的某隧道工程有限公司、某桥梁技术有限公司分别进行了结算，确定了工程修复费用合计为759026.00元。乙公司在二审审理过程中，对某桥梁技术有限公司所涉部分的工程款41879.00元予以认可。而对于某隧道工程有限公司所涉部分的工程款717147.00元，经本院审查，甲公司在本案审理过程中提交了隧道维修工程施工合同及委托合同、隧道压浆结算单、某隧道空洞压浆数量表、借支单、电汇凭证等证据予以佐证。虽未能提供正式票据，但其举证已足以证明某隧道工程有限公司所涉部分的工程款717147.00元已实际发生，并由甲公司实际支付了70万元。该笔款项实际支付对象虽为工程实际施工人肖某，但某隧道工程有限公司出具的委托书上也授权肖某有权办理工程款结算事宜。故本院对此笔70多万元的付款行为予以确认。现乙公司对此笔工程款的产生及支付事宜予以否认，但在本案审理过程中又未提供充分的证据予以推翻，故其上诉主张甲公司与某隧道工程有限公司签订合同、办理结算事宜不实的上诉理由本院不予采纳。

【本案小结】

出现质量问题后如何确定维修费用的具体金额往往是相关案件当中各方当事人争议的焦点之一。一般而言，如果能就维修方案和维修费用进行鉴定，则有较大可能性会采纳鉴定意见中的维修费用金额作为裁判依据。

但实际情况较为复杂，并非每个案件都能够或适合开展鉴定工作，比如工程已不能恢复原先的情况，比如现场情况较为复杂导致鉴定难度较大、费用较高等。在这类情况下，主张以支出款项金额作为确定维修费用的依据是有可能被采纳的，本案即是一例，实践当中也有其他案件采取类似的裁判思路。比如在（2017）最高法民申813号案件中，法院认为：某佳公司提交了与某基公司的工程施工协议书，多份清单、计价表和工程结算书，以及某基公司出具的发票、委托付款书、收据等证据，能够证明外墙砖修复及工程检测费用的发生，某翔公司虽有异议但没有提出相反证据足以对抗。原审判决认定修复费用由某翔公司承担，并无不当。

当然，如果款项尚未实际支付，仅以合同金额或结算金额作为维修费用的主张依据，则较难得到支持。比如在（2017）黑01民终6824号案件中，法院认为：某洲公司虽举示了2014年8月1日其与某佳公司签订的《某维修工程施工合同》，但某城公司对合同的真实性不予认可，某洲公司亦未举证证明该合同是否真实，是否已经实际履行，其主张的维修费用是否已经实际发生，因此，即使其在质保期内履行了通知义务，其该项请求证据不足亦不能予以支持；综上，对某洲公司上诉主张的上述实际维修费用不予支持。

在此需要指出的是，如果主张以支出款项金额作为确定维修费用的依据，仅提供支出款项的证据材料有可能达不到相应的证明目的，当事人还需要进一步举证证明所支出的款项是因为对工程质量问题进行维修所发生。就本案而言，甲公司即提供了隧道维修工程施工合同、委托合同、隧道压浆结算单、某隧道空洞压浆数量表、借支单、电汇凭证、缺陷处置报告、进账单、收据、发票、交工验收证书、另案判决书等证据材料，形成了较为完整的逻辑链条，才使得其主张最终得到了支持。

问题43： 工程修复工作属于哪种合同关系？

【判决出处】

法院：云南省芒市人民法院（原云南省潞西市人民法院）

案号：（2019）云3103民初2414号

名称：黄某与甲公司建设工程施工合同纠纷案

【案情概况】

2011年8月，甲公司中标某高速公路项目土建工程施工某标段（发包方为某高速公路建设指挥部）。

2015年9月，黄某与甲公司下设的某项目经理部约定，由黄某为甲公司某段某号隧道裂缝进行修复施工，承包方式为包工包料，碳纤维布的承包单价为1000元/m²，灌缝胶修补裂缝的承包单价为300元/m²，工程款按进度和业主拨款比例预付。

律师点评

本案案由为建设工程施工合同纠纷，黄某对隧道裂缝进行修复的时间是在某高速公路试通车运行之前。因此，如果案涉工程维修工作被认定为施工活动，则根据《公路建设监督管理办法》第十七条、第二十条，以及交通部《关于对参与公路工程投标和施工的公路施工企业资质要求的通知》第一条等规定，应由具备相应资质的单位实施。

本案当中的修复工作发生于公路试运行通车前，而对于已建成公路的修复活动等养护作业，也有相应的资质要求。《公路养护作业单位资质管理办法》第二条第一款规定："本办法所称公路养护作业，是指为保证已建公路符合相关技术要求而采取的预防或者修复作业活动，不包括公路日常养护。"第四条规定："从事路基路面、桥梁、隧道、交通安全设施养护作业的单位应当按照本办法的规定取得公路养护作业资质。"第六条规定："公路养护作业单位资质分为路基路面、桥梁、隧道、交通安全设施养护四个序列。路基路面、桥梁、隧道养护资质下设甲、乙两个等级，交通安全设施养护资质不分等级。"

各地对于从事公路养护作业的资质亦有明确的要求，以云南省为例，《云南省公路养护作业单位资质管理实施细则》第五条即明确规定："各级交通运输主管部门、公路管理部门和公路经营管理单位组织实施路基路面、桥梁、隧道、交通安全设施方面的公路养护作业（不含日常养护、应急养护，以下同）时，应选择具备相应公路养护作业资质的单位承担。"

合同签订后，黄某即组织工人进场施工，案涉工程于2015年10月完工并交付，某高速公路于2015年12月31日试通车运行。

2015年12月，经黄某与甲公司进行结算，确认工程总价款为347005元。施工期间，甲公司陆续支付了部分工程款。

2019年9月，经黄某与甲公司财务人员对账，确认至起诉时止，甲公司已支付黄某工程款180005元，剩余167000元工程款未付。

后黄某将甲公司诉至法院，诉讼请求包括判令甲公司向其支付工程款及相应的逾期利息、本案一切诉讼费用由甲公司承担。

【一审阶段法院观点】

本案为建设工程施工合同纠纷。关于尚欠工程价款的认定问题。黄某为证实其主张向本院提交某号隧道裂缝处理结算单，甲公司未到庭，亦未提交书面答辩，本院结合黄某的陈述、结算单及该工程交付使用的事实，故对黄某主张尚欠工程款167000元，本院予以支持。

律师点评

本案当中，法院未对黄某就案涉工程开展维修工作的民事法律行为是否有效进行判断，这可能主要是基于三点考虑：第一，黄某提交的证据当中有结算单，但没有与甲公司签订的合同，在缺乏合同的情况下也就较难对合同本身的效力进行认定；第二，某高速公路已试通车运行，因工程已经交付使用，视为质量合格，在这种情况下，结合本案基本事实情况，黄某的民事法律行为是否有效对其应得工程款的判断和计算不会产生根本性的影响；第三，甲公司未到庭答辩，亦未提交书面答辩状及相关证据材料，没有对黄某的民事法律行为是否有效提出异议。

本案一审判决书没有涉及黄某的民事法律行为是否有效，当然也有裁判文书直接阐明了为何没有对民事法律行为是否有效作出认定，以（2020）桂0122民初3982号案件为例，法院认为：解除合同的前提是合同合法有效，现因原告怠于进行说明并举证，致使无法查明《建设工程施工合同》及补充协议（一）是否合法有效，原告关于解除《建设工程施工合同》及补充协议（一）的主张无事实及法律依据，不予支持。

当然，实践当中仍有相当数量的案件在处理时会首先审查合同的有效性，然后根据工程质量是否合格等事实情况依法裁判是否需要付款及具体付款金额。例如（2024）苏09民终2108号案件，法院认为：某路因大型车辆机械的进出，导致水泥路面损坏严重，A村委会委托邱某某对案涉路面损坏部分进行维修；因邱某某系不具备建筑施工企业资质的个人，故A村委会与邱某某之间的施工合同依法应确认为无效的合同；但邱某某按约完成施工任务后，依法有权要求A村委会参照合同约定的工程价款予以折价补偿。

【本案小结】

对于修复工作的双方当事人之间属于哪种合同关系，实践当中有认定为劳务合同关系、承揽合同关系、建设工程合同关系等多种情况：

第一，劳务合同关系。比如在（2021）吉民申1749号案件中，法院认为：某公司自认将零活及维修包给自然人王某文；根据劳动监察大队讯问笔录，王某述称：某公司建设的某一期、二期（2号、3号、5号）工程中，王某文系维修及零活承包人，以个人身份与某公司签订的合同，负责签合同并与公司结账、给工人发工资，王某带领工人施工，为工人记工，向王某文统一要工资并给工人发放；工人都是王某联系的；实际欠于某工资40000元；王某2019年2月2日出具的欠条载明拖欠于某施工队零工、人工费；综上可以认定本案应系劳务合同纠纷，于某原审主张的款项性质为劳务报酬而非建设工程款。

第二，承揽合同关系。比如在（2023）新民申386号案件中，法院认为：施工合同是指承包人进行工程建设、发包人支付价款的合同，施工合同的客体是工程；这里的工程是指土木建筑工程和建筑业范围内的线路、管道、设备安装工程的新建、扩建、改建及大型的建筑装修装饰活动；而承揽活动是指承揽人按照定作人的要求完成工作、交付工作成果、定作人给付报酬的合同；本案中，从某分公司与赵某就某三栋高层和商业门面维修签订《施工维修合同》约定的维修内容来看，具体维修项目是……该合同的内容不包括在某三栋高层和商业门面的土木建筑工程和新建、扩建、改建及装饰装修活动范围，故上述合同并不是建设工程施工合同，应为承揽合同，故本案定性应以承揽合同纠纷为宜。

第三，建设工程合同关系。本案当中，甲公司和黄某之间就案涉修复工作的法律关系即被认定为建设工程施工合同关系。另外，比如在（2024）兵03民终47号案件中，法院认为：根据孙某提交的证据以及各方当事人陈述，可以证明维修项目由孙某实际施工；孙某施工项目系某项目的收尾工程，不应简单与主项目工程割裂开来；结合时任项目监理马某某的证言以及其确认的孙某施工工程量清单，可以看出孙某施工内容仍是主项目系统工程的一部分，孙某在施工过程中也投入了一定的人工、机械，其施工质量将一定程度上影响主项目的竣工验收；据此，一审法院将本案定性为建设工程分包合同纠纷，并无不当。

因此，判断修复工作的双方当事人之间是属于劳务合同关系、承揽合同关系还是建设工程合同关系，较为重要的因素在于厘清合同的内容是提供劳务、按定做人要求交付工作成果还是进行工程施工，具体可以通过以下因素进行判断：第一，是单纯提供劳务工作、"包工包料"或是提供包括人工、材料、机械等各项工作；第二，对于开展工作的单位和人员是否有施工方面的资质要求；第三，维修工作能否独立于主工程或主项目，对主工程或主项目的验收和使用是否有影响；第四，是以工人工资、报酬还是工程量清单等形式进行结算；以及其他可供判断的事实情况。

4.2 隧道渗漏

【名词解释】

隧道渗漏一般是指由于隧道衬砌混凝土不密实或有害裂缝等原因造成渗水、漏水的现象。

【规范条文】

《公路隧道设计规范 第一册 土建工程》JTG 3370.1—2018

条文说明10.1.2～10.1.3

渗水：水从衬砌混凝土中渗出，在衬砌内表面形成明显的、不流淌的水膜。渗水是隧道衬砌混凝土因不密实或有害裂缝（宽度大于0.2mm）而发生少量水渗出的表现，由于水量小，在混凝土吸附及表面张力的作用下形成附着于衬砌表面不流淌、不滴落的水膜，其单点出水量约为0.05L/d。

漏水：水从衬砌混凝土中渗出，在衬砌拱部内表面呈现滴水或边墙内表面上出现流淌的水膜。漏水是隧道衬砌混凝土不密实或有害裂缝（宽度大于0.2mm）而发生较大量水渗出的表现，其表征是在拱部形成滴水，边墙形成淌水；根据观测，当单点滴落速度大于每分钟300滴时，目视为连续细流状。

问题44：保修期的质量问题维修费用应如何承担？

【判决出处】

法院：福建省三明市沙县区人民法院（原福建省沙县人民法院）

案号：（2022）闽0427民初66号

名称：甲公司、乙公司建设工程分包合同纠纷案

【案情概况】

2014年5月19日，某高速公路有限责任公司作为招标人发出中标通知书，确定甲公司为某路某段的中标人。2014年6月，某高速公路有限责任公司作为发包人与甲公司作为承包人签订了《工程施工合同书》。

2015年5月14日，甲公司某项目部作为工程承包人（甲方）与乙公司作为劳务分包人（乙方）签订《某隧道右线工程劳务分包合同》，双方约定：①工程名称为某隧道右线工程，劳务分包内容包括洞身开挖，超前支护，初期支护，二次衬砌（含超挖回填），隧道行人及行车横洞、预留洞室等孔洞的开挖、支护、衬砌工程和相关工程，洞内照明、监控、机电设施等预埋件的制作、安装施工，隧道防排水施工，隧道电缆沟槽施工，整个隧道施工全过程的临时排水、施工通风、照明、三管两线的安装、移动、延伸、拆卸、安全防护等，隧道路面混凝土施工，各种材料、设备的场内运输、场内文明施工、环境保护。②本合同项下的合同价款来源于业主对甲方的工程款支付，如果业主未将工程款按约支付给甲方，则根据风险共担原则，双方约定，甲方应付乙方款项的期限做相应顺延，并不承担顺延期间的利息和违约责任。③按合同价款总额5%的比例预留劳务作业质量保证金，乙方的工作成果在甲方与发包人约定的缺陷责任期（质量保修期）满后，若无质量问题，发包人返还甲方质保金后，甲方不计利息将质保金返还乙方。若有质量问题，乙方负责无偿返修，质保期延长，质保金仍由甲方保留。如乙方拒不返修，甲方有权将质保金用于支付返修费，质保金不足以支付返修费用时，由乙方补足。

建设工程领域当中的"背靠背"条款通常表现为承包人与分包人约定，承包人向分包人付款以发包人向承包人支付相应的款项作为前提条件。本案当中甲公司（甲方）与乙公司（乙方）关于"如果业主未将工程款按约支付给甲方，甲方应付乙方款项的期限做相应顺延"的约定也可以认为是"背靠背"条款的一种表现形式。

在《最高人民法院关于大型企业与中小企业约定以第三方支付款项为付款前提条款效力问题的批复》发布之前，关于"背靠背"条款是否有效，实践当中认定为无效或有效的情况都有出现，其中认定为无效的典型情况主要包括：

第一，合同本身无效，"背靠背"条款亦归于无效。比如在（2019）最高法民终1852号案件中，法院认为：双方签订的《建筑工程施工合同》属于无效合同，因此，案涉合同关于同步结算支付的条款也无效。

第二，"背靠背"条款被认定为属于排除对方主要权利的格式条款，应为无效。比如在（2019）冀05民终517号案件中，法院认为：审查合同内容可知，承包人以收到发包人尾款作为给付分包人的前提条件，是将其施工经营风险转嫁给分包人承担，该合同为格式合同，其约定的给付条件属于排除分包人主要权利条款……该部分内容不产生合同效力。

2017年，甲公司作为甲方与丙公司作为乙方签订《隧道缺陷综合修复总承包合同》，约定由乙方对某路某合同段的隧道工程交工验收前外观检测报告中提出的隧道缺陷进行修复。

受某高速公路有限责任公司委托，某交通科研院有限公司对某路某合同段隧道工程进行竣工验收前外观质量检测，并于2020年5月30日出具《检测报告》。

2020年9月，丙公司出具修复方案。

后甲公司某项目部作为甲方与丙公司作为乙方签订《某路某合同段隧道工程竣工验收前外观质量缺陷修复合同》，合同中确定工程项目包含渗水裂缝及超限裂缝的专项检测及监测、隧道缺陷修复和加固（主要针对常规混凝土和钢筋混凝土裂缝）、隧道缺陷加固设计费和其他。合同中约定本合同为综合单价合同，最终结算的合同价款以实际完工工作量结合工程量清单（附表一）内容进行计算，附表一中工程预算总价为779264元，左线预算费用为365767元，右线预算费用为413497元。

2020年11月，甲公司某项目部、监理公司、项目业主对整改复查情况进行了确认。2021年1月，甲公司某项目部与丙公司进行工程结算，内容为：根据合同条款要求，截至2021年1月30日结算金额为837100.3元，本次支付结算金额的95%，即795245.2元。

2021年3月4日，某高速公路有限责任公司向丙公司转账795245.2元，附言为代付计量款。

后因劳务费等纠纷，乙公司将甲公司诉至法院，诉讼请求包括判令甲公司支付劳务费、违约金并承担诉讼费、保全费等费用。

庭审中，甲公司确认某高速公路于2017年12月8日交工验收，2017年12月15日通车；甲公司陈述："甲公司与丙公司结算时并未区分左、右线修复工程款，故其按照右线预算费用413497元进行主张"；甲公司与乙公司均确认在清算时经双方协商由乙公司承担了案涉工程部分交工验收前外观修复费用；甲公司和乙公司明确均不申请对竣工验收前外观质量缺陷产生原因进行鉴定。

律师点评　　甲公司、乙公司关于工程交工验收和通车情况、外观修复费用、是否申请鉴定等事项的陈述和确认对于本案查明事实、明确程序、划分责任起到了一定的作用。

【一审阶段法院观点】

本院认为，依照某高速公路有限责任公司与甲公司的约定，缺陷责任期自实际交工日期起计算2年；保修期自实际交工日期起计算5年。甲公司庭审中确认某高速公路于2017年12月8日交工验收，于2017年12月15日通车，故案涉工程缺陷责任期已满，尚处于保修期。甲公司的权利义务为负责与设计单位、业主、监理的联系和协调工作，负责按合同约定供应案涉工程所需的材料和设备，负责工程的施工检查等，案涉工程具体由乙公司负责施工，乙公司应对案涉工程承担施工范围内的保修责任。按照双方合同和惯例，甲公司发现质量问题后，应通知乙公司核查或者维修。本案甲公司未提供证据证明其已经通知乙公司前往查看或者维修，这影响了乙公司核实质量缺陷是否属于其自身原因造成的机会，故本案应对外观质量缺陷是否因乙公司施工所致进行考量。

本案中，甲公司和乙公司均不申请对外观缺陷产生的原因进行鉴定，而考虑到案涉工程系高速公路的隧道工程，鉴定的复杂程度和高额费用，故不宜依职权委托相应有资质的鉴定机构进行鉴定。因某交通科研院有限公司出具的《检测报告》中检测发现的某隧道出口右线的主要问题系渗水、横向裂缝、施工缝边缘开裂、防水板破损渗水、施工缝错台、蜂窝麻面、施工缝渗水、二衬混凝土浇筑不密实、止水带外露、斜向裂缝等，考虑到双方各自的施工范围及双方对于上述质量问题的作用力，同时考虑到环境及地质影响，酌情确定乙公司因施工瑕疵应对外观质量缺陷承担70%的责任，甲公司承担30%的责任。

律师点评

　　本案当中，甲公司和乙公司均未申请对隧道外观缺陷产生的原因进行鉴定，法院也没有依职权委托鉴定。之所以未启动鉴定程序，除了考虑到鉴定的复杂程度和高额费用外，还在于通过各自工作范围、质量问题具体情况等因素可以酌定划分甲公司和乙公司的责任。

【本案小结】

　　根据《民法典》等法律法规的相关规定，民事责任按归责原则可主要分为过错责任、过错推定责任和无过错责任。那么建设工程在保修期产生的维修费用应按哪种归责原则确定承担主体呢？《建设工程质量管理条例》第四十一条规定："建设工程在保修范围和保修期限内发生质量问题的，施工单位应当履行保修义务，并对造成的损失承担赔偿责任。"以此而言，有观点认为保修期所产生的维修费用应适用过错原则来确认承担主体，即应以存在过错作为承担维修费用的前提。这一观点也体现在一些案件的裁判思路中，较为典型的情况包括：

　　第一，如果未能举证证明承包人存在过错，则认定承包人不承担维修费用。以（2018）最高法民申3752号案件为例，法院认为：发包人主张应由承包人承担台风引起的综合楼屋面钢结构坍塌和受损产生的修复费用，但其未能举证证明钢结构坍塌和受损系承包人施工质量不合格所致，原审法院据此并结合双方合同关于不可抗力的条款约定，认定该修复费用应由发包人自行承担，并无不当。

　　第二，根据各责任主体的过错程度来确定维修费用如何承担。本案当中，法院对于作为承包人的甲公司和分包人的乙公司之间如何承担维修费用即是基于这一裁判原则。

　　在此需要指出的是，上述《建设工程质量管理条例》第四十一条等主要是针对承包人（施工单位）保修期责任做出原则性的规制，相关部门规章和司法解释对于保修期的维修费用如何承担还有更为细节性的规定，比如《房屋建筑工程质量保修办法》第十七条:"下列情况不属于本办法规定的保修范围:(一)因使用不当或者第三方造成的质量缺陷;(二)不可抗力造成的质量缺陷。"《最高人民法院关于审理建设工程施工合同纠纷案件适用法律问题的解释(一)》第十三条:"发包人具有下列情形之一,造成建设工程质量缺陷,应当承担过错责任:(一)提供的设计有缺陷;(二)提供或者指定购买的建筑材料、建筑构配件、设备不符合强制性标准;(三)直接指定分包人分包专业工程。承包人有过错的,也应当承担相应的过错责任。"前述条款在实践中确认各方如何承担保修期维修费用时同样是重要的依据。

4.3　隧道坍塌

【名词解释】

隧道坍塌一般是指由于应力等作用导致隧道洞顶、两侧部分岩石、泥沙土大量塌落的现象。

【规范条文】

《公路隧道设计规范 第一册 土建工程》JTG 3370.1—2018

条文说明13.1.1:辅助工程措施可分为围岩稳定措施和涌水处理措施。自稳性差的地段是指采用锚杆、喷射混凝土、钢支撑等难以保持围岩稳定,容易发生开挖面失稳、隧道明塌、冒顶等地段,对这类地层可采取围岩稳定措施以增强围岩的稳定性。在围岩涌水突泥地段、地下水丰富需要治理的地段,可采取涌水处理措施以减少地下水对隧道施工和运营危害或减少地下水流失。围岩稳定措施又可以分为对围岩预加固措施和围岩支护措施。

问题45: 发生坍塌后施工方主张相关费用能否得到支持?

【判决出处】

法院:河南省安阳市中级人民法院

案号:(2023)豫05民终4704号

名称:吴某、甲公司等建设工程合同纠纷案

【案情概况】

2011年3月29日，甲公司中标承建某高速公路项目土建、路面工程施工总承包项目。

2012年10月1日，甲公司某分公司（甲方）与乙公司（乙方）签订了《建筑安装工程劳务分包合同（隧道工程）》。其中约定：工程管理费，甲方收取乙方的管理费为合同总价的25%。合同落款有甲方项目部盖章，乙方盖有乙公司合同专用章以及高某和吴某签字。

乙公司与吴某签订承包经营协议。双方约定：工程内容包括某观隧道和某口隧道，承包方式为吴某对项目包工、包料、包工期、包质量、包安全、独立核算，自负盈亏，承担项目合同履行中发生的一切经济责任和法律责任。

后吴某向法院起诉，主要诉讼请求包括依法判令甲公司支付其工程款、人工机械窝工损失及相应利息等。

2022年8月23日，乙公司就本案出具情况说明如下："2012年9月，吴某与我司联系，请求以本公司名义承揽甲公司承揽的某项目部分隧道工程。经我司了解，此时该项目已经开工，因此我方与甲公司之间的《隧道工程施工承包合同》系补签合同。吴某是合同签订人、请款申请人，全部工程均由吴某自行投入资金、人力、机械机具设备，组织管理技术人员进行施工，独立核算，自负盈亏。我司不参与该项目管理，甲公司所付工程款也是直接支付给吴某，我司与甲公司没有直接联系。吴某仅使用我司名义签订合同，我司对项目事实不了解，其在本案中也未对我司提出诉请，且我司意见并不影响本案实质性审理，故我司对其他案件事实暂不发表意见。"

律师点评

乙公司作为本案第三人，所出具的情况说明内容包括了合同签约经过、项目管理情况、工程款往来等，如经吴某、甲公司等确认或与其他证据材料之间能够相互印证，则可能成为认定事实情况和判断各方关系的依据之一。

虽然甲公司与乙公司所签署的合同当中有吴某签名，但从形式而言，仅凭吴某的签名较难认定其有向甲公司等主张要求支付工程款的主体资格，该情况说明则从一定程度上为此提供了判断的依据。乙公司确认了吴某是以其名义承揽了工程、签订了合同，在施工过程中吴某自行投入资金、人力等并组织管理，甲公司工程款直接支付给吴某，结合其他情况，明确了吴某的主体资格。

本案当中，甲公司与乙公司的合同有吴某签名，乙公司也与吴某签订了承包经营协议，再结合施工过程情况，吴某直接向甲公司等主张工程款的主体资格得以确认。但实践当中，也有缺乏书面合同的情况，这就有可能导致以实际施工人身份主张工程款的诉讼请求得不到支持。以（2023）吉民申 3612 号案件为例，法院认为：关于郭某祥是否系案涉工程的实际施工人，是否具有与某公司进行结算的主体资格问题；经查，郭某祥未能举证证明其参与案涉工程的投标及合同订立，亦未提交证据证明其以被挂靠人代理人的名义与某公司签订施工合同，故郭某祥关于其承包案涉工程系案涉工程的实际施工人的主张依据不足，不予支持；另郭某祥主张其挂靠某 2 公司、某 3 公司施工案涉工程，但未提交相关证据；某 3 公司在二审庭审中所称实际收取管理费，但并未说明其收取的是哪方管理费；因此，郭某祥关于挂靠某 2 公司、某 3 公司施工案涉工程的主张依据不足，不予支持。

【一审阶段法院观点】

由于甲公司与乙公司所签合同及补充协议均无效，合同自成立时对双方当事人即不具有约束力。故合同中约定收取管理费和质保金的条款亦无效。但甲公司在吴某施工过程中，对工程具体施工、上下关系协调、工程进度计量和质量监督等方面实施相应管理，依据公平原则，酌定甲公司收取管理费按照 5% 计算为宜。在扣除管理费后应给付吴某。

吴某所做的某洞、某观、某口及资料缺失变更部分工程在扣除税金、材料费、施工用电费、超挖回填后造价 117356267.33 元，扣除管理费 117356267.33 元 × 5%=5867813.37 元后工程款为 111488453.96 元。另外吴某 2017 年 4 月 1 日至 2021 年 3 月 21 日停工造成损失：看护费用 1310842.5 元，机械设备费用 2245887.91 元；某观塌方损失 392765.57 元；合同工期外人工费差价 3542723.35 元。合计 118980673.29 元。甲公司已支付吴某 71611288 元，甲公司应支付吴某 47369385.29 元。

【二审阶段法院观点】

关于一审法院将案涉工程施工承包合同约定的管理费比例由 25% 调整为 5% 是

否适当的问题。甲公司与乙公司签订的劳务分包合同，因违反法律的强制性规定，为无效合同，故该合同约定收取工程价款25%的管理费的条款亦无效。甲公司主张依据合同约定的25%收取管理费，无法律依据。且甲公司作为专业建设企业，明知吴某没有施工资质，仍对案涉工程违法分包具有过错，其应对此承担责任。若仍允许甲公司收取合同约定的高额管理费将使合同效力性规定失去意义且纵容其通过不法行为获益，一审法院综合甲公司实际参与工程管理的情况认定管理费比例，属于人民法院依法行使裁判权范畴，并无不当，本院予以尊重。

律师点评

　　转包人、违法分包人或出借资质的施工企业与实际施工人约定收取管理费的情况在现实当中并不罕见。本案当中，法院对此的裁判思路主要包括：第一，合同因违反法律的强制性规定，为无效合同，因此关于管理费的条款亦无效；第二，虽然合同无效，但甲公司对于工程具体施工、工程进度计量和质量监督等方面实施相应管理也是应考虑到的情况；第三，依据公平原则，结合当事人的过错情况，酌定将管理费由25%调整为5%。

　　实践当中也有其他案件的裁判思路与此较为类似。以（2018）最高法民再317号案件为例，法院认为：因承包人将其承包的工程以联营协议的方式分包给分包人，违反了《建筑法》第二十八条和《合同法》第二百七十二条的规定，该协议应为无效；故承包人要求按照该合同约定收取13%的管理费据理不足；综合考虑到分包人作为实际施工人，在施工中实际接受了承包人的管理服务，分包人应向承包人支付相应的管理费用；结合双方对于合同无效均有过错……酌定按照审定总价的9%计算管理费。

　　在此需要指出的是，并不能以本案和上述案例即得出管理费或多或少可以得到支持的结论，也有管理费未得到支持的情况存在。比如在（2018）最高法民申4381号案件中，法院认为：案涉工程系非法转包，《劳务施工合同》约定的9%总包管理费的性质实质是转包案涉工程的违法所得，原判决对该部分管理费用未予扣减，亦无不当。又比如在（2020）最高法民申32号案件中，法院认为：某公司没有建筑施工资质，亦未进行招标投标手续，将案涉工程肢解分包给不同的案外施工主体，其主张的投融资收益以及建设管理费等实质上属于其肢解分包的非法利润，不应受到法律保护，原审不予支持并无不当。

　　对于管理费应如何裁判，还可以关注各地法院与此相关的文件。《重庆市高级人民法院、四川省高级人民法院关于审理建设工程施工合同纠纷案件若干问题的解答》对此即有专门的规定："六、无效建设工程施工合同中约定的管理费如何处理？答：转包人、违法分包人、出借资质的建筑施工企业已经收取了管理费，实际施工人以建设工程施工合同无效为由请求返还的，人民法院不予支持。未实际参与施工、组织管理协调的转包人、违法分包人、出借资质的建筑施工企业请求实际施工人按照无效建设工程施工合同约定支付管理费，人民法院不予支持。实际施工人请求转包人、违法分包人、出借资质的建筑施工企业支付的工程款中包含管理费的，对于管理费部分不予支持。"

关于甲公司主张不应支付吴某的某观塌方损失 392765.57 元及应扣除罚款342000 元扣除问题，吴某同意从应付工程款中扣除以上两笔款项，本院予以确认。

律师点评　本案一审阶段，法院认定某观塌方损失的费用 392765.57 元应由甲公司向吴某支付，但在二审阶段，吴某同意对该项费用予以扣除，法院予以了确认。

【本案小结】

隧道坍塌按发生时间主要可以分为施工阶段的坍塌和使用阶段的坍塌等情况，关于隧道坍塌的案件较少，所选取的本案可供在处理类似纠纷时作为借鉴。

本案一审阶段，法院认定某观塌方损失的费用 392765.57 元应由甲公司向吴某支付。甲公司不服一审判决提起上诉时对此专门指出：某观塌方损失，无证据表明是甲公司造成的，且损失鉴定依据为吴某单方制作提供的材料，甲公司不予认可，该部分损失金额依据不足，甲公司不应承担。

对此，吴某则答辩称：某观塌方损失（含塌方处已完工程量和机械设备损毁损失）均由其实际支出并与甲公司工作人员闫某签字确认，依法应当支持。具体理由包括：第一，从图纸来看，坍塌处岩层性质很差，极不稳定；第二，坍塌处岩层薄弱，风化严重，不能形成稳定的拱形；第三，设计时间为 2012 年，施工时间为2016 年，长时间未施工，岩层风化进一步加剧；第四，坍塌处设计等级仅为三级，没有超前防护措施。因此，不合理的设计和软弱的岩层是共同导致隧洞坍塌的主要原因，与吴某施工工艺及过程等无关，该损失应当全部由甲公司等承担。

虽然在本案二审阶段，吴某同意对某观塌方损失的费用予以扣除，但甲公司对应的上诉主张和吴某的答辩意见仍有一定的参考意义。并且，吴某提出的设计不合理也是建设工程施工合同纠纷案件当中施工方常主张的理由，有一些案件在处理相应费用增加或损失承担时对此类理由亦予以了部分采纳。以（2019）最高法民申4619号案件为例，法院认为：双方当事人就工程内容和合同价格达成协议的前提是图纸数据正确；某公司提供的图纸存在偏差，是导致后续工程量增加的原因；原审法院据此认定某公司应承担工程量增加的主要责任，并无不当。